잡지, 시대를 철하다

# 잡지, 시대를 철하다

엣 잡지 속의 역사 읽기

안재성 엮음

2012년 9월 24일 초판 1쇄 발행

| | |
|---|---|
| 펴낸이 | 한철희 |
| 펴낸곳 | 주식회사 돌베개 |
| 등록 | 1979년 8월 25일 제406-2003-000018호 |
| 주소 | (413-756) 경기도 파주시 회동길 77-20 (문발동) |
| 전화 | (031) 955-5020  팩스  (031) 955-5050 |
| 홈페이지 | www.dolbegae.com  전자우편  book@dolbegae.co.kr |
| 블로그 | imdol79.blog.me  트위터  @dolbegae79 |

| | |
|---|---|
| 책임편집 | 김태권 |
| 편집 | 소은주 · 이경아 · 권영민 · 이현화 · 김진구 · 김혜영 · 최혜리 |
| 표지 디자인 | 박진범 |
| 본문 디자인 | 이은정 · 박정영 |
| 마케팅 | 심찬식 · 고운성 · 조원형 |
| 제작 · 관리 | 윤국중 · 이수민 |
| 인쇄 · 제본 | 상지사 P&B |

ISBN  978-89-7199-502-0 (03900)

책값은 뒤표지에 있습니다.

이 도서의 국립중앙도서관 출판시도서목록(CIP)은 e-CIP 홈페이지(http://www.nl.go.kr/cip.php)에서
이용하실 수 있습니다. (CIP제어번호:CIP2012004194)

# 잡지, 시대를 철하다

옛 잡지 속의 역사 읽기

• • •
안재성 엮음

돌베개

# 차례

책.머.리.에.

# 새방천을 추억하며

과거를 제대로 공부해보면 그것이 곧 오늘의 이야기라는 것을 깨닫게 될 것이다. 특히 지난 100년의 역사는 근대사가 아니라 현대사 그 자체다. 지난 시절의 사건과 사람들이 오늘의 현실 속에 촘촘히 박혀 지울 수 없는 밑그림을 그리고 있다. 과거를 잊자는 것은 오늘을 보지 말자는 이야기와 같다.

『잡지, 시대를 철하다』는 우리 현대사에 가장 큰 영향을 미쳤던 일제강점기부터 한국전쟁 직전까지 국내외의 여러 매체에 실렸던 글들을 뽑아 엮은 책이다. 이 글들을 통해 우리는 그 시절이 어떻게 오늘의 현실을 조각했는지, 동시에 오늘의 문제들이 어디서부터 시작되었는지를 알게 될 것이다. 보다 세심히 살핀다면 그 해결책까지도 상상할 수 있을 것이다.

역사학도도 아닌 내가 우리 현대사에 관심을 갖게 된 것은 다소 개인적인 연유에서였다. 그것은 나의 정신적 뿌리를 찾는 과정에서 시작된다.

어린 시절, 많은 시간을 외가에서 보냈다. 초등학교에 들어가기 전에는 거의 일 년 내내, 입학하고도 방학은 항상 외가에서 지냈다. 중학교 때도 방학이면 거의 외가에서 살다시피 했다. 우리 집 살림이 그리 어려웠던 것도 아니고 부모님도 퍽 단란했는데, 어머니는 꼭 맏아들인 나를 당신 친정에서 키우고 싶어했기 때문이다.

어머니가 나를 친정에 보냈다는 것은 곧 당신의 어머니에게 보냈다는 뜻이다. 내게는 외할머니다. 외할아버지의 사랑방에는 세계문학전집이며 『신동아』니 『사상계』, 일어판 『문예춘추』 같은 책이 가득해 어린 나를 문학으로 인도했고, 외삼촌이며 이모, 숙모들 모두 말할 수 없이 좋은 분들이어서 언성 한 번 높이는 일이 없는 따뜻하고 활달한 집안 분위기가 내 인성을 다듬어주었다. 또 하나같이 야당 지지자들이어서 너무 일찍부터 나의 정치적 성향을 결정지어주었다. 그렇지만 그 모든 식구들을 다 합쳐도 따를 수 없는 거대한 기둥같은 분이 외할머니셨다. 어머니는 당신 자신이 그러했듯, 내가 당신의 어머니 손에서 크기를 바랐던 것이다.

당대 여성으로는 퍽 큰 키에 미인이기도 했던 외할머니는 일제시대 중반에 외할아버지와 함께 빈 몸으로 고향을 떠나 경성으로 올라간다. 당시 조선 여성들의 흔한 직업이던 세탁부가 되어 청계천 물에 일본인들의 옷을 빨아주며 일본인들과 친하게 된 외할머니는 글쓰기에 재능이 있고 두뇌가 좋았던 외할아버지를 일본인 상점의 점원으로 취업시킨다.

성실하게 일한 덕에 약간의 돈을 모은 두 사람은 청파동 언덕에 600원을 주고 작은 집을 얻어 정종을 파는 주점을 열었다. 서양식

목로를 놓아 잠깐 서서 한 잔씩 먹고 가기도 하고 주전자나 빈 병을 들고 와서 술을 받아가기도 하는 곳이었다. 목로주점은 의외로 장사가 잘되었는데 일은 주로 외할머니의 몫이었다. 낭만파였던 외할아버지는 집안일에 별 관심이 없이 주로 당대의 문인들과 어울려 하룻밤에 80원이나 하는 기생집에서 술 마시며 놀던 이야기를 작가가 된 내게 자랑스럽게 말씀하시곤 했다. 물론 비용은 항상 외할아버지가 댔다. 그럼에도 두 분은 해방되기 전, 경기도 군포에 상당한 넓이의 농토를 살 수 있었다.

부자가 된 외할아버지는 해방 후 이승만의 독주에 반대, 야당으로 출마해 지방의원에 당선된다. 덕분에 경찰의 탄압을 받는데 얼마 후에는 토지개혁이 되어 대부분의 땅을 강제로 매각당한 데다 그 돈조차 전쟁으로 휴지가 되어버린다. 게다가 인민군이 밀고 내려오자 지주라 해서 잡아 죽이려는 바람에 나무 위로, 산속으로 숨어 목숨을 부지하기도 한다. 남과 북 양쪽에서 탄압을 받은 셈이다.

소농으로 내려앉은 집안을 다시 일으킨 것은 역시 외할머니였다. 외할머니는 이승만에 이어 등장한 박정희에 반대해 반독재운동이니 수리조합 일로 바빴던 외할아버지를 설득해 안양천변의 꽤 넓은 하천부지를 헐값에 사도록 한다. 버드나무와 잡풀만 울창한 모래땅인 데다 해마다 여름이면 물이 넘쳐 아무짝에 쓸모없던 불모지였다. 이 땅을 개간하는 일 역시 외할머니의 몫이었다.

외할머니는 이 못쓰는 땅에 '새방천'이라는 이름을 붙여주고 매일 온 식구들을 이끌고 가 개간에 나섰다. 도구라고는 삽과 괭이뿐이던 시대에 맨손으로 잡목과 풀을 뽑고, 둑을 쌓아 물을 막고, 모래밭에

거름을 뿌려 논밭으로 만드는 일이라니……. 하지만 외가 식구들은 끝내 새방천을 옥토로 만드는 데 성공한다. 새방천은 외할머니의 명성과 함께 군포읍 일대의 전설이 되었다.

가난했던 농경시대의 부富란 하루 세끼 배불리 먹을 수 있고 동네 최초로 텔레비전이니 경운기를 사는 정도였다. 근동 제일의 부자라지만 외할머니 내외와 외삼촌, 숙모들은 새벽부터 밤중까지 오이, 파, 가지, 참외 등 서울에 실어 나를 온갖 근교작물을 심고 수확하느라 바빴다. 외가의 넓은 마당은 매일 밤 불을 밝히고 채소들을 포장하느라 복작거렸다. 어른들이 너무나 열심히 일한다는 것이야말로 외가에 대한 기억의 가장 큰 줄거리다. 아마도 어머니가 가르치려한 것도 그것이었는지 모르겠다.

먹고살기 위해, 좀더 부자가 되기 위해 열심히 일한 것이 남다른 자랑거리일 건 없을 것이다. 외할머니가 많은 사람의 기억에 남은 것은 그만큼 많이 베풀었기 때문이었다. 전쟁이 끝나고 10여 년이 지나도록 계속된 가난으로 서울의 초입인 군포에는 떠돌이 유민들이 끊임없이 유입되었다. 외할머니는 거지나 다름없는 이들을 가리지 않고 받아줘서 한 철 일을 시키고 돈과 쌀을 싸 보냈다. 일이 없는 겨울에도 외가의 행랑채에는 어린아이가 딸린 유민들이 머물렀다가 봄이 되면 떠났다. 동네 사람들에게도 아낌없이 베풀어 어려운 일을 만난 사람들은 먼저 외할머니를 찾아와 상의했다. 봄가을로 열리는 마을 잔치는 꼭 외가의 마당이 무대가 되어 소와 돼지를 잡았다. 온 사방에 횃불이 밝혀진 한밤중의 잔치에 술 취한 동네 어른들이 조 씨네 외손자라고 나를 번쩍 안아 목마를 태워 돌아다니던 기억이 생생하다.

　내 나이 서른 무렵 외할머니가 돌아가셨을 때, 나는 국가보안법 위반으로 수배 중이었다. 탄광에서 노동운동을 한 때문이었다. 가는 비가 내리던 장례식 날, 혹시 모를 경찰의 추적을 의식하면서 장지에 찾아갔을 때 놀란 것은 수많은 문상객들이었다. 안산 인근 야산의 진창길을 메운 인파는 대부분 외할머니와 연이 있었던 동네 사람들이었다. 평생 들일만 하다 죽은 평범한 아낙의 장례식에 그처럼 많은 사람들이 모이다니, 사람들 스스로 인파에 감동하는 소리들을 했다.

　하관식을 할 때, 나는 많이 울었다. 힘든 농사일을 마치고 쉬는 저녁이면 '재성아 이리 와라' 해서 시원한 마루에 눕혀 놓고 그 거칠고 넓은 손으로 슬슬 배를 쓸어주던, 중학생 때 방학이 끝나 집에 돌아갈 때면 바리바리 농산물을 잔뜩 싸주어 버스 타기 창피하게 만들었던 외할머니를 생각하는 지금도 눈물이 고인다. 외할아버지가 내게 문학적 재능과 정의파의 기질을 물려주셨다면, 외할머니는 내 삶의 근본원칙을 기초해준 분이었다.


　몇 해의 수배생활 끝에 잠시 감옥에 다녀옴으로써 자유인이 된 나는 외할머니처럼 시골에 정착해 과수원 일을 하거나 소를 키우면서 민주화운동도, 문학도 잊고 살았다. 10년의 평범한 생활 끝에 다시 글을 써보고자 했을 때 가장 먼저 떠오른 이가 외할머니였다. 실제 사실과는 많이 다른 소설로 쓰이기는 했으나 외할머니를 중심으로 한 외가의 이야기가 그 토대가 되었다. 제목을 『황금이삭』이라고 지은 것은 그분들이야말로 이 고난의 한국현대사를 밑바닥에서 지키고 일궈온 빛나는 이삭과도 같은 존재라는 생각에서였다.

그런데 책이 출판되고 얼마 후, 아는 친구 하나가 왜 친일파를 주인공으로 삼았느냐고 물어왔다. 전혀 예상하지 못했던 시각이었다. 일본인들의 빨래를 해주었다는 것, 일본인 상점에서 일했다는 것이 친일파의 조건이라니! 아메리카노 커피를 마시면 미 제국주의의 노예가 된다는 주장처럼 유치하다는 생각은 들었지만, 이 말은 나로 하여금 일제시대와 한국전쟁을 다시 보게 하는 계기가 되었다.

외할머니 내외처럼 평범한 사람들이 아닌, 추호도 일제를 용납할 수 없었던 사람들은 그렇다면 그 시대를 어떻게 살았는가를 복원해 보기로 했다. 마침 새로운 책 『경성 트로이카』를 쓰게 되면서 그 시대에 대한 구체적인 자료수집과 생존자들에 대한 면담이 시작되었고, 이 작업은 이관술, 이현상, 박헌영 등의 평전을 쓰기까지 수년간 계속되었다. 웬만한 현대 사학자만큼이나 열심히 공부하고 취재한 덕분에 나중에는 전문 역사학자들을 대상으로 강연까지 하는 정도가 되었다.

이 책은 그 과정에서 수집한 옛날 잡지와 신문 중 오늘날에 읽어봐도 재미있는 기사들을 선별한 것이다. 주로 그 시대 사람들의 삶을 상징적으로 보여주거나, 과거와 오늘을 관통하는 근본원리를 이해할 수 있을 만한 소재를 찾았다. 오늘의 한국에 막대한 영향을 미친 인물들의 잘 알려지지 않은 이야기들도 관심을 끌었다.

잡지의 범주는 일제시대 대표적인 대중잡지이던 『개벽』이나 『별건곤』, 역시 널리 알려진 잡지였으나 일제 말기에는 어용지로 변질

한 『삼천리』 등의 민족주의적인 잡지들부터 『신흥』, 『비판』 같은 사회주의 계열 잡지들, 소련 모스크바에서 발행된 『모쁘르의 길』, 중국 연안에서 발행한 『조선의용대 통신』, 중국 상해에서 발행한 『꼼뮤니스트』, 일제가 만주에서 발행한 어용신문 『만선일보』까지 좌우 이념을 가리지 않았다. 해방 후에도 우익 계열인 『신천지』부터 중도파 신문이랄 수 있는 『새한민보』와 『혁명』, 조선공산당 기관지 『해방일보』와 좌파신문 『현대일보』까지 다양한 매체들로부터 기사를 수집했다.

옮기는 작업에 있어서는 가능한 한 현재의 용어와 맞춤법에 따르려 애썼다. 오늘날에는 잘 쓰지 않는 한자어나 고어는 전반적으로 손을 보았으며 일본어로 직접 표기된 부분은 번역을 달아놓았다. 일제의 검열로 삭제된 부분이나 원본 자체가 낡아 알아보기 힘든 단어 중 앞뒤 문맥이 확실한 경우는 임의로 복원했다.

40여 년에 이르는 일제강점기를 보내면서, 3·1만세운동을 제외한 대부분의 기간 동안 우리 선조들은 그저 묵묵히 살았다. 2,500만 인구 중 항일운동에 직접 나선 사람은 넉넉히 잡아야 수만 명. 일제 총독들과 고위관리들이 조선팔도 구석구석을 순시하고 다녔지만 돌멩이 하나 던진 조선인이 없었다고 저들은 말한다. 내가 취재한 노인들의 대다수는 일제시대 동안 주변에서 독립운동을 한 사람을 본 적도 들은 적도 없다고 증언한다.

이것이 조선인들이 일제에 동화되어 친일적으로 살았다는 증거가 될 수 있을까? 막상 해방이 되었을 때 몇 날 며칠 거리를 메웠던 만세인파와 온 강산에 피어오른 봉화행렬은 무엇을 말하는가? 그것은 마치 긴 군사독재 기간 동안 비밀투표에서조차 군사정권을 찍어주던 민중들이 때가 되자 한꺼번에 거리로 쏟아져 나와 6월 항쟁을 일으킨 것과 같으리라.

삶과 죽음이 아무런 경계선도 없이 뒤엉켜 주변을 떠돌던 공포의 시대를 살아야 했던 사람들, 그들은 그 시련의 시기를 어떻게 견뎌냈을까? 방대한 기록의 극히 일부에 불과하지만, 이 책의 기사들은 그들의 다양한 삶을 생생히 느끼게 해줄 것이다. 그리고 오늘의 사회를 해석하는 기초를 제공할 것이다.

외할머니는 내 배를 쓸어주고 모기 물린 자리를 긁어주며, 자장가를 불러주고 옛날이야기도 해주셨다. 그때의 행복이 나를 오늘의 이야기꾼으로 만들어주었는지도 모르겠다. 자장가나 옛날이야기를 들으며 잠든 기억은 나지 않는다. 할머니가 너무 좋아서, 그 거친 손바닥과 약간은 중성적인 독특한 음성이 너무 좋아서, 마냥 같이 놀고 싶어서 잠이 오지를 않았기 때문이다. 할머니가 하루의 마지막 일과로 저 윗목에 앉아 뚫어진 면양말을 꿰매고 있으면 살그머니 다가가 어깨며 등을 토닥토닥 두드려드린 생각이 난다. '어이 시원하다'던 그 행복한 음성이 들리는 듯하다. 또 눈물이 고인다.

2012년 여름의 끝자락에서

안재성

1부

# 돈아! 네 이름이 돈이지?

식민지 시대의 야경

## 제 1 장

빼앗긴 들에도 봄은 오는가? 시인 이상화는 탄식합니다. 그러나 제
국주의 식민지 치하에서도, 참혹한 전쟁 중에도, 살벌한 군부독재 치
하에서도 민중들은 살아갑니다. 돈을 벌기 위해 힘겨운 장시간 노동
으로 하루하루를 보내고, 술집에 가고 미장원에 가고 점집에 드나듭
니다. 일제 경찰은 독립운동가를 잡기도 했지만 보통은 도둑과 강도,
사기꾼과 살인자를 잡느라 바쁩니다.

조선인들이 일제의 지배를 용인하고 좋아했다는 뜻은 아닙니다. 당
장 먹고살기 위해 일제의 지배에 순응하기는 했어도 대다수 조선인
의 마음속에는 일제에 대한 저항의식이 끓고 있었습니다.

겉으로는 평범하게 살아가는 것 같아도, 105인 사건, 조선공산당 사
건 등 큰 사건이 일어날 때마다 이들의 재판을 보기 위해 서대문형무
소에서 경성법원까지 가는 길이 수만의 인파로 가득 차곤 했습니다.
이들은 민족주의니 사회주의니 하는 이념에 상관없이 일제에 저항하
는 독립운동가라면 누구에게라도 말없이 후원을 보냈습니다. 3·1운
동 때, 그리고 해방이 되었을 때 거의 한 달 이상 전국에서 계속된 만
세시위는 조선 민중들의 억눌렸던 속마음을 잘 보여줍니다.

# 돈아! 네 이름이 돈이지?

돈아! 네 이름이 돈이냐? 네 이름만 들어도 어린이들은 뛰놀고 막일하는 이들은 손 내밀고 책상 일꾼들은 속눈 뜨고 선배님들은 곁눈질을 흘깃한다.

돈아! 네 이름이 돈이냐? 종이돈, 금전, 은전, 백동전, 구리돈, 네 형태는 참으로 여러 가지다. 한 나라 안에서나 각 나라를 통하여서나 참으로 다종다양하다. 그같이 여러 가지 형태임에 불구하고 네 성질은 어찌도 그같이 꼭 같으냐?

영국에서도 불란서에서도 독일에서도 일본에서도 중국에서도 조선에서도, 종이로 나타나던지 금은으로 나타나던지 구리로 나타나던지 네 성질은 어찌도 그리 꼭 같으냐? 이리 성질이 네 그것과 같이 꼭 같을 것 같으면 물산장려도 민립대학도 대공장도 가내수공업도 당장에 되련만!

돈아! 네 이름이 돈이냐? 너는 아무리 보아도 눈이 없건만 어찌도 그리 잘 보느냐. 고대광실 화려찬란한 집 금고만, 릉라주*의 비단조끼, 악어지갑만 보고 달려 들어가고 무명조끼, 헝겊 가방에는 들어도 가보기 전에 나와버리느뇨?

너는 코가 없건만 어찌도 그리 냄새를 잘 맡노? 기름검댕이 바른 손, 똥거름 바른 손에는 쥐어도 보기 전에 벗어나서 향기가 모락모락 나는 빗질 같은 손에만 돌아다니느뇨?

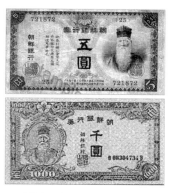

_조선총독부 직속 금융기관인 조선은행에서 발행한 화폐.

너는 귀도 없건만 어찌 그리 잘 듣노? 도적― 너를 채러 오는 도적의 발자취 소리도 듣기 전부터 그 용자를 깊은 장 속에 숨기느뇨?

너는 발이 없건만 어찌도 그리 잘 다니느뇨? 몇 시간 내에 조선에서 일본으로 영국으로, 일본에서 독일로 독일에서 미국으로, 잘도 걷는구나.

너는 손이 없건만 어찌도 그리 잘 붙잡느뇨? 몇 억, 몇 천만의 사람을 공장에 붙잡아 놓고, 농장에 붙잡아 매고, 책상 위에 붙잡아 앉히느뇨?

너는 눈도 코도 귀도 발도 손도 없거늘 정신이 어찌 있으랴? 그러하거늘 너는 어찌하여 정치도 내려 누르고 도덕도 무시하고 윤리도 파괴하고 심지어 신성한 종교까지도 압박하는 힘을 가졌느뇨?

돈아! 네 이름이 돈이냐? 네 앞에는 군왕도 절하고 장군도 꺼꾸러지고 귀족도 꿇어앉고 만민이 굴복하는구나. 너는 무엇이건데 그리

---

* 방적견사나 날실과 씨실에 각각 화학 섬유를 써서 겉면에 주름 효과를 준 교직 비단.

도 위대하냐. 모든 사람들과 모든 나라를 싸우게도 하여보고 제휴하게도 하여보고 울리기도 하고 웃기기도 하느냐. 모든 가정과 모든 민족을 화평하게도 하여보고 낙심하게도 하여보고 일어서 뛰게도 해보고 앉아 울게도 해보느냐?

돈아! 네 이름이 돈이냐? 너를 맞기 위해 거의 모든 사람이 모든 물질과 고귀한 사상도 고결한 문벌도 귀중한 몸뚱이도 결벽한 살코기도 그리고 두 번 잇지 못하는 생명까지도 다 내던지는구나.

(……)

돈아! 네 이름이 돈이냐? 너는 생산 행위의 목적을 아느냐? 생산 행위는 생산의 무한한 증진을 목적으로 한다. 그러므로 원시시대부터 오늘날까지 생산의 증가를 저해하는 모든 것을 깨뜨려왔다. 그것은 사람이 한 것이 아니라 사람은 다만 병정 노릇을 하였다. 그리고 너도 참으로 사람 위에 서서 장교 노릇을 하였다.

돈아! 네 이름이 돈이냐? 너는 생산 증가를 저해하는 것이 무엇인지를 알겠다. 그것을 깨뜨려보자. 너는 장교가 되어라. 우리는 병정이다.

돈아! 네 이름이 돈이냐? 우리는 반드시 이긴다. 이 싸움에도 네 눈으로 네가 보아온 일이 아니냐. 그리하여 네 자취는 없어지겠다고 생각하면 매우 섭섭하다마는 교환 물건 없는 마당에 너를 청해 올 수도 없고.

돈아! 네 이름이 돈이냐? 너는 차라리 전사하여라. 너는 선봉에서 대포에 맞아 죽어라. 네 죽은 시체랑은 모조리 모아다가 박물관에 보기 좋게 사이좋게 늘어놓고 우리가 우리의 자손이 억만 대를 나아가면서 네 전공을 찬송하여주마!

『개벽』 제41호, 1923년 11월 1일, 「돈아 네 이름이 돈이지!!」, P. S. L

\* \* \*

일제의 침략과 함께 자본주의가 본격화되면서 모든 사람은 돈의 노예가 됩니다. 필자는 사상이나 문벌, 생명까지도 뛰어넘는 돈의 잔혹한 원리에 대해 쓰고 있습니다. 100년 전의 글이지만 오늘날 우리 시대에 그대로 적용해도 전혀 이질적이지 않은 내용입니다.

원문에는 원시공동체로부터 돈이 생성되어 발전하는 과정이 상세하고도 길게 쓰여 있는데 너무 장황하여 생략했습니다. 그 내용은 생산물을 팔고 살 필요가 없던 원시시대에는 돈이란 것을 모르다가 잉여 생산물이 생기고 사적 소유가 생기면서 만들어진 돈이 어떻게 인간사회를 지배하는가에 대한 것이었습니다.

화폐의 본질은 변하지 않을 뿐 아니라 더욱 기형적으로 발전해 오늘날에 와서는 화폐 자체가 투기 대상이 되어 경제를 혼란에 빠뜨리기도 합니다. 그러나 화폐란 경제적 편리를 위해 만들어낸 발명품의 하나일 뿐, 그 자체가 악이라고 할 수는 없겠지요.

# 빈민의 여름과 부자의 여름

있는 놈과 없는 놈은 언제든지 생활상 차별이 심하지만은 특히 여름
에는 그 차별이 심하다. 있는 놈은 대궐 같은 커다란 집에 광대한 정
원을 가지고도 연못 위의 누각을 지어놓고 낮이면 장기, 바둑으로
소일하고 맥주, 사이다로 목을 축이며 예쁜 첩의 부채 바람과 선풍
기 바람에 흑흑 느끼다시피 하고 밤이면 생사 모기장 안에 그물에
걸린 고기 모양으로 멀뚱멀뚱 누워서 빈대가 무엇인지 모기가 무엇
인지 알지도 못하되 없는 놈은 좁고 냄새 나는 방 한 칸이나마 마음
대로 얻지 못하고 동서남북으로 떠돌아다니며 더위에 울고 장마에
울며 모기, 빈대, 벼룩에 다 뜯겨서 온몸이 만신창이 된다.

있는 놈은 하루 세끼로 육개장, 갈비찜에 배가 부르고도 입맛이
있느니 없느니 하고 일본요리, 서양요리를 때때로 갈아먹되(중국요리
는 느끼하고 냄새 난다고 먹지도 않는다) 없는 놈은 하루 세끼에 보리죽, 양
밀가루 범벅 한 그릇도 잘 얻어먹지 못하고 배가 고파서 허리띠를
자국이 나도록 잔뜩 졸라매며.

있는 놈은 잠자리 날개 같은 한산세모시, 청양 무슨 실로 살이 다

비치도록 입고도 옷이 몸에 감기느니 후줄근하니 하고 잔소리를 하되 없는 놈은 쇠덕석 같은 광당포 옷도 잘 입지 못하고 벌건 살이 울근불근하다.

또 있는 놈은 인천이나 원산 같은 데 가서 해수욕도 하고 삼방, 강서 등지에 가서 약수를 먹지마는 없는 놈은 제 몸에서 쏟아지는 땀으로 제 물 해수욕을 하고 미지근한 수돗물도 물값을 주지 못해서 잘 얻어먹지 못하고 한다.

금일 우리 조선에 이러한 비참한 사정이 어느 곳인들 없으리오마는 특히 경성이라는 도회지에 더욱 많다. 향촌의 빈민은 대개 농민인 고로 남의 품앗이 김을 매주고라도 3시에 보리밥은 마음대로 먹고 정 더운 때는 나무 그늘에서 거적을 깔고라도 편히 누워 쉬고 또 촬촬 흘러가는 맑은 물에 자유로 목욕을 하야 자연의 피서를 하지마는 소위 도회지에 있는 빈민은 대개 공장생활을 하는 고로 여름이면 더욱 곤란하다. 그중에도 아침부터 저녁까지 불 앞에서 노동하는 사람은 보다 더 곤란하다.


## 숯불로 생명을 삼는 철공장

조류 중에는 불을 먹는 식화조가 있다더니 우리 빈민 중에는 숯불로 생명을 삼는 철공장이가 있다. 철공도 외국인 모양으로 자본이 상당히 있어서 공장의 설비도 완전하고 기계도 상당히 구비하였으면 비록 뜨거운 여름날에 노동을 할지라도 그다지 심한 곤란이 없을 것이다. 그러나 우리의 철공장은 자본이 없으므로 공장도 없고 기계도 없다. 그들은 대개가 두어 칸 되는 명색 가건물 공장을 지어놓고 기계라고는 단지 골풀무 한 개와 모루 등속뿐이다.

아침부터 저녁까지 쉴 새가 없이 풀무로 숯불을 벌겋게 피워놓고 불보다 더 뜨거운 철물을 메로 치며 손으로 만진다. 그들에게는 더위도 없고 뜨거움도 없다. 적도 아래 사는 인종보다도 열에 대한 저항력이 더 강하다. 그러나 그들인들 어찌 더운 것을 모르리오마는 배고픈 것이 피땀 흘리는 것보다 더 괴로운 까닭이다.

그나마 봄과 가을 모양으로 공사나 많았으면 돈 버는 취미나 있지마는 여름에는 만반의 일이 모두 휴식 상태와 불경기인 까닭에 철공도 또한 일이 적다 한다. 그와 같이 뜨거운 숯불 앞에서 죽도록 노동을 하여도 하루 수입이 70~80전에 불과하다. 즉 있는 놈의 맥주 2병 값도 못 번다. 그의 생활이 얼마나 비참하냐.


## 황 냄새에 골이 터지는 고무 여직공

보통 사람은 여름에 고무신만 신어도 황내가 나느니 발이 물러터지느니 하지마는 있는 놈은 고무신은 신지도 않는다. 여직공들은 그 독한 황 냄새와 더운 증기 기운을 무릅쓰고 이와 같이 뜨거운 날에 구슬땀을 흘리면서 노동한다. 특별히 조선의 습관으로 말하면 문밖에도 잘 나서지 않던 여자가 기아와 추위에 쫓겨 불과 40~50전의 임금을 얻으려고 공장주의 학대와 모욕을 당해가면서 직공 노릇을 한다.

경성만 해도 30여 개소의 공장에 수천의 여직공이 초저녁에 모기

_경성의 한 수영장에서 물놀이를 즐기는 부유층(위)과
영등포의 경성방직주식회사에서 작업 중인 조선 여공들(아래)의 모습이 대조적이다.

빈대 등쌀에 단잠 한잠을 잘 못 자고 오전 4시부터 공장에서 노동을 하다가 정오에 집으로 돌아간다(시간은 다 일정치 않은데 기자가 본 공장은 이랬다). 그중에 시간으로 임금을 주었으면 조금 쉬어가면서도 할 수 있으나 공작물을 표준하여 임금을 주는 까닭으로 정말 소위 목구멍이 포도청이라고 한 푼의 임금이라도 더 얻을 욕심에 더위도 다 잊어버리고 노동을 한다. 그의 곤란한 것이야 말할 수 없지만 열 손가락을 까딱 않고 남의 등골만 빼먹는 자들에 비하면 자기의 노동으로 벌어먹는 것이 얼마나 신성하랴.

## 기름주머니를 뒤집어쓰고 노동하는 기관차 소제부

천생만민은 직업이 필요하다. 다 각각 벌어먹는 길이 달라 어떤 사람은 이 뜨거운 여름날에 소제부의 생활을 한다. 먹는 밥은 조그마한 도시락 밥이요, 입은 옷은 기름주머니다. 그들은 밤낮 동서남북으로 왔다 갔다 하는 기차의 기관차를 쉴 새 없이 기름걸레로 닦으며 또 화구에 불을 땐다. 가뜩이나 석회연기에 온몸이 숯검댕이가 된다.

옛날에 상양이는 자기의 군주인 지백의 원수를 갚기 위하여 ○○ ○○라더니 이 소제부들은 목구멍 원수를 갚기 위하여 날마다 숯등걸이 되고 기름투성이가 된다. 그나마 일본 사람은 임금이나 많이 받지만 가련한 조선 사람들은 동일한 노동을 하고도 최저가 1원 내외 최고가 1원 50전 내외의 임금을 받는다.

그들은 날마다 불과 기름으로 싸우는데 단지 약은 집에 가서 새

옷 갈아입는 것하고 임금 받는 것뿐이란다. 있는 놈은 돈만 내면 2등차나 1등차를 마음대로 타고 편히 누워서 천리만리를 가는 고로 아무 걱정이 없지만 기차가 내왕하는 이면에는 이렇게 무한한 땀과 눈물을 흘리는 사람이 있다.

## 불보다 더운 담배 기운에 고통받는 연초직공

여름날에도 편히 앉아서 담배나 먹는 사람들은 연초를 망우물忘憂物이니 소추초니 하고 한담을 하지마는 그 궐련 한 개에는 여러 사람의 피와 땀이 뭉치었다. 향촌에서 농민이 심으로 갈고 수확하야 그 이익을 전부 전매국에 착취되는 일은 그만두고 다만 공장에서 궐련을 제조하는 데도 여러 사람의 노력이 심히 많다.

원래 연초는 냄새가 독할 뿐 아니라 기운이 더우므로 겨울에 길 가는 사람이 손이나 발을 연초로 싸매고 가면 동상이 없는 법이다. 그런데 여름에는 공장에 다수의 사람이 있고 기계의 증기 기운에 더워서 견딜 수 없는 중 연초 냄새가 또 지독하고 그 기운이 훈훈하여 그 공장이 한증막보다 더 덥다.

그런데 그 직공은 사소한 임금으로 인하야 이 고열 중에 노동을 한다. 특히 연초공장에는 소년, 소녀가 다수인데 그들은 연약한 몸에 종일토록 노동을 하다가 어떤 때는 연초 독기에 어지러워져서 혼절하며 눈과 코가 아파서 집에 돌아가서도 울기만 한다. 아 원수의 돈아. 사람들아, 특히 소년, 소녀들을 살려라.

이상의 몇 가지 예만 보아도 우리 빈민 생활에 여름이 어찌나 곤란한지 가히 알 것이다. 그런데 이와 같이 땀 흘리고 일하는 이는 생활키 극히 곤란하고 편히 노는 불한당 무리들은 여름에도 반대로 안락한 생활을 한다.

형제여. 이것이 다 누구의 죄이며 무슨 까닭인가? 각각 그 생각을 하면 흉중에 뭉친 열화가 삼복의 태양보다도 더 떠오른다. 우리는 과연 이러한 불공평한 일을 바로잡을 수가 없을까? 여름이라도 다만 덥다는 말만 할 것 없고 제갈무후의 5월 ○○하던 용기보다 더 몇백 배의 용기로 전진치 아니하면 시원한 바람은 우리의 가슴에 불게 못할 것이다.

『개벽』 제50호, 1924년 8월 1일, 상찬

* * *

조선의 빈부격차와 노동자의 고통에 대해 분노에 차서 쓴 글입니다. 조선의 공업은 1920년대 들어서 급속히 발전해 전국에 수많은 공장이 들어서지만 그 대부분은 고무신, 옷감 등 소비재를 생산하는 공장이거나 아니면 천연자원을 일차 가공하여 일본으로 재수출하는 중간 가공 공장이었습니다. 일제 후반기에 들어서면 만주에서 들어온 원자재를 일차 가공해 일본의 본 공장으로 보내는 공장들이 많이 생깁니다.

이들 공장에서 조선인들은 일본인의 절반 또는 3분의 2 이하의 임금을 받고 하루 12시간 이상 혹사당합니다. 옷감 공장 같은 곳은 더욱 조건이 열악하여 공장주들은 농촌으로 모집원을 보내 순진한 시골처녀들을 데려다 혹독한 저임금에 장시간 노동을 시킵니다. 여성들이 자꾸 달아나니까 기숙사를 봉쇄해 몰래 담을 넘어가다가 사망하는 사고까지 일어납니다.

　지금도 일본의 우파들과 이를 숭모하는 우리나라 내부의 친일파들은 일본이 식민지시대에 산업을 발전시켜 오늘의 한국의 기초를 만들었다고 주장합니다. 그러나 근본 기술이 없이 원자재의 중간 가공 또는 고무신이나 옷감 같은 소비재 중심으로 발전한 조선의 공업은 해방 후 일제가 물러가자 그대로 붕괴해 대부분의 공장이 고철더미로 변하고 맙니다.

# 죽어가는 농촌을 안고

**가련하다! 두 부인의 대화**

어느 맑게 개인 화요일이다. 나는 짚신을 매고 오른손에 단장을 휘여 집고 왼손에 배부른 책보를 불룩하게 끼고 ○○문을 나섰다. 즉 농촌순례 강연의 용무를 띠고 출장을 떠남이었다.

발끝은 서천군 하다면 사무소로 향하였다. 도중에 나를 두어 발짝 못 되게 뒤에 두고 앞서 가는 부인 두 분의 이야기가 들을 만하였다.

갑: 그 집에선 얼마나 받았소?

을: 두 되 가지고 갔던 거를 처음에 한 냥 네 돈 보대. 그래 좀 더 받을까 하고 안 팔고 있었지. 그러다가 해는 자꾸 가고 집으로는 와야 하겠으니 그만 한 냥 세 돈 오 푼에 팔았수다.

갑: 아이, 처음에 팔았으면 얼마나 좋았겠소? 고기는 얼마에 샀소?

을: 두 개는 닷 돈 오 푼에 사고 또 두 개는 엿 돈에 샀네.

갑: 그것 참 좋게 샀네. 나는 쌀 한 되 가지고 갔던 거, 한 냥 받아서 명

태 세 개를 사고 나니 돈 반밖에 안 남았지. 그래서 아들이 종이 사오라든 것도 못 사구 명태야 제사 지내야 하니 어쩌지 못해 샀지요.

을: 글쎄 말이우다. 어째서 쌀값은 올라갈 줄을 모르고 우리가 살 것만 비싼지요? 참말 기가 맥혀요.

두 부인의 대화는 매우 평범한 것 같다. 그러나 여기에 참된 농민의 경제적 불안이 드러나 있다. 낱알을 팔아먹고 사는 백성의 가련한 사실을 이 몇 마디 대화에서 찾아볼 수가 있다. 봄부터 여름, 여름으로 가을, 가을로 겨울까지 피를 흘리고 땀을 짜내고 뼈를 부수며 살이 모조리 떨어지도록 힘들여 지어놓은 곡물을 오히려 앉아서는 돈이 손에 들어오지를 않으므로 등에 지고 머리에 이고하야 20리나 30리 되는 시가지를 찾아가서 상공업자들의 오르락내리락하는 간교한 수단에 주물리고 제값도 못 되는 헐값에 팔게 된다. 그리하여 겨우 얻어 쥔 돈 부스러기는 농민의 손으로 들어오자마자 커다랗게 벌리고 있던 다른 상품의 주인들이 죄다 빼앗아가고야 만다.

이리하야 농민에게는 돈이 없다. 돈 될 원료를 생산은 한다. 그러나 그 생산품이 값이 없다. 때문에 농업 생산자에게는 돈이 없다. 따라 농민은 극빈자가 된다. 채무자가 된다. 드디어 농촌은 죽어간다.

나는 그네가 '참말 기가 맥혀요' 하는 말에는 눈물이 나지 않을 수 없었다. 나는 죽어가는 농촌을 안고서 운다. 어떻게 하면 농민에게 경제적 안전을 얻게 할까? 과연 농민의 생활을 보장해 줄 도리는 없느냐? 아, 죽어가는 농촌을 그대로 둘 수는 없다. 아, 사람들아 조선의 사람들아!

## 하나를 알고 둘부터 모르는 돈에 목마른 농민의 불행

나의 발자국은 남대천이라는 강의 다리에 이르렀다. 다리 한 판이 무너졌다. 나무 실은 소 하나가 앞다리를 허물어진 다리 구멍에 빠트렸다. 소는 앞발을 꿇고 아픈 듯이 큰 눈을 부릅뜨고 끼─끼─ 큰 숨만 쉰다.

소 몰던 사람은 어─라─ 어리야-하 어리야─하 하고 아우성을 친다. '이런 놈 나무단이 다 부스러지는구나. 이라 이라 어리야하 어리야하' 하면서 소를 때려도 보고 이끌어도 본다. 나도 수수방관할 수는 없게 되었다. 나뭇단을 부리고 소 멱을 쳐들어 일으켜주었다.

그 사람은 소가 상했는지 안 상했는지는 알아보려고도 않고 나뭇단이 부스러진 것을 아까워하며 '음─ 그것 참! 원 운수 없는 놈은 할 수가 없어. 돈 한 푼이라도 곧장 손해뿐이니 어쩐담!' 하며 못내 한탄을 연발한다.

나는 그네가 당초에 그런 위험한 곳에 소를 몰아넣은 그 미련함을 책망하는 것보다 차라리 그네를 불행하다고 생각하는 감정이 솟아오름을 견디지 못하였다. 왜? 여기에도 농민의 비애는 사무쳐 있으니 그렇다. 즉 일분일초라도 속히 시장에 가서 남들보다 먼저 잘 팔아 한 푼 돈이라도 더 받자는 그 목적을 위해서 이곳으로 소를 뻑뻑 끌고 온 것이다. 그러니까 큰 소가 상한 것보다도 현재에 나뭇단이 부서져서 본래의 목적을 달성하지 못할 것이 더 애처로워함이었다. 나뭇단이 부스러지는 것을 자기의 살이나 뼈가 부서지는 것과 같이 아파하는 그네의 그 돈 때문에 말라붙은 얼굴을 찌푸리고 못내 한탄

_일제시대 엽서에 담긴 땔감
파는 조선의 농민.

하는 정황이 의식 있는 사람의 자식으로는 눈물을 내지 아니치 못하
게 한다.

잔돈에 목말라 하고 큰돈에 배고파하는 농민이 돈이라면 뒷일과
앞일이야 어떻게 되었든 목전의 이익에만 급급해 하는도다. 밤낮을
모르고 움직이는 농민에게 어찌하야 이렇게까지 돈 배가 곯아졌느
냐? 아- 생각을 할수록 눈물이 난다.

어찌하면 저들에게 생활의 안정을 줄 수 있을까? 무슨 방법으로
저들의 건재를 기도할 수 있을까? 아- 불행도 하구나. 돈에 목이
마른 농민의 처지여!!

## 면장과의 대화

면장 김충용 씨와 마주앉게 되었다.

"얼마나 바쁘십니까?"

내 말에 면장은 답한다.

"아닌 게 아니라 대체 받아들이라는 것이 너무 많으니까 도저히 해먹을 수가 없어요."

"농민들의 부담이 매우 많겠지요?"

"물론입니다. 글쎄 들어보시오. 지세, 지세부가세, 부가세, 호세, 호세부가세, 호분할세, 농회비, 축산조합비, 함남육영회비, 학술강습소비, 사립학교비, 동경지진의연금, 그밖에 잠요대금 등 얼마나 많습니까? 이밖에도 헤아리려면 또 많지요. 이런 것을 받아들이다가 그만 세월은 다 가지요."

"농민이 잘 내지를 않으니까 더욱 곤란하겠지요?"

"내다니 돈이 있어야지. 글쎄 그중에는 돈을 두고 내지 않는 것들도 간혹 없는 것은 아니지마는 사실상 할 수 없는 사람이 많아요. 대관절 우리 면과 같은 데서는 콩이 잘 되어야 하겠는데 작년 세월이 풍년이라고는 하나 콩은 매우 부족한 점이 많았을 뿐 아니라 지난해 충해에 먹을 것도 못 얻은 사람들은 올해 봄부터 여름 내내 콩 예매들해서 그것으로 살아왔는데 지금 와서는 한 섬에 14, 15원 하는 것이 7, 8원에 다들 팔아먹었으니 어떻게 되었겠소? 참 말이 아니야요."

한숨을 쉰다.

"그것 참말 기가 막히는 일이로구려. 지금 15원 하는 물품을 돈이 없어 예매했기 때문에 7원밖에는 더 못 받다니……. 허허 그것 참으로 말이 아니오. 그러지 않고 제값대로 받으면서도 못 살아갈 오늘날 농가가 생산품을 시가의 반도 못 되는 값에 팔지 아니면 안 되게 된 사정이 얼마나 비통한 일입니까? 나는 이런 말을 들을 때마다 절실히 느끼는 것은 농업특종은행과 농업창고가 우리 조선에 없기 때문에 이런 불상사가 생기는 것이라 함이외다. 만일 우리 농민이 이용하기에 편한 은행이나 창고가 있었던들 구매라는 제도는 없이 창고권이나 또는 수확 예상에 대한 왕형과 같은 것으로 농가의 금융을 미끄럽게 할 것이고 물품을 반값에 희생하는 것 같은 일은 절대로 없을 것이 아닙니까?"

『개벽』 제47호, 1924년 5월 1일, 「농촌 순례기」 중에서, 벽타 이성환

* * *

지금으로부터 100년 전의 농촌을 그린 기사입니다. 인구의 80퍼센트 이상이 농민이던 시절, 농업생산력은 변함이 없는데 신문명의 도래로 필요한 물건들이 많아진 데다 다양한 명목으로 붙인 세금 때문에 농민들은 궁핍에 시달립니다.

이 글에는 생략되어 있지만, 필자와 면장은 농민들이 생산비용은 아끼면서 관혼상제나 굿 같은 미신행사에는 아낌없이 돈을 쓰는 것이 가난을 더욱 재촉한다고 봅니다. 하지만 관혼상제 비용이 가난의 근본원인일 수는 없습니다. 농민을 착취하고 이용하려고만 드는 관과 중간상인들이 더 문제입니다. '예매'를 통해 목구멍이 포도청인 농민들은 자신들의 작물이 크기전에 중간상인들에게 미리 싼값에 팔아버리고, 정작 수확기에는 빈손으로 손가락만 빨게 됩니다. 그런데 더 우스운 것은 100년이 지난 오늘날에도 농촌의 모습이 이것과 크게 달라지지 않았다는 것입니다. 농촌 사회에 대한 사회운동이나 언론의 수식어는 여전히 '나날이 피폐해져 간다'라는 것입니다.

# 종로야화

종로의 주인은 보신각이다. 밤이 드나 날이 새나 울지 않는 인경을 담아 가지고 있는 보신각이다. 밤의 종로의 주인은 보신각 앞에서부터 동구안 병문 앞까지 이르러 있는 야시夜市다. 값싼 물건을 입의 힘으로 떠맡기려는 야시의 외치는 소리는 파산된 잡화점의 경매하는 종소리와 함께 처량하게만 들린다.

네온싸인에 눈이 부시고 레코드 소리에 귀가 발광할 종로가 아니다. 회중전등으로 길을 찾고 〈장타령〉 소리에 귀를 막을 종로이다! 낙원회관에서 흘러나오는 웃음소리! 노랫소리! 카프*의 광시대이다. 여급의 황금시대이다. 그 총본영은 종로의 낙원회관이다. 기생도 이곳으로 밀리고 여배우도 밀리고 실연한 작은 아씨도 몰려들어 밤의 천국! 그늘에 피는 꽃빛을 자랑키로 된다.

'멕시코'는 북편 길가의 고급 끽연점! 인텔리의 총본영 거리의 사교실이다. 대학은 마쳤지만— 하는 분들의 약소한 백동화 몇 잎으

---

\* KAPF, 조선 프롤레타리아 예술가 동맹.

로 천하대세를 개탄할 적자의 오락부이다. 하루에 몇 번씩 들고 나고 들어와서는 벽을 등지고 앉아 차 한 잔에 두 시간 세 시간씩 한담은 보통이다. 악동들은 이 같은 단골손님에게 벽화라는 최고급의 경칭을 바친다. 벽에 그린 그림이 아닌 이상 그렇게 오래 벽에 붙어 앉아 있을 수가 있나.

화신식당에서 냉면, 비빔밥을 시작하였다! 같은 값이면 미소녀가 나르는 깨끗한 음식을 사 층 누상에서 시원스럽게 먹자는 야심이 집중되어! 밤의 화신은 식당으로 나르는 엘리베이터만이 바쁘다. 유리창 많기로 동양의 첫째 가는 백화점! 유리창은 많아도 바람 한 점 편하게 흘러들기 어렵게 된 화신의 유리창 덕에 밖에서 바라보면 마치 대서양 위에 뜬 유람선같이 좋아도 보인다. 화신을 개축할 용단을 내리는 경영자는 미국에서나 구해야 있을는지!

아저씨! 껌 한 갑 사주세요. 12~13세 가련한 소녀의 탄원이다! 누구더러 사란 말이냐. 살 만한 아저씨는 걸어 다니지를 않는단다. 사라는 너희나 사주지 못하는 아저씨네나 모두가 종로에서 보금자리를 펴고 사는 식구란다.

껌은 팔아 무엇하나? 쌀을 사나! 옷감을 사나! 아니다. 형무소에 가 계신 아버지의 뒷바라지를 하려는 게다. 그러나 그것도 경쟁이 나서 거의 영리본위로 일부러 가련한 소녀를 골라서 밤마다 밤마다 종로거리에 내세워,

"아저씨 껌 한 갑만 사주세요!"

탄원의 난사이다. 동정의 강요이다! 이리하여 아버지의 형무소 뒷바라지를 하던 종로의 작은아씨는 쫓겨가고 말았다. 요사이 종로

_1937년 종로 네거리. 사진 왼쪽의 큰 건물이 종로의 명물 화신백화점이다.

밤거리에 떠도는 껌 파는 소녀는 모두가 위조품이다. 미스 종로를 축출한 침입자들이다. 미워할 존재이다.

거리에 상록수 한 가지가 눈에 띌까? 종로는 무엇을 가지고 행세를 하려 하느냐. 미친 듯 헤매는 단발 처녀들조차 진고개*로 놓쳐가는 이때 점포는 열기가 무섭게 경매꾼들의 뱃속 채움이나 되고 뒷골목 뒷골목에는 학생들의 월사금을 집어먹는 작은 식당 어여쁜 악마들이나 가지고.

이래도 종로일세 하고 배부른 흥정을 하려느냐. 동아일보여! 아니 모—든 조선문 신문당국자여 종로 길가에 수양버들을 심을 운동

* 중구 충무로 2가 전 중국대사관 뒤편에서 세종호텔 뒷길에 이르는 고개. 토질이 매우 질었던 데서 그 이름이 유래됨.

을 일으키고 싶지 않은가! 은행나무를 심은 미관을 조석으로 바라보는 동아일보에서는 더욱 그 필요를 절실히 느끼지 않겠는가?

　열한 시가 넘어 극장이 손님을 토해 놓으면 어쨌든 모두가 종로바닥으로 퍼진다. 일남일녀의 소근소근 노는 패는 제일루 지점이나 백합원 이 층으로 사라진다. 작란차들은 시퉁구러진 작은아씨 뒤나 따르고 모던보이, 모던걸들은 차점으로 사라진다.

　"나리, 얌전한 색시가 있는데 안 가시렵니까?"

　골목의 한 담 모퉁이에서 손짓을 한다.

　"색시라니?"

　"아조 똑땄습니다.* 여학생인데 학비가 곤란해서 몰래 몰래 손님을 본답니다."

　섣불리 쫓아가면 주머니 털리기는 십중팔구다. 여학생이란 말이 귀엽다. 대개는 팔리지 않는 기생이나 지방으로 떠돌던 색주가댁네이다. 뚜쟁이 영업은 열두 시 넘은 종로 뒷골목이 제일 좋은 자리! 반취한 중년신사는 걸어다니기 무섭게 주머니털음이 명확하나 까딱하다가는 시계집(종로경찰서 옥상에는 시계가 있다) 나리나 잘못 꼬투리를 잡아 위험천만!

　자정이 넘으면 자동차는 동분서주! 모두가 기생을 태운 자동차이다. 어느 놈이 돈이 없다고 우느냐고 소리나 칠 듯이 돌아다닌다. 길가에는 선술집에서 곱빼기 몇 잔에 만취한 양복서민……

　"여보 잠 좀 잡시다!"

* 아주 똑부러지게 생겼습니다.

새우잠을 자던 걸인의 볼멘소리가 들린다. 취객은 눈을 썻고 덤비며,

"여보! 거기 잠자리 좋구려. 나도 좀 잡시다!"

"아, 당신이 어쨌다고 돌베개를 베고 잔단 말씀이오? 댁에 가 주무시지요?"

"아니야! 그렇게 못 될 일이 있어. 여기서 자면 집세는 없겠다."

"길가 잠자는 놈에게 세가 무슨 세란 말이오?"

"옳아, 됐어! 그럼 나도 좀 자야지!"

"아, 어서 댁에 가 주무시오."

"이 사람아! 우리 집에는 못 가. 오늘 집세를 못 가져가면 쫓겨나는 날이야."

어느 도시에든지 명암의 세계가 있고 웃는 인생 우는 인생을 아울러 품고 있을 것이다. 그러나 밤의 종로는 벽만 보이는 방 속 같이 갑갑하다. 답답하다. 탄식이나 하고 싶다.

『개벽』 신간 제1호, 1934년 11월 1일, 「종로야화」, 이서구

\*\*\*

1930년대 종로 풍경입니다. 가히 이 시대는 조선의 르네상스라 할 만한 시기였습니다. 종로며 명동에는 단발머리를 하고 담배를 문 신식여성부터 동성연애에 빠진 여학생들, 자칭 공산주의자라며 멋들어진 양복에 백구두를 신고 돌아다니는 젊은이들, 무정부주의자에 허무주의자들까지 요즘 시대에도 보기 힘든 온갖 종류의 사상가며 멋쟁이들로 복작였습니다.

# 미용실의 미인들

인력거 한 대가 다방골 골목으로 쏜살같이 달려오더니 종로네거리 한청빌딩 정문 앞 화환 많은 곳 앞에 와 닿는다.

내리는 이는 동경여자대학을 마쳐 영어 잘하고 음악과 문학을 본격적으로 안다고 떠드는 일류명기 ○○○로다. 그는 옥색 꽃무늬 놓은 비단치마로 휘휘 감은 가냘픈 몸을 휘우쳐 빌딩 3층으로 자취를 감춘다. 지금이 아침 10시. 어젯밤 어느 연회에 갔다가 늦잠을 자고 일어나서 오늘 또 노들나루에서 뱃놀이나 있는 듯싶어 허둥지둥 화장하려 옴이다.

그런 뒤 한참 만에 모 은행의 중역부인으로 일찍이 동경 유학 시대에 음악 잘하기로 이름을 날리던 신여성 모 씨, 어느 학교의 여교사 등등 4, 5인의 신여성들이 창황히 3층으로 사라진다. 모두 미용원으로 들어감이다.

나는 그 뒤를 따라 이번 새로 되었다는 한청미용원 구경으로 올라갔다. 벌써 엘리베이터에서 내려 흰 타일로 깐 낭하에 들어서자 향기로운 지분 내음이 코를 찌른다. 노크를 하니 젊은 소녀가 들어오

_근대식 미용실인 경성미장원.

십사고 한다.

내가 들어가 앉은 방은 서양식으로 차린 응접실이라 왼편 쪽에 커다란 호화로운 거울이 걸려 있고 한편 벽 쪽에는 수놓은 화초병풍이 쳐 있다. 풍경화도 걸려 있고 비너스 형상도 있다. 가운데 큰 테이블에는 빨갛게 핀 백일홍을 꽂은 화병이 놓였고 쉬는 사이에 보라고 화보 책도 놓여 있다.

그럴 때에 저쪽에서 무엇인가 소리가 나기에 바라보니 고전식 자개를 물린 3층 장롱이 놓였는데 그쪽에서 지금 올라오던 가인들이 핸드백을 두고 혹은 치마도 갈아입는다. 설명을 듣고 보니 여기가 준비실로 다섯 사람의 옷을 둘 옷장이 있어 여기서 열쇠를 맡아 가지고 제 것을 제가 간직하는 제도요.

그리고 그다음은 아주 크고 넓고 명랑한 기분이 도는 서양식 방인데 여기가 정작 미용하는 곳이다. 마침 주임기사인 젊은 여자 셋이 세 아씨들을 양귀비 같은 절세미인으로 만들고자 분주한 중이다. 머리 위로는 풍차통 같기도 하고 태양등 같기도 한 알미늄통이 내려덮였는데 이것이 이른바 머리 말리는 기계라 한다. 삼월미용부에도 이런 기계는 있기는 있으나 한 번 말리자면 15분 동안이나 걸리나 여기 기계는 값이 비싸니만치(500원 짜리라 한다) 단 5분간이면 수분이 전혀 빠진다고 한다.

한쪽에서는 콧등에 분을 발라주는가 하면 한쪽에선 입술에 진한 연지를 찍어주고 한쪽에선 머리에 아이롱을 걸고 있다. 방 안을 휩싸고 도는 향그러운 이 내음새 실로 방 안은 살결과 화분에 싸여 있는 것이다.

젊은 미용사들은 모두 동경에서 일류급 전문미용소에서 수완을 닦고 왔다고 한다. 이 집에 모이는 숙녀는 실로 여러 층으로서 여교원, 여사무원, 영양, 영부인급으로부터 여급, 기생층에 이르기까지 온갖 첨단 계급의 여성들이 모여든다고 한다.

이 미용원은 이정파 씨 부인 오 씨가 경영하는 것으로 예전에는 오엽주 여사가 화신백화점 3층에서 미용원을 하였으나 화재 후 서울에는 조선사람 측으로 하는 미용원이 없더니 이번에 한청빌딩의 좋은 장소를 얻어 새로 경영하고 있는 중이라 한다.

이 미용원이 설립되기 때문에 종래 정자옥이나 삼월미용소로 발을 옮기던 여성들이 많이 한청으로 몰린다든가.

『삼천리』 제7권 제8호,
1935년 9월 1일 「서울 미용원에 모이는 미인군상, 한청미용원의 반시간 풍광」, 김팔연 만주와 중국 내륙에서, 국내의 감옥에서 수많은 독립투사들이 목숨을 바쳐 조국의 독립을 위해 싸우던 그 시간에도 서울의 부유층들은 화장품 향기 자욱한 미장원에서, 하룻밤 화대가 군수 월급과 맞먹는 80원에 이르는 기생집에서 호화로운 생활을 누리고 있습니다.

더욱 부조리한 것은 이런 미용실이나 기생집에 드나들던 이들과 그들의 남편, 그들의 아버지가 해방 후에도 계속해서 부와 권력을 향유하며 남한을 지배한다는 것입니다. 오히려 독립운동에 온몸을 바쳤던 이들을 빨갱이로 몰아 제거하는 데 혈안이 되고 그것이 성공한다는 분통 터지는 사실입니다.

# 공장에 들어가려는 누이의 편지

언니! 언제 벌써 봄이다가 또다시 여름이 되어버렸세요. 이 더운데 쩔쩔 끓는 물에다 손을 담고 실을 뽑고 있는 언니를 생각하니 언니가 더욱 가엾어지고 그리운 생각이 납니다그려! 어머님께서는 늘 앓던 이름을 모르는 병 때문에 날씨는 덥고 잡수시는 것도 시원치 않고 하니 더욱더 수척해지셨세요. 그런데도 언니가 보고 싶다고 말만 하면 그 말부터 하시더니 요즘은 말도 않으시고 가끔 멍하고 앉으셔서 무엇을 생각하고 계시는데, 다른 걱정도 많겠지만 늘 언니 생각을 하시는 것 같아서 가엾어서 못보겠세요.

언니! 언젠가 잠깐 집에 오셨을 때 그 감옥 같은 기숙사 이야기를 하시며 이 다 찌그러져가는 오막살이가 그리웁다고 하시더니 요즘은 좀 나아졌는지요? 그때 무슨 기숙사를 고치라고 회사에 요구를 한다고 하신 것 같은데.

그리구 참 언니! 어머니는 또 언니 시집보낼 생각을 자꾸 하시나 봐요. 언니 시집가고 싶어요? 돈도 없는데 시집을 가버리면 어떡해요? 어머니께서는 늘 '그것이 벌써 열아홉 살인데' 하고는 머리를 흔드신답니다.

그런데 언니! 나는 어저께 건넛집 옥숙이하고 어머님 모르시게 건너 마을에 있는 처음 그것을 세울 때 우리가 늘 구경 다니던 그 공장에를 가봤세요! 거기서 사람을 뽑는다기에 가보겠다고 그랬더니 옥숙이도 같이 간다고 해서 어머니 몰래 가보았세요! 어머니께서는 굶어 죽어도 너까지 공장에 보내고는 못 살겠다고 그러시지만 어머니 몸은 자꾸만 수척해가는데 찌개 한 번 맛있게 해드리지 못하고 이웃 사람들이 개를 잡아먹으면 좋다구 그래도 돈이 한 푼도 없으니 어떡해요!

그래서 몰래 거기를 가보았더니 시험을 본다고 별짓을 다 시켜요! 팥을 한 줌 가지고 서로 누가 먼저 세이는지 경쟁도 시켜보고 신체검사를 한다고 옷들을 벗기구는 귀에다 무슨 줄을 달아가지고 젖통이까지 짚어보겠다나요? 부끄러워서 아주 죽을 뻔했세요. 그리고 무슨 별말을 다 묻고 야단이에요. 언니도 공장에 들어갈 때 그러구 들어갔세요?

그러구 사람이 어떻게 많이 왔는지 스물을 뽑는다는데 아마 한 이백 명 되나 봐요! 그리고 어떤 아이들은 공장 사람들을 붙들고 저를 뽑아달라고 발버둥질을 치며 울고 야단들을 했답니다. 건너 마을에 사는 덕순이—알으시지요? 그 오빠가 어딘가 달아났다가 나중에 잡혔다고 신문에 나고 어머니가 중풍에 걸려 드러누운 집 아이 말이예요—도 감독이라는 사람을 붙잡고 울었답니다. 어쩐지 저도 눈물이 글썽글썽해져서 울 것 같은 것을 억지로 참았세요. 그리구 나는 못 뽑히더래두 그 애들이 뽑히면 좋을 거 같했세요.

_일제시대 담배공장에서 포장에 열중
하고 있는 여공들.

　언니! 그런데 그게 무슨 까닭인지 아무것도 모르는 바보들만 뽑
혔잖아요! 옥숙이 덕남이 옥조 같은 애들은 다 떨어졌나봐요. 그런
데도 윗마을 못난이로 이름이 난 덕순이는 들었어요. 덕순이는 나하
고 같이 들어가서 시험을 치렀는데 걔는 말도 어름어름하고 팥 세는
것도 나보다 빨리 하지 못했는데 걔는 뽑히고 나는 떨어졌세요. 어
쩐지 분해요. 나뿐 아니라 옥숙이 덕남이도 분해 죽겠다구 그래요.
아마 그 공장에서는 일부러 바보 못난이만 뽑는 것 같애요? 어째서
그렇게 하는지 까닭을 알 수 없세요. 시험을 보는 것은 똑똑한 사람
을 뽑으려는 게 아니에요? 그래도 언니는 어째 그래 용케 들어가셨
수? 나도 요담에는 또 어디 사람 뽑는다거든 바보짓을 좀 해야지!
　언니 있는 공장에는 사람 더 쓰지 않아요? 거기 가고 싶어요. 언
니도 보고 한 공장에서 같이 벌어가지고 어머님께 개나 사 드렸으면
좋지 않겠세요? 사람 뽑거던 나도 들게 알으켜주세요. 이틀만 걸어

가면 된다는데! 덕남이하고 같이 갈 테예요. 그리고 언니! 이런 이야기 어머니더러 하지 말아주세요. 동네 사람들한테도 말하지 말라고 해두었세요.

언니 그럼 안녕히 계세요. 그리구 편지 좀 자주 해요. 갑갑해 죽겠으니! 그리구 언니 이번에는 언제 또 집에 오는지 올 때는 편지하면 저 산나무 밑까지 마중을 나갈 터예요. 힘들어서 그만 쓰겠어요. 이 편지 쓰는 데 이틀이나 걸렸답니다.

『신계단』, 1933년 7월호, 이초향


\* \* \*

잡지 『신계단』에 투고된 한 시골 소녀의 편지입니다. 너무 사투리가 심해서 그대로 옮기면 읽기가 어렵고, 완전히 바꾸자니 맛이 없어져 적당히 바꾸고 일부는 사투리를 그대로 살려보았습니다.

일제시대 여성노동자들의 노동현실은 참혹이라고 표현하는 게 적당할 만큼 심각했습니다. 이 편지를 쓴 소녀는 공장에 취직하는 게 꿈이지만, 막상 취직한 여성 노동자들은 어느 공장이나 할 것 없이 극심한 강도의 노동과 장시간 노동, 저임금에 시달렸습니다. 굶주림을 견디지 못해 취업을 했다가도 얼마 못 가 도망치거나 파업을 일으키는 일이 부지기수였습니다. 그래서 공장주들은 똑똑한 여성보다는 되도록 미련해 보이는 여성들을 선발했을 것입니다.

# 무당집의 흑자 경기

백백교의 전율할 죄악이 세상에 폭로되어 순진스러운 사람들을 놀라게 한 것이 엊그제의 일이다.

구더기는 구린 냄새가 나는 변기에서만 생긴다. 이 백백교는 구더기가 가장 발달된 그리고 전형적인 자에 불과하다. 만일 현미경을 눈에 걸고 이 세상의 어두컴컴한 곳을 들여다본다면 얼마나 크고 작은 무수한 백백교가 준동하고 있을 것인가. 현미경이 아니라도 사물을 똑바로 보는 안경을 쓰고 보더라도 이 세상에는 얼마나 많은 종류의 백백교 혹은 변종 백백교가 있을 것인가?

다른 것은 다 말하지 말고 제군은 한 삼청동에 거의 막바지 신을 섬기는 사람들의 조합인가 하는 무당집을 방문하여 보라. 거의 매일 그곳에는 수많은 어중이떠중이 같은 유한부인들이 에워싸고 있는 탁자에 촛불이 흔들리고 있는 중에서 요망스러운 작은무당 큰무당이 괴상스러운 울긋불긋한 의상으로 몸을 감은, 최모 씨 무용은 비켜 앉으라는 듯이 이리 뛰고 저리 뛰면서 요사한 주문을 외우고 있지 않은가? 이것은 적은 백백교 이외에는 아무것도 아니다. 그 무당

_일제시대 성행했던 무당집.

들은 매일 수입이 물경 50원 내외라고 한다.

'대학을 마치고도 실업에 고통받는 이 세상에 무당이 저렇게 돈을 번다니 나도 무당이나 될까봐.'

어느 대학 출신의 모 군이 그 광경을 보고 유머를 날리는 것을 들은 일이 있거니와 우리는 하루속히 당국자의 준엄한 철퇴가 떨어지기를 바라 마지않는다.

이 무당은 삼청동에만 있는 것이 아니다. 미신이란 것은 물론 실업, 불경기, 기아 등 민중의 불안한 생활이 부르는 것이지마는 서울에 있어서 무당이란 미신은 남편의 둘째 첩, 셋째 첩을 저주하는 본마누라, 본마누라를 저주하고 아이 낳기를 소원하는 남의 첩, 서방질하고 죄를 씻으려는 음탕한 중년부인 등, 이들 허영과 음탕 이외에는 아무러한 생활이 없는 유한부인들인 모양이다. 이런 것도 실로 딱한 문제이다.

하여간 미신의 굴본색원은 원래 필히 어려운 문제이지마는 그 현상이나마 준엄하게 추구되기를 바라는 것이 아마 세인의 공통된 마음일 것이다.

『비판』, 1937년, 「무당집의 흑자경기」

***

백백교는 1923년 창종된 교단으로 종말론을 내세워 신도들을 모집, 53개나 되는 종말 피난소를 세우고 돈을 갈취하다가 332명의 신도를 살해한 희대의 살인사건을 일으킵니다. 무용가 최모 씨는 일제시대 세계적인 무용가로 이름을 떨치던 최승희를 가리키는데 최승희는 해방 후 월북합니다.

옛날 무지한 시대의 이야기라고만 할 수는 없습니다. 요즘도 여러 사이비 교단에서 종말론을 내세워 신도들로 하여금 전 재산을 바치게 하고 교주란 자들이 부녀자들을 성폭행하는 일이 심심치 않게 일어납니다.

어떤 교단에서는 이탈자들을 악마에게 넘어간 자들이라 해서 20~30명이나 살해한 사건도 있었는데 이 교단은 집단살인 사건 이후에도 더욱 번창해 나날이 성장하고 있다고 합니다. 과연 백백교는 지금도 버젓이 살아있는 것입니다.

나이 든 구세대의 문제만이 아닙니다. 요즘 대학가나 시내 중심가에는 포장마차를 이용한 점집들이 대성황을 이루고 있습니다. 이십대 팔팔한 청춘남녀들이 줄을 지어 점을 보러 드나드는 것은 어제오늘의 일이 아닙니다. 인간의 지혜뿐 아니라 어리석음도 대를 잇는 것 같습니다.

# 도적이 늘어난다

요사이 신문의 사회면을 보면 아무리 도덕가 아닌 사람이라도 세상이 도적으로 변한다고 개탄하지 않을 수 없을 만큼 매일이 매일같이 도적에 대한 기사가 태반을 점하는 듯하다.

학교전문, 핸드백전문, 스리꾼, 전선줄 끊는 놈, 철도 레일 벗겨 팔아먹는 녀석, 순사를 가장한 놈, 중을 가장한 놈, 독직자*, 시골사람으로 가장한 사기꾼, 강도, 교수를 가장한 도적 등등 종류도 많은 도적이 배출되고 있다.

문명이 진화될수록 도적이 많아진다고 하는 사람이 있다. 그러나 이 말은 확실히 문명이 무엇인지 모르고 하는 말일 것이다.

현재 도적이 많아가는 것은 그것이 빈곤과 부의 양극화가 심해지는 데 따라 그 필연적 부대현상이라고 할 수 있지마는 원인과 이유는 어쨌든 여기에 우리는 너무나 인간 내지는 문명의 타락화를 보지 않을 수 없다. 세상이 이렇게 되어먹어간다면 얼마 안 가서 지상에 두

---

* 직책을 더럽히는 자.

발로 걸어다니는 동물은 모두 도적이 되지 않을까 의구가 생긴다.

모두가 모두를 속이고 모두가 모두를 음해하여 인간이 전혀 야수 이하로 되어가지 않을까 생각된다. 그래서 후세의 역사가가 이 20세기를 도적시대 혹은 도적세기라 부르게 될지도 모른다. 아닌 게 아니라, 모든 염치와 이성을 상실한 인간이란 흉악한 물건 이외에는 아무것도 아닌데 인간성을 거의 저버리고 혹은 황금의 환상에 포획되어, 혹은 생활의 철봉에 매달려 눈에 불을 쓰고 날뛰는 이 인간이란 실로 20세기의 일대 전율이 아니면 안 될 것이다.

『비판』, 1938년 5월호, 「이런 일, 저런 일」

* * *

일제시대의 천태만상 사회상을 보여주는 짧은 글입니다. 사실 이런 모습은 오늘도 별반 다르지 않습니다. 가난한 시절이든 부유한 시절이든 어딘가는 도둑이 있고 강도가 있습니다. 치정살인이 있고 파렴치범이 있습니다. 이런 모든 것이 자본주의 때문이라고 이를 한꺼번에 없애겠다고 만들어진 사회주의 국가들에서도 그것을 완전히 박멸하는 데는 실패했습니다. 그것이 인간 사회니까요.

문제는 이러한 인간의 근본적 이기심과 욕망이 파괴적으로 드러나지 않고 오히려 사회를 발전시키는 순기능을 할 수 있도록 만들어나가는 일이겠지요. 빈부격차와 인간차별을 줄임으로써 인간 사이의 증오와 분노를 순화시키는 방식의 진보적인 발전이 필요한 이유입니다.

# 멋진 공장

이 네 개의 주요 공장 중 한 곳에서는 한 노동자가 조그만 용광로 앞에서 리벳*을 가열하고 있었다. 약 35미터 정도 떨어진 곳에서는 다른 노동자가 철판에 리벳을 박고 있었다. 이 두 사람은 모두 그들을 도와주거나 아니면 다른 일에 열중하고 있는 몇 사람들에게 둘러싸여 있었다. 또 두 사람 사이에는 약 20명의 노동자들이 리벳 작업과는 관련 없는 다른 일을 하고 있었다.

용광로 앞에 있는 사람은 적당한 온도로 리벳이 가열되면 리벳 박기 작업을 하고 있는 사람에게 그것을 던져준다. 하얗게 달궈진 리벳은 가운데서 일하고 있는 사람들의 머리 위를 멋지게 날아가서 리벳 작업을 하는 사람의 주위의 여러 사람들 한가운데로 아치 모양을 그리며 떨어져 고깔 모양의 받침에 정확하게 '탕' 하고 적중하였다. 리벳 집게가 자칫 삐끗하거나 주위 사람들 중 하나가 리벳이 허공을 날아가는 순간 운 나쁘게 움직인다면 어떻게 될까? 불구자가 되거

* 금속 재료를 서로 연결할 때 쓰는, 대가리가 둥근 굵은 못.

나 아니면 사망해 공업인력기술이 더욱 모자라게 될 것이다.

공장 여러 곳에서는 용접공들이 작업을 하고 있었다. 8명 내지 10명이 용접기를 사용하고 있었는데 그중 5명은 눈을 보호할 아무런 장구도 착용하지 못하고 있었다. 나머지 사람들 중 용접용 정규 마스크를 착용한 사람은 두 명에 불과했다. 숙련 노동자가 상당히 풍부한 나라에서도 노련한 용접공은 언제나 부족한 실정이다. 한국에서 이들 용접공의 눈은 그 눈의 무게만큼 황금보다도 더 많은 값어치가 나간다고 말할 수 있다.

목공과 기계작업장에서는 톱, 드릴프레스, 성형선반, 기타 동력기구들이 사용되고 있었는데 작업장 어디에도 위험방지 장치나 안전장치는 부착되어 있지 않았다.

주물공장에서는 뜨거운 쇳물이 공장 내 좁은 공간에서 손수레에 의해 운반되고 있었으며 주물공장 한가운데에는 쇳물을 부어 천천히 식히는 커다란 웅덩이가 마련되어 있었으나 사람이 발을 잘못 디뎌 빠지지 않도록 하기 위한 위험 표지판이라고는 하나도 없었다.

다른 한쪽에서는 한 노동자가 정으로 차바퀴에서 쓸모없는 쇠붙이를 떼어내고 있었는데 그곳에도 잘린 쇠토막을 받아내는 장치는 없었다. 잘린 쇠토막은 6미터 내지 9미터 정도를 날아가 떨어지고 있었다. 그 반경 안에 있는 사람들은 모두 장님이 될 위험에 항시 놓여 있다는 뜻이 된다.

『미군정 보고서』, 1945년 해방 직후, 미군정 노동고문

* * * *

일제 후반기인 1930년대 중반에 지어져 현대식 최신 시설을 갖추었다고 떠들썩했던 조선철도회사 인천공장의 해방 무렵 모습입니다. 훗날 철도청 인천공작창이 되는 곳이지요.

한 사회의 발전 정도는 인간의 생명을 얼마나 존중하는가에 있다고 생각합니다. 노동현장에서 얼마나 안전하게 일할 수 있는가, 도로교통이 차량 위주인가 사람 위주인가, 여객기 같은 대량 운송수단을 얼마나 철저히 정비하는가, 심지어는 전쟁 시 아군의 시신을 얼마나 철저히 수습하는가도 그 척도가 됩니다.

이 글이 쓰인 지 65년이 지난 2010년 9월, 충남 당진의 한 철강회사에서 일하던 젊은이가 용광로 쇳물에 빠져 흔적도 없이 사라진 사고가 있었습니다. 안전망도 없고 난간도 없이 쇳물이 끓어오르는 용광로 위에 놓인 폭 1미터 철판 위를 오가며 일하다 순간적으로 추락한 것입니다.

이 청년의 작업환경이 80년 전 일제시대와 전혀 다르지 않을 뿐 아니라, 오히려 더 위험했다는 사실은 너무나 놀랍습니다. 이 문제가 언론에 널리 보도되자 선반 입구에 줄을 쳐서 들어가지 못하게 해놓은 게 회사 측의 대책 전부라는 추가 보도는 더욱 경악스럽습니다.

우리 사회가 형식적인 민주화, 형식적인 인권은 발전했어도 그것은 중산층 이상의 유산계층에 해당되는 이야기일 뿐, 하층 노동자에 대한 그것은 아직도 제자리라는 것을 상징적으로 보여주는 사건입니다. 노동자의 절대다수가 비정규직이 되어버린 현실이 이를 뒷받침합니다.

## 제2장

일제의 침략이 본격화되던 1890년대부터 수많은 조선인들이 항일에
뛰어듭니다. 최소 10만 명 이상이 희생당했던 동학농민군과 역시 수
많은 희생자를 낳았던 초창기 의병들의 투쟁, 7,000명이 학살당했던
3·1만세운동 등 조선인들의 항일투쟁은 해방되는 그날까지 반세기
동안 계속되었습니다.

그런데 3·1만세운동 이전의 항일운동이 특정한 이념을 가졌다기보
다 외세에 항거하는 민족주의 의식이 주류였다면 이후 투쟁은 명백
히 사회주의 사상이 이끌게 됩니다.

3·1만세운동에 놀란 일제는 소위 문화정책을 써서 조선인에게 교육
의 기회와 회사를 운영할 권리 등을 주고, 이에 대다수 민족주의자들
은 직접적인 투쟁을 포기하고 민족개량주의운동으로 돌아섭니다.

반면 1917년 러시아혁명에 고무된 많은 젊은이들이 사회주의 사상
을 받아들여 가열한 투쟁에 나섭니다. 사회주의 이론은 일제와 같은
제국주의의 침략이 자본주의의 결과로 일어난 것이라고 보았기 때문
입니다. 최초의 사회주의 국가이던 소련은 실제 항일투쟁에 막대한
자금과 조직적인 지도를 아끼지 않습니다.

1920년대 후반부터 해방되기까지 20여 년간 해마다 수백에서 수천 명의 조선인들이 오늘
날의 국가보안법 격인 사회안전법 위반으로 감옥에 가는데 그 대다수가 사회주의자들이었
습니다.

따라서 이 시절 사회주의란 자랑스러운 명예였고 유행이어서, 사회주의자가 아니면 지식인
들 사이에서 따돌림을 당할 정도였습니다. 잡지에 글을 쓰는 필자의 다수도 사회주의자들
이었고, 자연히 잡지들의 내용도 그들의 사상을 반영하고 있습니다.

# 유치장 풍경

## 우리들의 예언

6월 10일이 하루하루 가까워왔다. 우리들은 편집실에 모여 앉을 때면 가끔 이런 말을 했다.

"저들이 암만해도 우리를 그대로 놔두지는 않을 것이다. 우리는 하루바삐 7월호를 편집하고 볼 일이다. 어떻게 하든지 10일 이전에 7월호를 넘기지 않으면 안 될 것이다."

아니나 다를까, 우리의 예상은 여실하게 들어맞았다. 6월 6일 일요일이다. 나는 오전까지 회사에 있다가 오후에 관철동에 있던 동무를 찾아 '개벽' 확장에 관한 의논을 하고 다시 회사를 향해 사동 어귀를 지나 탑동공원* 뒤쪽을 통할 때 누구인가 급작스럽게 나의 이름을 부른다. 돌아보니 늘 우리 편을 감시하던 ○형사다. 그는 매우 흥분된 태도로 말했다.

* 탑골공원. 우리나라 최초의 공원으로 1919년 3·1운동이 시작된 곳이다.

"경찰서로 갑시다."

"검속이오?"

"아니오. 취조할 일이 있어서."

취조! 무엇에 대한 것일까? 이 말을 들은 나는 본능적으로 속이 뭉클하였다. 그러나 세상일이란 당하면 당하는 것이지 하고 사동길을 돌아 석편 앞을 질러가지고 종로 뒷골목으로 해서 종로서에 들어서니 때는 오후 6시경 날은 거의 저물었다.


## 그냥 그냥 잡혀 오는 동무들

이 층 고등계로 끌려가니 과연 야단들이다. 계원들이라고 한 사람이라도 제자리에 앉은 자가 없고 모두 왔다 갔다, 나갔다 들어갔다 하며 두서를 못 차리는 듯싶었다. 나는 즉각적으로 '큰 사건이 생겼구나' 하였다.

고등계에 들어서자마자 형사 한 사람은 곧 나를 뒤쪽 넓은 방으로 끌어간다. 이 방에는 벌써 4, 5의 동무가 들어와 있는데 그중에는 여자가 셋이요 흰 갓에 상복을 입은 시골 노인도 한 분 계셨다. 드문드문 앉은 사이에는 정복순사들이 지켜 앉아서 '말하지 말라', '돌아보지 마라' 하고 있으며 내가 앉은 출입문 편에는 문 안에 한 사람, 문 밖에 한 사람 합계 두 사람이 문의 안팎을 지키고 있었다.

팔짱 끼고 가만히 앉아 있노라니 밖에서는 쿵쾅쿵쾅하고 야단들이다. 꼭 불난 집같이 생각되었다. 전등불이 들어오고 밤중이 될 만하니 동무들이 그냥 붙잡혀 온다. 모자 쓰고 외출복 입은 이도 있거

니와 그저 동저고리만 입은 이, 양복 아랫바지만 입은 이 가지각색
이다. 아마 저녁 먹다가, 산보 나가다가 그냥 붙들려 들어온 모양이
었다.

이리하여 밤 열두시쯤 되어서는 그 넓은 방 안이 그득하게 찼다.
그중에도 눈에 띄는 것은 보통학교 5, 6학년생이다. 중학교 1, 2학
년생밖에 더 못 되는 어린 학생들이 테니스 치던 라켓을 든 그대로
붙잡혀 온 것이었다. 집권자의 소행이란 과연 굉장한 것이다.


### 널빤지 위의 하룻밤

순사들이 돌아다니며 저녁밥 어찌 된 것을 묻고 또 가진 돈이 있는
가 묻는다. 이번에는 또 밥도 제 돈으로써 사먹게 할 작정인가 하며
나는 슬그머니 속이 좋지 못했더니 조금 있다 변또가 들어왔다. 쪼
글쪼글하게 낡아빠진 작은 변또에 때굴때굴 구르는 콩장 반찬이었
다. 밥은 질척하고 풀기가 없어서 물과 같이 심심했다. 어쨌든 먹고
나니 좋았다.

밤이 얼마나 깊었는지 당직 순사가 묵은 신문지를 몇 장씩 돌려준
다. 그것을 깔고 마룻바닥에서나 걸상 위에서 자라는 말이다. 까는
것보다도 볼 욕심이 앞서서 가만 가만히 눈여겨본즉 금년 『동아일
보』 신년호 부록이다. 각국 사회주의자의 신년 기고가 있다. 생각해
보니 그 글들 때문에 압수했던 모양이다.

한 면을 보고 또 다른 면을 뒤적거리는데 칼 찬 이가 쫓아오더니
그만 빼앗아 가고 만다. 다행히 얻은 신문지를 불행히 빼앗긴 셈이

다. 신문지 한 장이나마 깔고 편히 잘 형편이면 여기 들어오지를 않았을 것이지―하고 폭이 한 뼘 남짓한 걸상 하나를 죽은 놈 칠성판* 지듯 옴짝달싹할 수 없이 반듯이 누워서 하룻밤을 그 이 층에서 지냈다.

## 형사는 교사되고

아침에 일어나 보니 동무는 훨씬 더 느렸다. 새벽 초두에 자동차 노름들을 한 모양이었다. 쪼그랑 변또 한 그릇씩을 먹이고 나더니 학교의 첫 시간 출석부를 부르듯이 그 많은 사람을 일일이 호명해 가면서 좌석 정리를 시킨다. 형사순사가 선생 격이 되고 정복순사가 조수 격이 되었다. 그중에도 좋은 그 방은 무슨 강습실 격으로 칠판이 걸리고 교단이 있었기 때문에 그 모양은 한층 더 교수시간과 같아 보인다. 이때의 이 꼴을 과연 무엇이라 말했으면 좋을까. 하하.

한참 인명부를 부르더니 그만 누구누구를 지명해서 끌어내간다. 나도 그 선두의 한 사람이 되었다. 옷을 주워 입고 그들의 인도로 종로거리로 나서니 자동차가 대기하고 있다. 유치장이 좁으니까 서대문 감옥으로 가는 것이겠지―하였더니 정작 가면서 보니 차는 서대문 쪽으로 가지 않고 광화문 앞으로 들어가고 만다.

마침 이날은 인산 연습인가를 하는 날이라, 잠깐 보아도 시중에는

* 관의 바닥에 깔거나 시신 위에 덮는 얇은 널조각. 북두칠성을 본떠서 일곱 구멍을 뚫은 데서 붙은 이름.

인파가 엄청나다. 더욱이 광화문 앞에는 누런 옷의 거사꾼들이 이리 몰리고 저리 밀리고 하였다. 그 속으로 동무 3, 4명과 같이 3명의 순사에게 호위되어 그 인파 가운데를 질주하는 맛은 사실 심상치 않았다.

## 경찰부 유치장 구경

자동차 유흥도 잠깐이오, 우리는 곧 경찰부 유치장으로 들어가게 되었다. 옷을 벗는다, 고름을 뜯는다 한창 어수선하였다. 동헌 가운데 방으로 들어가니 거기에는 벌써 우리 회사의 제본부에서 일하는 노인 한 분과 소년 한 분이 들어와 있었다.

언제 왔느냐 하니 새벽에 왔다고 한다. 범은 죽어서도 그 가족들은 또 한곳에 모인다고 우리 인간은 이 유치장에 와서까지 또 한자리에서 만나게 된다. 나중에는 영업부의 민 형, 편집부의 차 형까지 이 방에서 동거하게 되었다. 이것이 우연이냐 필연이냐 구태여 설명까지 할 것은 없고.

유치장 구경! 무릇 세 번째이다. 그러나 경찰부의 유치장은 이번이 처음이다. 유치장이라 하면 어디나 그렇듯 이 유치장도 4평 한 칸에 3면이 판벽이요 1면이 나무창이며 그 안에는 똥 누는 곳 한 곳을 만들어 놓았다. 그 방에서 밥 먹고 그 방에서 똥 누는 것! 그래서 똥 냄새 속에 파묻혀서 사는 것. 이것이 오늘 철창생활의 유일한 특색이다.

감옥 같은 데서는 아침마다 똥통을 들어 내가는데 여기는 똥통을 속으로 구멍을 두어 그냥 밖으로 흘러가게 한다. 내가 이 방에 들어온 처음에는 아까 말한 바와 같이 우리 회사 제본부에서 일하는 두 동무하고 또 나하고 같은 차로 온 노총의 이 형하고 합계 4명이었다. 그런데 낮이 지나며 한 사람 두 사람씩 들어오기를 시작하더니 밤 잘 때에는 합계 24인이 되었다. 즉 4평 방 안에서 24인이 합숙하지 않으면 안 되게 되었다.

누가 여기 와서 편히 잘 생각을 하리오마는 매일 밤의 잠자리는 과연 괴로웠다. 바로 누울 수가 없어 모로 누웠으며 발을 펼 수가 없어 곱추 모양을 하였다. 여름밤임에도 불구하고 새벽녘에는 또 추워서 견딜 수가 없었다. 예전 헌병대 시절의 유물인 보료 몇 조각을 얻었으나 그것으로는 셈이 되지를 못하였다.

그렇더라도 몸이 건강한 사람은 오히려 좀 인내할 수가 있다 할지라도 들어오기 전부터 건강하지 않았던 이들은 감내할 수 없었다. 우리 중에도 황해도 친구 한 사람이 고질병을 가지고 들어왔는데 가끔 그는 사람 죽는다고 호소하나 그곳의 책임자들은 본체만체했다. 결국 우리들이 '사람이 죽어도 그만이냐?' 하며 소동을 일으켜서야 겨우 성난 얼굴에 큰 소리를 질러가면서 그 증상을 물어보는 것이었다.

유치장 규칙이 어떤지 우리는 그 세부사항을 모르거니와 그곳을 맡은 자들의 실제 하는 일을 보면 수인에 대한 일체의 행동들은 무슨 법규에 의해 의무적으로 하는 기미라고는 조금도 없고 모든 것을 다 자기의 시위적 또는 시혜적으로만 할 뿐이었다.

예를 들면 며칠 만에 한 번씩 똥통에 석탄산수를 뿌리는 것도 그때가 되어서 우리가 간절히 청원하면 그는 대개 성을 내며 '뿌리고 싶거든 우리가 뿌릴 터이지 무슨 잔말이야?' 하는 식이었다. 이것이 무슨 큰일이라고 해 하는 말도 아니지만 오늘날 소위 당국의 하는 일이 대개 이런 투이니까 하는 말이다. 법이라고 해봐야 그들이 마음대로 편할 대로 지은 것이니 무엇 별수가 있으리오마는 그나마 오로지 자기의 감정대로 자기의 기분대로 하는 것이 오늘의 실상이라 그래도 내세우는 말에는 가로되 입헌법국이요 법치국이라고. (이하 검열로 삭제됨)

## 문제의 6월 10일

6월 10일. 문제의 6월 10일이었다. 우리들은 아침부터 동쪽의 철창으로 들어오는 하늘빛을 내다보면서 먼저 일기가 어떤가를 생각했다. 그래서 일기와 군중심리를 생각해 보았다. 이제는 여덟 시, 아니 아홉 시 바깥은 대체 어찌 되고 있는 것인지 궁금해 하기보다도 초조하였다.

유치장에서 숙직하는 순사들도 무슨 소식을 기다리는 듯이 기척이 없고 우리들도 비상하게 침묵했다. 12시가 지나서였다. 어디선가 한 조각의 소식이 들어왔다. 그러나 이 안에서 얻어 듣는 소식이니만큼 극히 단편적이었다. 우리들은 공연히 '이제 누구든지 우리 방에 새로 수감되는 동무가 있었으면 소식을 알 수 있으련만' 하였다. 그러나 그것은 그리 될 수가 없는 일이었다. 다만 우리들은 다정 다정히 모여 앉아서 오늘의 형편에 대한 이야기를 나눔으로써 이날을 의의 있게 하노라 할 뿐이었다. (이하 검열로 삭제됨)

## 유치장 속에서 들리는 소리

마지막으로 한마디 할 것은 유치장 속에서 듣는 세상소리이다. 첫날 저녁 종로서 2층에 있을 때는 그 옆에서 나는 기독교회의 찬미 소리가 누구에게나 잊지 못할 만큼 들렸다. 아마 병인 전도회를 하는 모양이었다.

그런데 그 찬미 소리는 그 안에 구인된 여러 사람의 마음성을 거슬렀다. 같은 조선 사람으로 이렇게 구인되는 사람은 누구며 저렇게 다수가 노래를 하며 자유스러운 자는 누군고 하는 생각을 아니 가지지 못하였다.

그리고 경찰부 유치장에 와서는 아침저녁으로 쩨릉쩨릉 울리는 전차 소리, 털털하고 달아나는 자동차 소리가 여러 의미로 우리들의 신경을 자극시켰으며 제일 우스운 것은 내가 있는 윗방에 어떤 정신이 바르지 않은 노인 한 분을 가뒀는데 심심하면 '나 좀 놓아주우. 술 사줄께 놔주' 하는 소리였다. 이 소리는 우리들의 귀에 제일 익은 소리인 동시에 제일 웃게 하는 소리였다. 이 소리만 나면 일동은 모든 것을 잊어버리고 말았다. 그 노인이 지금 어디서 어떻게 하고 계신지.

## 유치장 내의 송구영신

12일이었다. 저녁을 마치니 순사들이 인명부를 들고 다니면서 한꺼번에 네 사람씩인가 불러내기를 시작한다. 여러 동무들은 이젠 나간다고 하였다. 과연 이 밤에 대부분이 석방되었다. 20여 인을 제하고는 모두 나가버렸다. 우리 방에도 20여 인이 있던 중 나까지 아울러 4인을 제하고는 모두 나갔다.

이와 같이 나가는 사람이 있는 한편으로 들어오는 한편이 있었다. 그것은 즉 학생으로만 이뤄진 집단이었다. 국장 당일에 검거된 그 학생들이었을 것이다. 같이 있던 동무를 작별한 우리 몇 사람은 새로 다른 방의 동무들을 합쳐 마저 그 밤을 지냈다.

새로 온 이 중에도 물론 전부터 친한 동무가 있었지만 그 밤과 그 이튿날은 먼저 나간 동무들을 생각하면서 스스로 섭섭했다.

13일 저녁이다. 또 순사들은 조그마한 쪽지를 가지고 다니며 서넛씩 부르기 시작했다. 결국은 나도 그 부르는 측의 한 사람에 들어갔다. 이리하여 며칠 동안을 동고동락하던 100여 명의 동무가 대개 나오는데 나와 같이 있던 동무 중에는 염 군과 권 군이 그대로 남아 있게 되었다. 고락이 도무지 저들에게서 오는 일이라 나오게 되니까 나오기는 했으나 그 두 동무의 생각에 알 수 없이 마음이 아팠다. 어찌 두 동무뿐이리오만 사람의 감정이란 어쩐지 그러하다.


## 무엇이 고생, 다 못 미안

도청 문밖을 나서니 사람이 전과 같이 오고 가고 하였다. 특히 경복궁 동쪽 담을 끼고 올라갈 때에 박람회 구경을 하고 나오는 말쑥말쑥하게 차린 남녀들이며 유흥객 아이들이 이상하게도 눈에 거슬렸다.

집에 들어가니 근처의 소년 학생들 또는 우리 편의 여러 동무들이 찾아와서 '얼마나 고생하였느냐' 한다. 그 후 며칠은 길거리에 나서서 아는 사람을 만나면 대개 그 인사를 하고 또 혹은 회사로 전화를 걸어서까지 그 인사를 한다. 그러나 나는 별로 고생한 것도 없었고 어떤 점으로는 밖에 있는 것보다 휴식이 되고 호사가 되었을 뿐이었다. 다만 사실私室에 지내는 소문에 대하여 미안을 느낄 뿐이다.

이야말로 잡기이다. 쓸 수 없는 것은 모조리 빼놓고 정말 잡것만을 가지고 이럭저럭 썼다. 같이 있던 동무, 아니 방금 구인 중에 있는 모든 동무들을 생각하면서.

『개벽』 제71호, 1926년 7월 1일자, 「국장 전후의 유치장 생활 잡기」

＊＊＊

1926년 6·10만세운동을 전후로 임의 연행되어 유치장 생활을 한 『개벽』지 기자의 경험담입니다. 일제는 무슨 사건만 나면 닥치는 대로 요시찰 인물들을 연행해 가두고 장시간 조사를 벌입니다. 악명 높은 예심제도라는 게 있어서 재판을 받기 전에 1, 2년씩 가둬 놓는 것은 기본이었습니다.

이 글의 마지막에 표현되어 있듯이 잡지에 실을 수 없는 이야기가 사실은 더 많았을 것입니다. 기자는 마치 유치장에 놀러갔던 것처럼 썼으나 실제로는 매일 불려나가 혹독한 수사를 당했을 것이며 끝까지 남은 이들은 당연히 극심한 고문도 당했을 것입니다.

그런데 막상 밖에 나오니 사람들은 아무 일 없다는 듯이 박람회도 가고 놀러도 다니고 있습니다. 그것이 현실이었을 것입니다.

# 풍암리의 비극

동학군이 극성할 때에는 소위 관군이란 자들이 감히 접전도 못하고 동학군의 방귀 소리만 들어도 머리를 싸고 안고 쥐 숨듯이 도망질하였지마는 동학군이 한·일·청 삼국병에게 패하여 각지로 흩어질 그때에는 관군이 간 곳에는 풀도 한 포기 남지 못할 만큼 전멸되었었다. 재산의 약탈은 물론이고 부녀의 강간도 함부로 하여 무고한 양민이라도 동학군이 있던 곳의 사람이면 시비곡직을 불문하고 죽이었다.

이러한 사실이 한두 곳에만 있는 것이 아니지마는 내가 어렸을 때에 실제로 듣고 본 것만으로 말하면, 강원도 홍천군 서석면 풍암리의 사실이 특히 참혹하였다. 그때에 홍천군에는 동학의 대접주로 유명한 차기석이라 하는 이가 있었다. 그는 동학의 독신자로 인물이 또한 비범하여 부하 신도가 수만여 명이었는데, 갑오 당시*에 역시 강원도 일대를 중심으로 하고 크게 활동하여 관병과 여러 번 싸워서

* 동학혁명이 일어난 1894년.

이기고 횡포한 양반과 부호계급의 죄악을 응징하여 일시 일반 민중의 많은 환영을 받고 따라서 세력이 자못 광대하였었다.

그러나 삼남의 동학군이 일·청 양군에 패하매 관동의 동학군도 역시 고립된 상태에 빠져서 그 이상의 형세를 떨치기 어려웠다. 그 기회를 타서 지평의 맹영재라는 유학자는 소위 유도군을 일으키고 춘천의 관군은 포군 200명과 보졸 300명으로 동학군의 근거지인 홍천군을 좌우로 협공하였다.

창으로 찌르고 칼로도 찌르고 총개머리로 때려서 눈 빠진 사람, 창자 나온 사람, 다리 부러진 사람이 즐비하게 거꾸러지고 산과 들은 모두 피의 바다가 되며 비린 냄새가 코를 찔러서 아무리 포악한 관군이라도 눈물을 흘린 자가 많았다.

이러한 이야기는 지금에 하여도 온몸에 소름이 끼쳐서 말을 잘 못하겠다. 어찌하였든 그때에 그곳에서 죽은 사람이 약 수천여 명이나 되는데 몇 해 동안 송장 냄새 때문에 행인들이 잘 다니지 못하고 또 집을 잃은 개떼들이 송장을 뜯어먹고는 아주 미쳐서 산과 들로 돌아다니며 소리를 지르고 야단을 쳐서 관청에서 포수를 풀어가지고 개사냥을 다 하였다.

지금도 그 동리에는 동학군의 무덤이 70여 곳이나 있는데 모두가 산더미같이 크고 그 한 무덤에는 대개가 삼사십 명씩 합장을 하였다.

강원도 사람치고는 지금까지도 홍천의 서석면 풍암리라 하면 누구나 모르는 이가 없다. 또 그 이야기를 하면 누구나 동정의 눈물을 흘리지 아니하는 이가 없다. 그것이 어찌 인간된 도리로 차마 할 일

_풍암리 동학농민운동 전적비.

이냐? 관군이 그리하였든 누가 그리하였든 도리어 부끄러워서 말을 하고도 싶지 않다. 참으로 비참하고 애닯다.

『신인간』, 1926년, 「홍천군 서석면 풍암리의 비극」, 청오

\* \* \*

청오라는 필명의 필자가 동학혁명 당시 관군에 종사했던 이로부터 직접 들은 이야기를 투고한 글입니다.

많은 사람들이 아직도 어제 일처럼 생생히 기억하고 있는 5·18광주민주항쟁은 지금부터 30여 년 전의 일입니다. 청오가 이 글을 쓰던 해가 동학혁명이 패배한 지 31년이 되던 해이니 일제시대까지도 동학혁명에 나섰던 관군·농민 중 살아남은 많은 이들이 그 일을 생생하게 기억하고 있었을 것입

니다.

1895년, 밀려오는 일본의 침략에 맞서 동학이라는 이름으로 무장봉기한 조선의 농민들은 전국 각지에서 일본군과 관군에게 무참히 학살됩니다. 그러나 동학혁명의 뿌리는 결코 사라지지 않고 최근세까지 계속 이어집니다.

동학혁명에 나섰다가 살아남은 이들은 10여 년 후 항일의병이 되어 총을 들고 싸웁니다. 여기서 살아남은 사람들은 다시 10년 후 3·1운동에 나섭니다. 또한 그들의 후손이나 그들로부터 영향을 받은 이들은 중국으로 러시아로 건너가 무장투쟁을 벌입니다. 또 거기서 살아남아 해방을 맞은 사람들은 빨치산이 되어 싸우다 죽어갑니다. 항일독립운동과 빨치산투쟁을 듣고 배운 많은 이들은 오랜 시간이 흐른 뒤에 광주민주항쟁을 주도하고 이후 80년대 민주화운동의 주력이 됩니다.

이렇듯 역사는 끊임없이 이어집니다. 그 역사의 주인공들은 대부분 불의의 세력에게 죽임을 당하지만, 잔인하게 죽임을 당할수록 그 정신은 오히려 사람들의 가슴에 더 깊이 남아 새로운 혁명의 씨앗이 됩니다.

# 죽음의 집에서

나는* 1922년부터 1927년까지 약 5년 동안, 중간에 1년 동안의 휴지기를 제외하고는 줄곧 조선의 감옥에서 영어圄圄의 생활을 해야만 했다.

나는 1922년 초 고려공산청년회 사건에 연루되어 형을 언도받고 평양 지하감옥에서 복역하다가 1924년 말에 출옥했다. 1925년 11월 나는 21명의 동지들과 함께 국경도시 신의주에서 공산청년동맹원들과 공산주의자에 대한 대량 검거 선풍이 휘몰아칠 때 다시 체포되었다. 우리는 지난 봄에야 알게 되었지만 그 유명한 101인 사건**에 연루된 것이다.

나는 예심 기간 동안 고문을 당한 결과 심한 신경쇠약 증세에 시

---

* 이 글의 필자인 박헌영.
** 1925년 11월 22일 신의주 시내 한 음식점에서 벌어진 폭행 사건으로 시작된 제1차 조선공산당 검거 사건. 일본 경찰의 손으로 이뤄진 최초의 대규모 사회주의자 탄압 사건이다. 이로 인해 1925년 4월에 서울에서 비밀리에 결성된 조선공산당과 고려공산청년회의 주요 간부와 당원들이 체포됐으며, 한때 당과 공청의 기능이 위축되었다.

달리게 되어 1927년 말 친척들의 손에 넘겨졌다. 건강이 다소 회복된 후 1928년 말에 나는 아내와 함께 동지들의 도움으로 국경을 넘어 블라디보스톡으로 망명하여 그곳에서 다시 모스크바로 들어왔다.

나는 잡지 『모쁘르의 길』 독자들을 위해 어떻게 해서 감옥에 가기 전까지 그렇게 젊고 건강했던 내가 정신분열의 상태까지 다다랐는가, 일제 경찰이 체포한 조선 혁명가들을 어떻게 다루는가에 대해 간단히 언급해 두고자 한다. 일제 천황의 친위대와 부르주아들이 어떠한 능력을 가지고 있는 자들인지는 차마 믿기 어려울 것이다.

우리들 중 누군가가 체포되기만 하면 그는 곧바로 예비심문이 이뤄지는 경찰서의 비밀 장소로 끌려가게 된다. 일제 경찰은 연행된 사람으로부터 증거를 수집하기 위해 냉수나 혹은 고춧가루를 탄 뜨거운 물을 입과 코에 들이붓거나, 손가락을 묶어 천장에 매달고 가죽 채찍으로 때리거나, 긴 의자에 무릎을 꿇어앉힌 다음 막대기로 관절을 때리거나 한다. 7, 8명의 경찰들이 큰 방에서 벌이는 축구공 놀이라는 고문도 있다. 이들 중 한 명이 먼저 희생양을 주먹으로 후려치면 다른 경찰이 이를 받아 다시 또 그를 주먹으로 갈겨댄다. 이 고문은 가련한 희생양이 피범벅이 되어 의식을 잃고 바닥에 쓰러질 때까지 계속된다.

그다음 이 수인을 기다리고 있는 것이 법원의 판결이다. 예심판사는 예심조서 외에 보안과 요원들과 밀정들이 가져다주는 증거를 이용한다. 이 자료들이 기소장을 만드는 데 쓰이게 된다. 다음으로 재판이 이뤄지고 장기간의 감옥생활이 그를 기다리게 되는 것이다.

내가 있었던 모든 감옥의 감방에는 침대는 물론 의자도 없었고 맨 바닥에 가마니만 깔려 있었다. 방 안의 온도는 보통 영하 5~6도였다. 하루 평균 10시간 이상 주로 어망을 짜는 노역에 시달렸다. 수인들은 방한 효과가 전혀 없는 아주 얇은 겉옷 한 장을 입고 지냈다. 산책 시간은 전혀 없었고 목욕도 일주일에 한 번밖에 할 수 없었다. 독서가 허용되는 책은 불교나 기독교 등의 종교서적과 일본인들이 발행하는 팸플릿 정도였다. 편지와 면회는 두 달에 한 번 허락해주었다. 음식으로는 콩으로 만든 맛없는 국에 종종 소금에 절인 배추가 나왔다.

감옥의 규율을 위반하는 사람에게는 책을 압수하며 독방에 집어넣고 급식을 줄였다. 이외에도 손발을 묶고 짐승처럼 매질을 했다. 경찰서를 거쳐 오는 정치범들 가운데서 건강한 상태로 감옥에 들어오는 사람은 아무도 없었다. 그들은 감옥에서 형편없는 음식과 힘겨운 노역으로 건강을 결정적으로 해치게 된다. 이로 인해 박순병, 백광흠, 박길양과 권오상 같은 프롤레타리아 용사들이 감옥에서 사망했다.

나는 현재 완전히 자유롭고 안전한 몸이 되었지만 지금도 조선의 감옥에서는 수백 명의 젊은 동지들이 고초를 겪고 있다. 얼마 전 소련의 신문에 경성에서 일제 경찰이 조선 혁명가들을 체포한 사실이 보도된 바 있다. 다시금 122명의 동지들이 투옥되었는데 그들에게는 반일단체 조직죄가 적용되었다.

일본인들은 프롤레타리아운동이 조선에서 어떻게 발전하고 있는가를 목도하고 있다. 조선의 프롤레타리아운동은 근로대중에게 일제로부터의 경제적 해방과 민족적 해방을 가져다 줄 혁명적 계급투쟁의 기치 아래 대중을 조직해나가는 옳은 길로 전진해가고 있다. 이것이 바로 조선공산청년동맹원들과 공산당원들에게 일제의 주요 타격이 가해지는 이유인 것이다.

『모쁘르의 길』 제17호, 1929년, 「죽음의 집에서」, 박헌영

* * *

박헌영은 1900년 충남 예산 출생으로 3·1운동 때부터 항일운동을 시작, 1925년 7월 조선공산당이 결성될 당시 산하의 청년조직인 고려공산청년회 책임을 맡은 이래 해방되기까지 조선공산주의운동의 사실상 최고 지도자로 활약합니다.

이 글은 그가 두 번째 감옥살이에서 나와 경찰의 감시를 받던 중 아내 주세죽과 함께 극비리에 소련으로 탈출해 모스크바에서 쓴 글입니다. 이 글을 발표한 『모쁘르의 길』은 모쁠이라는 단체에서 만든 잡지로, 모쁠은 혁명가와 가족들을 후원하기 위해 국제적으로 조직된 단체입니다. 그 본부는 모스크바에 있었는데, 국내에서도 항일 사회주의자들에게 자금과 은신처를 제공하는 일만 맡은 비밀 조직들을 모쁠이라고 불렀습니다.

일제 경찰은 이 글에 나타난 것보다도 훨씬 잔학한 고문과 구타를 자행했습니다. 손톱 밑에 대못 찌르기, 남녀 성기에 나무침이나 몽둥이 박기 등 이루 말할 수 없는 잔인하고 추악한 고문을 가합니다. 실제로 이 고문들에 의해 조선공산당 간부급에서만 50명 이상이 고문치사 또는 후유증으로 일제강점기를 못 넘기고 사망합니다.

# 사형장 풍경

신문기자단의 특별교섭으로 형무소장의 허락을 얻어 가지고 우리 일행이 감옥소 그중에도 사형대를 구경하려고 S형무소에 택시를 달린 것은 첫 겨울의 식은 해가 필운동 이마 위를 누엿누엿 기어 넘던 석양이었다.

신문기자단이라 함은 일본어 신문으로는 『대판조일』, 『대판매일』을 위시하여 『경성일보』, 『경성일일』, 『조선신문』, 『전보통신』 등 중요한 신문통신사가 전부였었고 또 우리 측으로는 『동아』, 『중외』, 『매일』, 『조선』 등 4개 신문이 전부 참가하여 각 사에서 1명씩 기자가 열여섯 명의 다수에 달하였다.

열여섯 신문사의 독자수를 가령 『대판조일』과 『대판매일』의 200~300만까지 헤아린다면 적어도 그 수가 400~500만 명이 넘을 터인즉 우리의 이번 걸음이 400~500만의 귀와 눈을 대신하는 것인가 함에 저절로 걸음이 가벼워진다.

우리들은 마침내 정문 앞에 다다랐다. 높고 길고 검고 두터운 쌍바라지 철문이 콧등에 닿은 철갑선박같이 잔뜩 내리치고 서 있는 것

_서대문형무소 전경. 육중한
쌍바라지 철문이 위압적이다.

이 사내의 담력을 시험 보는 듯 여기에서 위압과 두려움을 받을 사람
은 따로 있으리라는 생각으로 선뜻 걸음을 문 안에 들여놓으니 뒤미
처 쇠문 닫는 소리 썽— 하고 과천의 관악산까지 울려 들릴 듯하다.

실로 같은 돌기둥에 철갑판을 단 철문이라도 호텔문은 허리를 굽
신굽신 경례하는 문이요, 극장문은 손님을 보고 방그레 웃고 맞이하
는 문이요, 학교문은 엄숙한 문이요, 은행회사의 문은 배창을 쑥 내
민 뱃심 좋은 문이라 하면, 이 감옥문은 웃을 줄도 울 줄도 모르는
문이다. 바위같이 산같이 무표정하게 그저 버티고 서 있는 그 거상!
광화문 앞 해태의 석사자상은 불을 막기도 하건만 이 거상은 죄를
막고 있는가, 참말 막고 있는가?

이 층 응접실에는 벌써 계호주임과 간수장, 전옥포* 등이 지켜 서
있다가 다과를 내어 놓으며 감옥의 역사와 1,800여 명 죄인의 작업
이야기들을 들려준다. 또 그물, 베, 양복, 벼루 등 죄수들 손으로 엮

* 간수의 중간 우두머리.

은 온갖 공산품을 진열하여 놓은 것을 보여준다.

그러고는 여러분이 아는 사람을 간혹 볼지라도 결코 눈짓과 말을 말아달라는 다짐을 몇 차례나 한 뒤에 우리는 정복 간수 수 명의 호위와 계호주임의 선도로 옥내 구경에 나섰다. 그래서 중죄인 감방, 정치범, 사상범 외 금고감방, 잡범방, 병감, 공장, 욕탕, 체조장 등을 자세히 보았다. 실로 직업이 직업이니만치 자세히 보고 자세히 듣고 자세히 생각하였다. 머릿속으로는 여러 가지 역사적 광경과 이름 있는 인물의 얼굴이 휙휙 지나가는 것을 깨달았다.

한 곳에 발을 멈춘 것이 일순간인지 몰라도 머리는 그동안 10년, 20년을 말을 타고 달린 듯하였고 한곳에 서 본 사람이 한두 사람에 불과하건만 그사이에 이 가, 김 가의 수백 명을 보았다. 보고 숨이 급하여짐을 깨달았다. 그러나 나는 여기에선 모든 기술의 자유가 없으므로 오직 세인의 호기심을 끄는 사형대 구경의 이야기를 적는 것으로 그쳐 두겠다.

바다 물밑같이 끝없이 고요한 감옥들 안엔 오직 선도하는 전옥포의 풍검 소리와 우리의 구둣발 소리가 울릴 뿐, 울려서는 갈 곳이 없어 끝없이 일직선으로 달아난 빨간 벽돌담을 끼고 흐르다가 그조차 마저 흔적도 없이 사라질 뿐이다. 세상에 음향과 색채가 없는 곳이 절대고원의 원시적 동굴 속이라면 이 감옥 안도 그 속에 끼워 놓는 게 옳으리라. 다만 시들어가는 추국 떨기 위에 힘없이 내려와 앉는 노랑나비의 나래 소리가 감옥에만 있다 할까?

한참 가다가 형리가 우뚝 선다. 우리도 우뚝 섰다. 거기에는 까만 칠한 널판장으로 높이 두 길, 넓이 두어 마장가량 되게 칸을 막은 곳이 있다. 뒤에 따라오던 형리는 열쇠꾸러미를 분주히 꺼내어 관 길이만 한 까만 문을 쨍그랑 하고 연다.

"이게 무엇입니까?"

"여러분이 보시고 싶어하던 곳."

"무어라구요?"

"사형대 있는 곳이에요."

그는 빙그레 웃는다. 그 소리에 우리들 머리 위로는 무언가 찬바람이 삿! 하고 지나는 것을 깨달았다. 이제 이생과 저승을 갈라놓는 무서운 이 단죄의 문이 나의 발춤 아래 지키고 섰거니 하면 일종 처연한 공기에 가슴이 뻐근하여짐을 막을 길이 없었다.

우리는 이끄는 대로 한 사람씩밖에 통과 못할 듯이 낮고 좁은 그 까만 문을 들어섰다. 오늘따라 일기는 음산하여 땅 위엔 구름 그림자가 가로질러 마치 심술궂은 어린애가 백지에 묵자 난을 치고 달아난 뒤 같다.

"자아 소원하는 분이 계시면 내가 오늘 수고를 아끼지 않지요."

앞니 빠진 전옥포는 또 한마디 하고 빙긋 웃는다. 우리 눈앞에는 좋게 보면 서반아 산천의 단층별장 같고 나쁘게 말하면 한이 없는 조그마한 네모반듯한 목제 집 한 채가 놓여 있었다. 지은 지 얼마 되지 않은 듯이 널빤지에는 나무냄새가 나고 벽에서도 흑황색 콜타르액 냄새가 난다. 그러나 예상보다 깨끗하고 단소한, 그러면서 끝없이 무표정하게 차디찬 인상을 주는 건물이었다.

형리의 세 번째 여는 열쇠 소리 바쁘게 우리는 우르르 널마루 구르며 마지막 무대인 이 집 속으로 발을 옮겼다.

_서대문형무소 사형장의 입구(왼쪽)와 교수대.

　사형 집행장인 그 방 안은 약 14~15평 되게 넓었는데 실내는 천정이 높고 네 벽에는 면적이 넓은 유리창을 달아 실내는 비교적 밝았다. 중앙에 남북을 갈라놓은 일직선의 목책이 있고 그 목책을 경계로 재판소 취조실같이 북면은 일단 높게 되었는데 거기에 기다란 나무 테이블이 놓여 있고 그에 따라 의자 4, 5개가 가지런히 놓여 있다. 그리고 일반 낮은 곳에 조그마한 까만 나무의자 한 개가 놓여 있으니 형리의 설명을 듣지 않아도 이것이 형을 받는 죄수의 마지막 방석이요, 저쪽 것이 집행관리인 검사, 전옥, 간수장, 교회사教誨師들이 앉는 자리리라.

　"이 의자에 사형수들이 마지막 앉아서 무슨 말을 합니까?"

　"사형수의 하는 말이야 없지요."

　"그러면 검사나 전옥은 어떻게 해요? 죽이는 절차를 좀 말씀하여주세요."

"무얼 간단하지요. 검사가 영장을 읽고 교회사가 저쪽 부처님 금불상을 향하여 설교하면 그만이지요."

"죄수들이 흔히 여기 나오면 울고불고 야단친다던데요?"

"야단치는 자는 극히 드물답니다. 대개는 소리도 인후에서 가랑가랑할 뿐으로 침이 마르고 정신이 아득하니까 분별이 없어지는 자가 대부분이지요. 몸도 기운 있게 이리 뛰고 저리 뛰는 사람은 거의 없고 그저 뼈 빠진 사람같이 우줄우줄 떨 뿐이지요. 혹 소리치고 덤빈다야 팔과 다리 등을 여러 겹 결박 지어 있고 간수 수 명까지 그 곁에 서 있으니까 무서울 것이 없지요."

우리의 눈앞으로는 까만 흙빛을 한, 입김에서 찬 서리 혹혹 불어 나오는 여러 죄수가, 더구나 우리가 기억하는 여러 죄수가 고개를 푹 숙이고 한숨지으며 의자 위에 앉아서 최후의 순간을 기다리는 광경이 보인다. 나는 얼른 머리를 돌렸다.

"집행할 때에는 먹고 싶은 것을 다 준다던데요. 가령 술이나 담배나 과자를 맘대로요!"

"아녀요. 그렇지 않습니다. 혹 물을 달라면 한두 모금 떠도 주지요. 그러고 또 정작 먹고 싶어하는 사람도 없습네다."

"여기 앉으면 웁니까? 웃습니까? 한숨 쉽니까?"

"나 보기에는 대개 몸을 함부로 비틀 뿐입네다."

"그러면 처음부터 하는 절차를 한 번 더 말씀하여 주세요."

"처음에 사형 집행할 죄수를 간수들이 안아다가 이 의자에 앉히고 그러고는 검사와 전옥 등 집행 관리가 착석하지요. 그런 뒤는 검사의 선고가 있고 교회사가 저 불상을 바라서 죄수를 동향으로 앉게 하고 설교를 하지요."

하면서 그는 서편 벽에 붙은 긴 궤짝의 쌍바라지 문을 여니 그 속에는 황금빛 찬란한 부처님이 앉아 있다. 이생을 연화대로 꾸미기에 실패하고 저 생에서나 꾸며주려 함인가? 최근에도 설교하느라고 향불을 피웠음인지 문을 열자 불에 타다만 향목 가지가 굴러 떨어지며 향불 냄새가 난다. 그러면 며칠 전에도 이 집은 사용되었음인가?

"그러고는?"

"이것을 열지요. 간수가"

하며 아까까지 죄수 앉은 벽 뒤에 쳐놓았던 흰 포장을 연다. 거기에는 천장에 아이들 팔목만치 굵게 꼰 올가미 한 가닥이 드리우고 있었다. 형리의 설명은 계속된다.

"교회사의 설교가 끝나기 바쁘게 곁에 섰던 간수가 죄수의 눈을 싸매고는 얼른 들어다가 이 속의 널마루 우에 앉히지요. 그러면 죄수는 으— 으— 소리와 발버둥질을 칠뿐이지요. 그때 이 올가미에 목을 끼우고는 그러고는 신호와 같이 그가 앉았던 가운데 널빤지 문이 양쪽으로 와락 열리지요. 그러면 죄수는 허공에 달려 일 초, 이 초, 이 세상을 등지고 모르는 곳으로 가버리지요."

그는 실연하느라고 밖에 간수를 내보내 기계를 틀게 한다. 과연 지금까지 그냥 널빤지로 알았던 방바닥이 네모 한 평 되게 싹 갈라지며 아래로 드리워진다. 그 아래는 두 길이나 되게 길게 판 차디찬 시멘트 바닥이 보이고 시체를 안아 내어가는 돌층대가 한 모퉁이에 보인다.

"죄수는 몇 분이나 가면 절명이 됩니까?"

"대략 십이삼 분 빠르면 칠팔 분에도 죽지요. 절명한 뒤에 의사가 진맥하고 그리고 시체를 끌어내버리면 여러분이 호기심 끄는 사형도 아주 끝난답니다."

"그때까지 집행 관리들은 여기 앉아 그 광경을 봅니까?"

"보지요, 처음과 꼭같이."

"당신도 보셨어요?"

"여러 번 보고말고."

"포장도 안 치고 죽어가는 그 사람들 얼굴을 들여다봐요?"

"물론이지요!"

태연하다. 나는 그 얼굴을 재삼 쳐다보았다. 담 넘고 언덕 지나 저 압박골 물터에서는 샘물이 촐촐촐 흘러가는 소리 어슴푸레 가늘게 들릴 듯, 무심히 서고 있는 우리의 귀에도 해를 안고 필운대 위로 넘어가는 까마귀 떼 울음소리 들리었다.

『삼천리』 제4호, 1930년 1월 11일, 「사형대 구경」, 파인 김동환

\* \* \*

일제시대 사형장의 모습입니다. 일제시대 서대문형무소의 사형장에서는 많은 사형수가 처형됩니다. 대개는 치정살인이나 살인강도 등 일반 사범들이 처형되었으나 만주에서 무장독립운동을 하다가 체포된 사회주의 계열 독립투사도 있었고, 관청 등에 폭탄을 투척하거나 총을 쏜 무정부주의 계열의 독립투사도 있었습니다. 이렇게 처형된 독립운동가는 400명에 이르는 것으로 추정되며 그중 160명의 명단이 확인되었습니다.

이 글이 실린 『삼천리』는 이 기사를 쓴 김동환이 발행한 종합잡지로, 초기에는 민족주의 입장에서 진보적인 인사들을 소개하는 등 호평을 받습니다. 그러나 1937년 일본이 중국을 침략하면서 잡지 내용도 친일로 선회하고 김동환 자신도 황국신민화를 주장하는 대담을 하는 등 친일적인 태도를 보여줍니다.

필자 김동환은 조선공산당 최고 지도자 박헌영과 같은 경성고보 출신으로, 일제강점기 암담한 현실에 놓인 민족의 설움과 고통을 노래한 「국경의 밤」 등으로 호평을 받았습니다. 그는 『삼천리』를 통해 친일 활동을 한 것이 사유가 되어 해방 후인 1949년 반민특위에 회부되기도 하는데 이듬해 한국전쟁이 터지자 인민군에 의해 납북되어 생사를 알 수 없게 됩니다.

오래전 청계천의 헌책방에서 김동환이 동창생인 박헌영에게 서명 증정한 시집 『국경의 밤』이 발견되었다는 일화가 전해집니다. 아마도 박헌영이 그의 변절을 보고 책을 버린 것이거나, 아니면 남한 땅을 떠난 박헌영의 집에서 나온 것이리라 추측해봅니다.

# 남대문역 폭파 사건

그때는 삼일만세운동 직후라 사회가 몹시 동요되었다. 그리고 그 운동에 참가하였던 학생이 5,000~6,000명이었는데 그중에서 수모자 400명이 공판에 회부되었다. 나는 격일로 열리는 이 공판에 방청을 갔으니 그때는 경성에 신문기자가 적었던 까닭인지 법정 안에 기자석의 설비도 없을 때라 보통 방청석에서 듣고 있었다.

16~17세로부터 24~25세까지의 학생들이니만큼 그 진술의 내용도 매우 혈기에 흐르는 열정적인 것이 많았다. 나는 이 방청기를 중요한 것만 따서 만주 본사로 보내는 것이다. 그때에 시내에 조선어 신문으로는 매일신보사와 만주일보만 있는데 매일신보에서는 이런 기사를 그렇게 취급하지 아니하였으므로 이 기사만은 만주일보의 독점이요, 시민들이 신문 들고 앉아 자기가 쓴 기사를 열심히 낭독하는 것이 퍽 재미있었다.

## 남대문 역두 폭격

그럭저럭 하는 동안에 9월 2일이 되었다. 나는 XXXX일 경성역 안에 내리는 것을 맞으러 경성역에 나갔다. 경성역도 그때는 지금과는 아주 달라서 2층이 아니라 단층이며 이름도 남대문역이요, 남측으로 귀빈실이 있었다.

오후 4시경 제등 총독*이 탄 특별열차는 닿았다. 이날의 경계는 실로 삼엄하였으니 남대문역으로부터 왜성대까지 서리 같은 총검을 맨 병사가 이중 삼중으로 특별의 성을 쌓아 도산검수刀山劍樹의 감이 있었다. 그리고 기병대는 총검을 매고 말을 달려 가로에서 가로로 간단없이 질주하였다.

모래를 녹일 듯하던 뜨거운 태양도 이날은 층운 속에 감추이고 음울한 기분이 있었다. 이날의 시민 간에는 유언비어가 성행하여 남대문역부터 가로까지는 수만의 군중이 술렁술렁 우왕좌왕하며 알 수 없는 의구불안의 공기에 싸였다.

역 구내에는 오래간만에 총독이 온다 하여 재경 각국 영사, 총독부 고관, 조선 귀족 및 민간 인사, 신문기자가 차례로 나열하였다.

정각은 되었다. 총독을 실은 특별열차가 들어 닿더니 눈처럼 흰 해군대장복을 입은 제등 씨가 내리며 공손히 모든 출영인에게 일일이 경례를 하고 지나간다. 제등 씨는 곧 귀빈실을 지나 마차에 올랐다. 새 총독을 카메라에 넣으려고 각 신문사 사진반과 각 신문 특파

* 조선총독부 제3·5대 총독(재직 1919~1927년, 1929~1931년)인 사이토 마코토.

_당시 조선총독부 신임 총독 사이토 마코토(왼쪽)와 현재 남대문역에 세워진 강우규 열사의 동상.

원들이 앞을 다투어 나간다. 남산공원에서는 전시를 위압하는 듯이 예포가 울린다.

예포가 마치고 총독이 탄 마차가 떠나려는 순간에 따당— 땅— 쾅— 하는 급전 같은 소리가 나더니 대지가 울근울근 울리며 모든 사람의 가슴에는 전광 같은 일말의 공포가 지난다. 숨이 막힐 듯한 불안과 심장이 섬 듯한 충격이 일시에 엄습한 것이다. 앞으로 나가 던 일본인 신문기자들이 상혈된 눈을 크게 뜨고 '다이나마이트! 바꾸단(폭탄), 바꾸단' 하면서 뛰어나갈 데가 없으니까 제 섰던 자리에 서 길길이 뛴다.

누군가 던진 폭탄은 총독이 탄 마차를 향하야 던지자 곧 땅에 떨어져 폭발되며 30여 명이 거꾸러지니 경계하던 헌병과 경관이 일제히 칼을 빼가지고 달려들었던 것이다. 그러나 던진 자는 없어졌다. 30명 중경상자는 곧 실어 병원으로 가게 되고 총독이 탄 마차만은 홀홀히 뚤뚤뚤 굴러갔다. 다만 유탄이 총독의 혁대를 맞춰 태웠다고 한다.

역 구내에 남아 있던 외국 영사들도 이 구석 저 구석에 모여 서서 의구 중에 수근수근한다.

전광같이, 폭풍같이 지나간 충격은 모든 사람의 얼굴을 창백케 하였다. 현장에는 땅이 깊이 패이고 선혈이 그득 고였다. 혹 피가 뭉텅이로 엉긴 데도 있다. 귀빈실에 앉았던 귀족의 얼굴에도 창황초조의 빛이 보인다. 어떤 사람은,

"대감, 그래도 이 경계선이 걷히기 전에 어서 가야지 이 경계선만 걷히면 오늘 무슨 변이 있을는지 모릅니다."

하고 공포에 싸인 경고를 발한다. 이완용 씨는 벽을 향하야 손톱을 씹으며 고요히 있었다.


정거장에 나와 보니 모든 사람의 얼굴에 공포와 충격이 물결쳤다. 사복형사가 구석구석에 서서 순찰하고 있다. 폭탄 터지던 현장에 섰던 양 모를 유력한 혐의자로 경찰에서는 흘겨보는데 그는 그때에 발을 몹시 상하야 세브란스 병원에 입원 중이요 병실은 사복경관이 성을 쌓았다고 한다.

나는 대개 이만큼 알아가지고 전차로 서대문정 지국에 들어오니 동료들은 이미 남대문 사변이 일어난 줄은 알고 내가 안 돌아오기 때문에 혹 후려치기에 검거나 되지 아니 하였나, 현장에서 부상이나 아니 하였나 하여 마중 나가는 중이었다고 한다.

지국 2층에는 이상협 씨가 와서 고요히 경성통신(당시 대항장부라는

일본인이 경영하는 통신)을 뒤지고 있더니 부리나케 현장 광경을 묻고 신문 전보의 문안을 기초하여 주기로 나는 그 문안을 가지고 광화문 우편국으로 달려갔다.

광화문 우편국은 역시 지금 있는 자리에 있었으나 목조 단층건물로 종업원도 지금보다는 훨씬 적을 때이다. 계원은 나의 전보를 받아 들고 역시 얼굴이 긴장하면서 들여다본다. 그도 이 선풍적 돌발 사건에 직업적 냉정을 잃었던 모양이다. 나는 '될 수 있는 대로 속히 보내 달라'고 하니 그도 '네. 될 수 있는 대로 속히 보내겠습니다' 하며 시계를 바라다본다.

그날 밤에는 전 경성에 대검거령이 내리고 사찰본부는 현 체신국 간이보험과가 있는 종로경찰서였다. 기자 된 후 처음으로 사변 다음날 경찰서에 가서 당시 고등계 주임이던 강본을 만나보니 그는 한밤을 꼬박 새웠다 하면서 붉어진 눈으로 '아직 대중을 잡을 수 없습니다' 한다.

사변 당일에 부상자 30여 명 중에 경기도경 순사 1명, 본정경찰서 순사 1명이 즉사하고 제일 선두에 섰던 대판매일신문 특파원과 경성매일신문 두 사람은 중상을 당하여 1년 여를 앓다가 필경 치사하고 말았고 경성일보 기자, 조선신문 사진부원도 부상하였었다.

(7행 략)

사건이 지난 지 근 2개월이나 되어서 진짜 범인 강우규가 동대문 내에서 경찰부 김태석의 손에 잡히었다.

(이하 145행 부득이 략)

『동광』 37~38호, 1932년 9월 1일, 「기자생활 10년 비사, 조선 신문의 창업시대」, 류광렬

\* \* \*

3·1운동 반년 후 일어난 강우규 의사의 폭탄투척 사건을 그린 글입니다. 일제의 검열로 150줄 이상이 생략되어 보다 자세한 내용은 알 수 없으나 현장에서 직접 목격한 취재담이 생생합니다.

강우규 의사는 1855년생으로 의거 당시 65세의 노인이었습니다. 가난한 농민의 아들로 태어나 한약방을 하던 그는 조국이 일제에 침탈당한 이듬해 인 1911년 북간도로 망명해 연해주를 넘나들며 독립운동을 합니다. 1917년 동광학교를 세워 인재를 양성하던 그는 3·1운동이 일어나자 만주에서 만 세시위를 주동합니다.

블라디보스토크 신한촌 노인단의 길림성 지부장이던 강우규 의사는 노 인단의 독립투쟁노선에 따라 일본 총독을 암살하기로 결의하고 1919년 7 월 수류탄 1개를 구입해 서울에 잠입, 제3대 총독으로 부임하는 사이토 마 코토에게 던집니다. 총독 암살에는 실패했지만 정무총감, 만주철도 이사, 일본 경찰 등 37명을 사상시킵니다.

강우규 의사는 거사 뒤 현장에서 빠져나와 오태영의 소개로 장익규, 임 승화 등의 집에 숨어 다니다가, 9월 17일 일제의 앞잡이 김태석에게 붙잡 혀 1920년 11월 29일 서대문형무소에서 사형당합니다. 유해는 서대문 감 옥 공동묘지에 있다가 이후 동작동 국립묘지로 이장되었고 근래에 남대문 역에 그 동상이 세워졌습니다. 젊은이들도 하기 어려운 폭탄 투척을 감행 한 강우규 의사의 열정은 길이 기록되어야 할 것입니다.

# 일등병의 일기

## 긴급 이동

전반 임무도 모르고 확실한 목적지도 모르고 자오록한 부슬비 속에서 통성 쪽의 청룡산을 바라고 대오*는 이동을 시작하였다.

리항에 이르러 보니 많은 피난민들이 길에서 방황하고 있었다. 그곳은 워낙 ○○사의 주둔지였는데 ○○사는 어제부터 다른 지역으로 이동하기 시작했다. 그곳 주민들은 무슨 판국인지도 모르고 우리의 원래 주둔지였던 청동산 일대로 몰려가고 있었다.

귀밑머리가 희슥희슥한 한 할머니는 손녀인 듯한 대여섯 살짜리 어린애를 데리고 힘겹게 한 걸음 두 걸음 걷고 있었다. 그 처연한 눈길에는 사랑하는 고향을 떠나는 아쉬움이 어려 있었다. 그리고 어떤 여성들은 자기들의 유일한 재산인 행리며 새끼돼지를 꿍쳐 들고 메고 밭머리에서 서성대다가도 대오가 지날 때면 도로 양 옆에 우르르

---

* 조선의용대 제1유격대.

_한국 독립무장부대인 조선의용대 발대식(1938년 10월 10일).

달려오곤 했다.

이날 비가 줄창 내리 퍼부어 진창길은 무르팍까지 푹푹 빠졌다. 늙은이와 어린이를 부축하면서 간신히 걸음을 옮겨놓는 피난민들은 그래 어데까지 가야 한단 말인가? '물어 보자 나그네야, 유랑길은 어데까지 뻗었느냐' 하는 이 노래는 이런 참상을 반영한 것이리라. 피압박 민족의 비애는 바로 가슴을 에이는 고통 그 자체이다. 그런 즉 중화민족 개개인의 가슴에 맺힌, 일제에 대한 원한은 얼마나 깊은 것인가!

우리는 피난의 길에서 방황하는 이런 무고한 백성들을 무슨 말로 위안했으면 좋을지 몰랐다. 그들은 아군을 만나자 마치 구세주라도 만난 듯 하소연했다.

"어르신님네들이 좀 일찍 오셨더라면 얼마나 좋았겠습니까?"

여기서 조국에 대한 그들의 사랑과 수요를 보아낼 수 있었다. 조국을 잃고 보면 생명도 재산도 아무런 보장을 받을 수 없기 마련이다.

"근심 마십시오. 우리가 왔으니 이젠 어데로 떠나지 않아도 됩니다. 우리는 당신들을 위해 왜놈들을 물리치러 왔습니다."

우리는 애오라지 이런 말로 그들을 위안할 수밖에 없었다.


## 적병들의 일기

새 유격구에 온 후 5월 31일에 처음으로 제1영이 적들을 습격하여 1개 중대를 소멸하고 많은 경중무기와 전리품을 노획하였다. 전리품들 가운데 적병들의 일기도 있었다. 우리는 그것을 번역해보겠다고 퇀장*에게 말했다. 퇀장은 그렇게 하라고 응락했다.

우리는 적들의 숱한 일기 가운데서 마에까와 히사하지, 나가모리 지스께, 다나까 고이찌, 하야시 도구메이 네 놈의 일기만 번역했다. 그 내용은 대체상 군사행동과 그 경과에 대한 간단한 기록들이었다.

우리의 번역문을 본 모 퇀장은 매우 기뻐하여 말했다.

"이거 정말 가치 있는 일기군. 이전에 우리는 싸울 때 이런 물건들을 빼앗을 생각은 못하고 그저 놈들이나 많이 죽이고 값있는 물건이나 무기를 빼앗을 생각이나 했었는데. 하하하."

그러자 영장이 한마디 끼었다.

"개새끼 같은 자식들, 일등병이 이렇게 일기까지 쓴단 말이야? 제

---

* 퇀은 중국 팔로군의 군대 단위로 현대 군대의 연대 병력에 해당하는 약 3,000명의 병사가 소속되어 있다. 퇀장은 그 최고 지휘관.

기랄, 우린 패장이나 연장 가운데도 못 쓰는 치들이 많은데."

탄장이 그의 말에 동을 달았다.

"그렇네. 이러고 보면 그자들의 지식 수준이 우리보다 높은 것은 사실이야. 허지만 그들의 전투정신과 자기희생의 결심은 우리만 퍽 못하지."

홍분으로 하여 벌거우리하게 상기된 얼굴들마다에 즐거운 빛이 어린 그들은 저도 모르게 '하하하' 하고 폭소를 터뜨렸다.

"군이여, 그대는 무엇을 위해 죽었는지 아는가? 만 가지 악행의 원흉인 군벌들은 그대더러 '동아의 영구한 평화를 위하여' 싸우라고 했지만 평화를 짓밟는 책임이 누구에게 돌아간다는 데 대해선 군도 생각하지 못했으리라. 아, 이것이 '무언의 개선'이 아닐손가!"

하고 탄의 지도원이 예스런 어조로 말했다.

"황천에 가서도 어이하여 거기 간 지 모르니 평생의 한이로소이다. 슬프나이다."


## 열렬한 친선의 정

한 번은 또 이런 일도 있었다. 그때 김경운 동지는 적의 후방에 침투하여 임무를 수행하고 있었다. 어느 날 밤 그는 수현의 한 예배당에 묵게 되었다. 그는 행군 시의 편리를 고려하여 군용담요 하나만 가지고 다니는지라 그 군용담요를 덮고 널마루 바닥에 벌렁 드러누워 잠에 곯아떨어졌다.

예배당의 그 넓은 대청에서 얇은 담요 하나를 덮고 한기가 쌀쌀한 긴긴밤을 지낸다는 것이 얼마나 고생스럽겠는가? 난민인가 아니면 영용한 전사인가? 그의 처량한 모습을 지켜보던 부녀 몇은 동정심이 들어 두툼한 솜이불 한 채를 가져다가 덮어주었다. 그런 줄도 모르고 뜨뜻이 단잠을 실컷 자고 난 김경운 동지는 아침 해가 한 발이나 솟아서야 잠에서 깨어났다.

"엉?! 이상한데? 누가 이걸 가져다 덮어주었는가? 참 고마운 사람도 있군."

이렇게 중얼거리는 김경운 동지는 그 고마운 사람을 찾느라고 대청 안을 두리번두리번 살폈다. 그러나 어제 저녁에 보이던 부녀 몇은 그림자도 보이지 않고 대청은 휑뎅그렁하였다. 그는 이불을 정히 포개어 놓고 그 고마운 사람들에게 말 없는 고마움을 드리면서 훈훈하고 즐거운 심정으로 그곳을 떠났다.

『조선의용대 통신』 제13호, 1939년, 「제1유격대 선전대 소식」

\* \* \*

일제 후반기 중국의 중북부 내륙지방 연안에서 일본군과 치열한 전투를 벌였던 조선인 무장독립군 부대인 '조선의용대' 기관지 『조선의용대 통신』에 실린 기사의 일부입니다.

일제가 만주에 이어 중국 내륙까지 침공해 들어가고, 임시정부는 별다른 무장부대를 갖지 못한 상황에서 조선의용대는 무정부주의자였던 김원봉이 중화민국 지도자 장개석의 도움을 받아 만든 무장부대입니다.

처음 300명에서 시작한 조선의용대는 장개석 군대가 일본군과의 싸움에 소극적이 되어 평화회담을 추진하자 모택동이 이끄는 중국공산당 팔로군에 자진해서 넘어갑니다. 조선의용대는 팔로군과 협력하지만 그 휘하의 군대가 아니라 독립된 조선인 부대였습니다.

무정 장군의 지휘 아래 중국 내륙 곳곳에서 많은 전공을 세운 조선의용대는 1942년에는 조선의용군으로 이름까지 바꾸는데, 조선인 청년들의 적극적인 참여로 해방 무렵에는 그 숫자가 2,000명에 이릅니다.

무기와 보급품에서 열세일 수밖에 없는 조선의용군이 일본군과 대적해 승승장구할 수 있었던 힘의 원천은 중국 민중들의 절대적인 지지였습니다. 팔로군은 물론 조선의용군은 주민들에게 물 한 그릇, 쌀 한 톨도 민폐를 끼치지 않는 것을 제일의 철의 규율로 삼았습니다.

당시 의용군에 참가한 병사들의 수기에 보면 굶주리던 유격대가 주민들이 산속에 숨겨 놓은 식량을 발견해 먹게 되었을 때도 반드시 그 자리에 돈이나 다른 물품과 편지를 놓아두었습니다. 주민들을 위한 연극 공연과 선전전은 헤아릴 수 없이 많아서 많은 중국인들에게 조선을 알렸고 사랑을 받았습니다.

훗날 조선의용군 출신들은 6·25전쟁이 일어났을 때 북한 인민군에 소속되어 남하했다가 고립되자 빨치산이 되는데, 이때도 대민간인 원칙은 철저히 지켜졌다고 합니다. 그러나 수많은 해방구를 가지고 있어서 농사까지 지으며 일본군과 싸웠던 중국 대륙에서의 유격전과 달리, 비좁은 남한 땅에서의 유격전은 한계가 많을 수밖에 없었고, 끝내 거의 모두 비참하게 최후를 맞게 됩니다.

# 여보시오, 우린 조선의용군이오!

조선의용군은 백성들에게 선전하는 데 능숙할 뿐만 아니라 적병들에게 선전하는 능수였다. 그들은 적의 포대로 통하는 전화선에 전화기를 걸고 유창한 일본말로 일본 병사들에게 살길을 가르쳐주었다. 적지 않은 적병들은 그들의 선전에 감동되어 편지를 보내기도 하고 그들에게 노래를 불러주기도 했다.

한번은 이런 일도 있었다. ○○포대의 20여 명의 적들 가운데에는 한 악질적인 소대장이 있었다. 하루는 의용군 동지들이 그놈들에게 함화*를 들이대었다. 한 의용군 동지가 종전과 마찬가지로 부드러운 어조로 국제 정세를 해설했다. 문득 놈들이 대답질을 했다.

"너네 시골뜨기들이 뭘 안다고 그래?"

조선의용군 동지는 날카로운 어조로 대꾸했다.

"거 무슨 당찮은 소리인가? 우린 매일 세계 각국의 방송을 듣는데 너희들 도쿄방송도 다 듣는단 말이야. 어쨌든 우린 너희들보다 듣는

---

* 메가폰이나 육성으로 가까이 맞선 적을 향해 선전전을 하는 것.

것이 더 많아. 믿지 못하겠거든 도쿄 소식이나 들어보게."

의용군 동지는 일본 국내에서 겪고 있는 생활난이며 불구자로 되었거나 병이 들어 제대한 군인들의 가련한 생활이며 도쿄 방공시설의 약점들에 대해 소개했다.

이때 적 소대장 놈이 반박조로 말했다.

"너희들은 일본 국민들이 가난하게 산다고 말하지만 난 석 달 전에 국내에 갔다 왔어. 그렇게 가난하진 않아."

선전전은 정식으로 시작되었다. 의용군 동지는 그놈에게 질문을 들이대었다.

"그럼 당신이 입은 군복은 해어진 것이 아니오?"

소대장 놈은 신심 있는 어조로 대답했다.

"아니요. 난 그저께 발급한 새 군복을 입고 있소."

의용군 동지도 확신성 있는 어조로 말했다.

"그럼 대용품이 아닌가나 자세히 보오."

이 말에 말문이 막힌 소대장 놈은 아무 말도 못했다. 의용군 동지가 말을 이었다.

"여러 사병 형제들! 당신들의 소대장이 어떤 작자인가 보시오. 군벌들은 다 저 작자처럼 희떠운 소리만 풰치는 거요."

부아통이 터진 적 소대장은 목 갈린 소리로 외쳐댔다.

"어쨌든 대일본제국은 꼭 승리할 거야!"

의용군 동지가 인차 반박했다.

"그럼 어째서 석 달이면 중국을 다 먹어치운다고 해놓곤 지금까지도 전쟁을 끝내지 못하는가?"

_평북 유격구에서 "중한 양민족 연합하여 일본강도를 타도하자" 라는
선전표어를 벽면에 쓰고 있는 조선의용군 대원.

_조선의용대에 새로 편입된 여성 대원들(1939년). 중국군 복장을 하고 있다.

적 소대장 놈은 갈기가 나서 꽥 소리쳤다.

"다 네놈들 탓이야!"

의용군 동지는 한술 더 떴다.

"그건 옳은 말이다. 필승불패의 이런 인민들이 있기 때문에 너희들은 지금 전쟁을 끝내지 못하고 있고 장래에 가선 더구나 어찌하지 못할 것이다!"

그랬더니 적 소대장 놈은 말문이 막혀 입을 다물고 말았다. 그 대신 그놈들은 보총, 기관총, 적탄통 등 무기란 무기는 몽땅 '동원'하여 의용군 동지들에게 '말대답질'을 하였다.

의용군 모 부대가 1분구에서 활동할 때였다. 의용군은 두 소조로 나뉘어 한 소조는 팔로군과 배합하여 두 포대에 대고 동시에 함화하고 다른 한 소조는 두 포대 사이에 늘인 전화선에 전화기를 장치하고 놈들의 전화를 엿들었다.

적들은 간이 콩알만 해져서 의용군의 함화에 응대할 엄두도 못 내었다. 적들이 중대장에게 원병을 보내 달라고 애걸하는 소리가 전화에서 들렸다.

"보고! 중대장님, 숱한 팔로군이 왔습니다. 일본말을 할 줄 아는 놈도 끼어 있습니다."

중대장은 공포에 떨리는 어조로 말했다.

"나도 알고 있어. 무서워 말고 기다리게. 성안에서 증원 병력이 올 거야."

이때 의용군 동지들이 끼어들었다.

"여보시오, 우린 조선의용군이오."

놈들은 초풍할 지경으로 놀라 수화기를 덜컥 내려놓았다.

우리는 놈들의 증원 병력이 오는 길목에 병력을 배치했다. 미구하여 적병들을 박아 실은 3대의 자동차가 달려왔다. 의용군 전사들이 수류탄 몇 개를 뿌리자 적들은 헤드라이트를 꺼버리고 차에서 내릴 엄두도 내지 못한 채 오던 길로 뺑소니를 쳤다.

제2분구에서 있은 일이다. 의용군은 대낮에 적들의 하변촌 역에 진공해 들어가 두 시간 동안이나 군중대회를 열고 노래를 불렀다. 그러나 적들은 포대 밖으로 머리도 내밀지 못했고 총을 쏠 엄두도 못 냈다.

이 소식은 삽시간에 온 로타하 기슭에 퍼졌다. 적 점령구의 백성들은 조선의용군이 자기들의 마을에 올 것을 바랐다. 어떤 마을에서는 무대를 꾸며 놓고 위문품까지 마련해 놓고서는 조선의용군을 기다렸다. 그들의 연설을 듣고 싶어서였던 것이다.

『해방일보』, 1944년 4월 24일, 「진찰기에서의 조선의용군」, 영진

\* \* \*

중국 공산당이 항일 근거지였던 연안에서 발행한 당기관지 『해방일보』에 실린 기사입니다. 일제의 말기적 발악이 극에 달하던 이 시기, 국내에서는 민족주의자, 사회주의자 할 것 없이 대다수가 일본 찬양에 강제 동원되고 있었지만 중국 땅에서는 여전히 조선의용군이 신나게 맹활약을 하고 있었습니다.

중국공산당 산하 팔로군을 이끈 모택동, 주은래, 주덕 등 지도부는 조선

의용군이 한 명이라도 손실을 보지 않도록 많은 배려를 합니다. 의용대 결성 초창기에 여러 조선인들이 희생되자 장차 해방된 조선을 이끌어야 할 사람들을 죽게 해서는 안 된다고 특별 명령을 내려 조선의용군은 주로 일본군과 그 속에 섞인 조선인 징병자들, 중국 민중들에 대한 선전선동을 하도록 합니다.

중국 공산당 지도부의 특별한 보호조치로 조선의용군은 상대적으로 적은 희생을 치르게 되지만, 후방과 전방이 따로 없는 유격전의 특성상 항상 일본군과 직접 교전을 피할 수 있는 것은 아닙니다. 오히려 조선의용군은 팔로군 지도부에 강력히 요구해 여러 전투에서 직접 총격전에 나서지요.

용감한 조선인들은 대적, 대민 선전전과 전투에서 상당한 성과를 이룹니다. 중국인들은 일본어를 거의 모르는 데 비해 조선의용군의 다수는 일본어에 능통했기 때문에 적 진지에 대한 선전선동과 전화 도청, 적 비밀문서 해독 등에 매우 유용했지요. 이 글에서도 나오듯이 일본군과의 '함화'에서 의용군은 늘 상대방을 골리고 압도합니다. 특히 전화 도청과 전화를 통한 선전전은 일본군들을 질겁하게 만들지요.

## 제3장

1917년 러시아혁명이 일어나 소련이 세워지자 세계의 자본주의 열강들은 이를 무너뜨리기 위해 앞다투어 소련으로 무기와 군대를 보내 반혁명군을 지원합니다. 일본도 동부 러시아 지역에 군대와 무기를 보내 반혁명 세력을 돕습니다. 이 반혁명 내전은 5년 이상 계속되는데 결국 소련의 승리로 끝나게 됩니다.

일찍부터 공산주의 사상의 위험성을 본 일본은 조선 내의 공산주의 운동에 대해서도 처음부터 철저히 탄압을 가합니다. 1925년에 결성된 조선공산당은 네 차례나 지도부가 검거되는 등 수난을 겪다가 1928년에 완전히 와해되고 맙니다.

이런 가운데서도 조선의 공산주의자들은 다양한 매체를 통해 자신들의 사상을 대중에게 전파하려고 애씁니다. 김단야, 조봉암, 박헌영 등 조선공산당 지도부들은 동아일보사, 조선일보사 등에 기자로 취업해 사회주의 관련 기사들을 보도하다가 해고되고, 또 많은 좌파 지식인들이 개혁적인 잡지에 기자로 들어가 활동하다가 구속됩니다.

이런 활동에 힘입어 당시 잡지와 신문에는 사회주의에 호의적이거나 관련된 기사들이 심심치 않게 실리게 됩니다. 조선어로 된 사회주의 서적이 거의 없던 당시의 공산주의자들은 이들 신문과 잡지를 교재로 삼기도 했습니다.

1930년대 전반기에 사회안전법으로 구속되는 사회주의자들이 해마다 수천 명에 이르게 된 것은 이러한 노력의 결과였습니다. 적어도 1930년대 후반까지는 그야말로 사회주의 전성시대라고 해도 될 만큼 많은 젊은이들이 붉은 사상에 열광합니다.

그러나 중일전쟁과 제2차 세계대전이 터지는 1940년대 들어서면 상황이 급변합니다. 대부분의 사회주의자들이 감옥에 가거나 아니면 전향해 일본의 침략전쟁을 찬양하는 연설과 글을 쓰게 됩니다. 당시 신문과 잡지에는 이러한 변화 과정이 생생히 드러납니다.

# 레닌은 죽었습니다

그는 어떻게 평생을 지냈으며 그의 사상은 어떠했으며 그가 죽은 후의 노농러시아는 어찌 되며 또 레닌의 후계자는 누구이겠습니까?

'런던 1월 22일발 전보' 레닌 씨는 21일 오후 6시 모스크바 교외에서 죽었는데 장례식은 26일로 하되 국장으로 할지며 유해는 크레믈린 궁 안에 묻으리라 하더라.

'장춘발 전보' 레닌 씨의 죽음에 대해 전 러시아는 장례를 치르기로 하였으며 모스크바 시중은 가장 슬픈 상태에 있다더라.

이와 같이 레닌은 죽었습니다. '정말 죽었을까?' 하는 의아를 남길 여지도 없이 그는 죽고 말았습니다.

생각건대 그는 이제로부터 54년 전 즉 서기 1870년 4월 10일에 첫울음을 내어 50여 년의 짧지 않은 일생을 연구, 반항, 투옥, 망명, 혁명건설의 와중에 던져 흰 떡 한 개를 편히 먹지 못하다가 이와 같은 오늘의 부음을 전한 것입니다.

하물며 그의 죽은 직접 원인이 반생의 망명생활에 온갖 무리를 강하게 이겨내고 1917년에 한 번 혁명을 성취한 그 후로 매일 18시간

내지 20시간의 노무를 계속하야 심신이 다 같이 피로에 빠진 중 1918년 8월에 반대편의 육혈포알을 뇌와 위의 두 곳에나 맞아 그것이 극히 치명상이 되어 오늘의 최후를 지었다 합니다.

슬프다, 그의 역사를 알고 그의 죽은 소식을 들은 자로서 누가 능히 깊은 감회를 금하겠습니까? 동무야 대개로 아는 풀이나 이제 그의 행적이며 사상 기타를 간단하게 기록해 필자의 소회를 일게 하라.

## 그는 어떠한 특징을 가졌던가?

레닌은 어떠한 사상을 가졌는가. 이것은 보통으로 말하자면 누구나 다 짐작하는 것이요, 구체적으로 소개하자면 불편한 점이 있다. 레닌은 정말 어떠한 사람이었는가? 여기에 대해서 몇 마디를 하겠다 (이것은 물론 필자의 독자적인 견해가 아니요, 여러 방문가와 평가 기록에 의함이다).

본지의 어느 호엔가에도 잠깐 소개하였거니와 그는 풍채는 좋지 못한 사람이다. 키는 작고 머리는 둥글고 크며 홀떡 벗어졌고 눈은 몹시 작은데 누구와 말을 할 때에는 한쪽은 늘 감는 버릇이 있다고 한다.

그는 역사상에 비교할 수 없는 경이와 애증을 받을 만한 특색 있는 풍채도 없고 오직 심원한 사상을 단순한 말로써 표출하고 복잡한 사건을 무서운 혜안으로써 분석해나가는 지력상의 대담과 명민을 겸비한 것이다.

그는 성격상 어떤 특징을 가졌는가. 어디까지든지 의지적이요 이지적이어서 무엇이나 쉽게 긍정하지 아니하고 자기의 이지의 힘에 의해서 한번 긍정한 이상은 즉 그것이 진리라고 믿는 이상은 그대로 돌진하는 것이 그의 특색인 듯싶다.

'어디까지 명령적이요 독단적이요 침착하여서 조금도 공포기가 없고 이기심이 이상하게도 적은 집념의 화신이라 할 만한 자는 레닌이다'라고 한 럿셀의 평과 '세상에 흔히 있는 보통의 공산주의자와는 딴판으로 공산주의의 계획이 광대 복잡한 것을 솔직히 시인하면서 오히려 그것의 실현을 향하야 노력하는 그 놀랄 만한 레닌을 보고 나는 매우 유쾌하였다. 그는 정녕코 새로이 설계, 건설된 세계의 자태를 심중에 배포하고 있으리라'고 한 웰스의 평은 이 방면의 소식을 말한 것인 듯싶다.

그는 죽는 그때까지 러시아 공산당의 유일한 영수였다. 60만 명이나 되는 당원의 두령이 되어 한 마디의 이의가 없게까지 그들을 지배해온 그의 수완은 무엇이었는가?

이에 대해 영국의 어떤 잡지사의 주필의 말을 빌려오면 '그의 위대한 지배력은 다른 곳에 있다. 즉 그의 초월한 이성력은 별도의 문제요, 당의 두목으로 어떠한 일에나 의심치 않는 용기와 자기의 판단에 대한 강한, 거의 광적이라 할 만한 자신에서 오는 것이다. 공산당원 중에 레닌 이상으로 자신이나 견식을 가진 사람이 없는 이상, 레닌은 영원한 공산당의 지배자 되기에 족하리라' 운운하였다. 공산당은 그만두고 전 세계를 놓고 본다 할지라도 레닌 이상의 자신과 견식을 가진 사람은 없겠지.

그는 사상상에 있어 또 어떤 체계를 가졌는가? 말할 것도 없이 맑스의 사상을 풀은 것이다. 어떤 비평가의 말에 레닌은 맑스를 노예적으로 모방하였다, 그는 맑스의 유령이다, 또 가로되 그가 만약 맑스 설을 버리고 자기의 학설을 주장했다면 그는 그만한 큰 세력을 못 가졌을 것이다. 왜냐하면 새 학설은 단기간에 대다수의 사람을 모으지 못하는 이유이다.

그러나 다시 이를 뒤집어 말하면 레닌은 맑스를 모방한 것보다 새로운 맑스를 제조하였다. 즉, 레닌이 맑스의 이름으로 나타난 것은 맑스의 본래 사상을 일종의 만화로서 현출한 데 지나지 않는다고 하였다. 사실 그랬다고 하는 것이 옳을 것이다.

'모든 물질은 누구의 것도 아니오, 일반의 것이다' 이것은 그의 유일한 표어이다. 이 한 마디로써 그의 모든 심정, 모든 사상을 엿볼 수 있는 것이다. 한마디로 하면 그는 만인간에 공통하는 오직 한 개의 진리를 가지고 어느 때는 자기가 눌렸으며 어느 때(1917년 이후)는 자기가 누른 것이다.

명백한 진리를 가지고서 오히려 눌리지 않을 수 없고 누르지 않을 수 없는 곳에, 다시 말하면 그러한 환경을 가진 곳에 그의 고통이라면 고통광휘라면 광휘가 있었고 또는 그에 대한 세간의 논평도 구구했던 것이다. 그런데 그에 대한 가치는 여하간 정해졌다. 그가 일층 위대한 무엇으로 공인되기는 이제부터이겠지. 예로부터 선구자 누구나 다 그러한 모양으로.

## 이후의 노농러시아?

레닌의 죽음과 같이 문득 생각되는 문제는 그의 죽음으로 해서 노농정부의 존재상에 어떤 영향을 미칠까 또는 존재에까지는 별 영향이 없다 할지라도 시정의 주의방침에 변화가 없을까 하는 것이다. 그러나 노농정부의 존립에는 하등의 영향이 없을 것이다.

왜냐하면 노농정부는 오늘이나 어제 성립된 것이 아니요, 벌써 7년 전에 성립되어 받을 시련을 다 받아온 그 정치요, 또 그 정치는 대다수의 민인을 기초로 하야 유명한 레닌 식의 계산, 산리, 규율의 3자로써 편성한 조직 위에 섰을 뿐 아니라 그의 배후에는 60만 명의 공산당원과 120만의 적위군이 버티고 있은즉, 누구의 힘으로도 그를 어쩔 수 없는 것이며 다만 문제는 레닌을 잃은 오늘에 그를 이을 인물이 누구이겠느냐 하는 것이나 실은 레닌은 병석에 누워 사실로 정무를 집행하지 못한 지가 벌써 오래고 그 이하의 3, 4인이 일찍부터 그만큼 하여오던 것인즉 이제 새삼스럽게 황망해 낭패하거나 균열을 생기게 할 리도 없을 것이다. 신경제정책이 실시된 후로 국력은 일층 활기를 띠고 국제적 지위는 나날이 향상되는 오늘에서야.

## 레닌의 후계자는 누구?

최후로 한 말 더 할 것은 금후의 노농정부의 인민위원회 의장의 의자에 나아갈 사람은 누구일까 함이다. 레닌 의장의 차석으로 부의장이 된 사람은 까메네프, 뤼코프 외 3인이었는데 레닌 와병 이후로 그의 대리를 본 사람은 뤼코프였다. 이 밖에 또 문제의 트로츠키와 칼리닌이 있다. 레닌 후계자로 아마 이 네 사람 중에서 벗어나지는 못할 것이다.

뤼코프는 레닌과 같이 학자는 아니다. 그는 동료 이상의 견식이나 능력을 가졌다고 할 것은 없다. 더욱이 연설에는 제로라 한다. 그러나 레닌은 그를 누구보다 신임하야 지방에 돌아다닐 때는 반드시 그를 동반하였다. 그는 이성의 사람이라 하기보다 신앙의 사람이다. 공산주의 이상사회를 깊이 깊이 신앙하는 사람이다. 그래서 그는 어떤 까닭인지 모르나 좌우간 사람을 끄는 힘이 있다. 그리고 그는 노동자 출신이다. 다만 문제는 암만해도 그가 실제 정치에는 그렇게 수완이 없다는 것이다.

까메네프는 모스크바의 소비에트 회장이요, 독러단독강화의 일인인 만큼 이론가라 하기보다 실제 정치가이다. 1918년에 잠깐 레닌의 대리를 본 일도 있다. 그리고 트로츠키의 매부요 또 유태인이다. 유태인이라는 것이 러시아 민인에게는 조금 재미가 없어 뵈는 것이다.

트로츠키의 약점도 유태인인 데 있다. 이론가요 웅변가요 문장가요 열정가다. 그래서 그는 무엇보다도 역량이 풍부하다. 그러나 독특한 무슨 자신이나 견식이 있느냐 하면 그것은 문제이다. 오직 레닌 같은 밝고 억센 지도자를 만나야만 그의 능률은 발휘될 형편에 있다. 그런데 그는 당내 문제로 병을 칭하여 물러나 있다고 한다. 내각 의장이 될 희망은 없다 함이 옳겠지.

그다음 뤼코프와 짝해서 제일 유력한 후보가 될 사람은 칼리닌이다. 그는 본래 귀족 출신이나 노동자에게 가장 호감을 가진 사람으로 두뇌가 명철하고 사리에 밝고 독서에 부지런하고 선동에도 능한 깍듯한 사람이라 한다. 뤼코프는 누구에게라도 모나게 하는 일이 없는 데 반해 칼리닌은 독자의 견해를 가져서 쉽게 사람에게 굴하지 않는 성격이 있다고 한다. 이만큼 해두고 보기로 하자.

『개벽』 제44호, 1924년 2월 1일

* * *

러시아혁명이 성공한 지 겨우 7년 만인 1924년 지도자 레닌이 사망하자 이를 다룬 기사입니다.

너무나 빨랐던 레닌의 죽음은 러시아혁명을 본래의 궤도에서 완전히 이탈시킨 결과를 낳았다고 평가됩니다. 이 글에도 나오듯이 후계자의 대상에 올라 있지도 않던 스탈린이 등장해 일인숭배와 피의 독재라는 전대미문의 공산당 독재를 강행함으로써 혁명정신을 파괴하고 러시아는 물론 이후 사회주의가 되는 여러 국가를 고통에 빠뜨리는 것을 두고 하는 말입니다.

레닌은 스스로 자기 당의 이름을 볼셰비키, 즉 다수파로 지었을 만큼 당내 민주주의에 병적으로 철저했던 사람이었습니다. 아무리 불리하더라도 반드시 토론과 표결을 통해 자신의 의견을 관철시켰고 반대파에 대해 맹렬히 비난을 하더라도 논쟁의 방법이었을 뿐 피의 숙청 같은 것은 하지 않았던 인물입니다. 레닌 자신에 대한 영웅숭배 같은 것도 용납하지 않았습니다.

반면 스탈린은 일당독재와 사상검증이라는 공산주의 체계가 가진 허점을 이용해 자신을 역사상 최악의 독재자로 만듭니다. 공산당 일당독재라는 이론 자체는 레닌이 주창한 것이지만 스탈린은 그 본래의 의미를 살리기보다 자신의 권력을 위해 이를 악용한 데 불과한 인물이 되고 말았습니다.

개인 우상화와 조급한 사회주의화 등으로 표현할 수 있는 스탈린주의를 받아들인 여러 사회주의 국가의 실험은 결국 실패로 끝나고 맙니다. 하지만 스탈린주의가 곧 사회주의의 필연적 귀결이라거나 혹은 사회주의의 필연적인 한계라고 함부로 해석할 수는 없을 것입니다. 프랑스혁명과 같은 초창기 민주주의혁명들도 많은 부작용을 겪었지만 오랜 세월을 거쳐 다듬어졌듯이, 모든 사람이 평등하게 살아야 한다는 사회주의의 원칙도 언젠가는 현실로 실현될지 모릅니다. 100년이 걸리든, 200년이 걸리든.

# 로자 룩셈부르그를 그리워하며

오늘은 1월 15일이요. 그리고 지금은 정히 하오 11시 20분이다. 사방은 극히 정숙하고 암흑과 같은 침묵이 지속되고 있을 뿐이다. 때때로 전차가 달리는 소리가 멀리 혹은 가까이 들려올 뿐이고 그저 겨울밤은 조용하기 한량없다.

이때에 나에게는 생각나는 이가 있다. 구태여 잊으려고 하지도 않거니와 어쩐지 가슴에 칼이나 안은 듯이 막대한 불안을 느끼며 초조하여 참을 수 없다. 그러다가 '아, 세월은 석화같이도 빠르다, 흐르는 물 같다더니 유수 중에도 급류로구나' 하고 새삼스럽게 세월이 덧없어 보이고 우울한 심사를 자못 금하기 어렵다.

벌써 7년 전의 옛날이 되었다. 우리의 동지 칼 립흐크네호*와 로자 룩셈부르그가 비참히도 기병들의 손에 맞아 죽던 그날이 오늘 그때 7주년이 되었다. 우리는 7번째 그날을 추억하고 애달파 하였거니

---

* 카를 리프크네히트(1871~1919). 로자 룩셈부르그와 함께 독일 사회주의운동을 이끌었다.

_카를 리프크네히트
(왼쪽)와 로자 룩셈
부르그.

할 때에 더욱이 세월은 빠른 것임을 깨닫게 된다.

이제 다시금 생각을 정리하야 보니 시간은 꼭 11시 20분이다. 7년 전에 즉 1919년 오늘 이 밤에는 우리가 경애하는 칼과 로자는 많은 원한을 품고 비참의 종막을 고하던 그 순간이 이때가 아니었던가 할 때에 더욱이 비감이 들고 분노를 금치 못하겠다.

세상은 그저 그렇다. 의를 위하여 싸우던 그놈은 언제나 행복은 보지 못하는 것이며 다만 피를 흘려 죽음에 이르는 것이 고금의 통례가 되었다. 칼도 그러한 사람의 하나이며 로자도 또한 그러한 사람의 하나인 것이다. 그러니 여기에서 우리는 무엇을 못 잊어 하며 왜 그렇게도 애달파 할 것이 무엇인가.

그러나 칼이여! 로자여! 그대들은 기뻐하라. 그대들이 죽던 그 순간은 참으로 비극이다. 우리는 그것을 더욱 못 잊어 한다. 거기에 깊은 의미가 있는 것이다. 심각한 교훈이 있다. 그대들은 룬게*의 손에 맞아 죽었다. 죽은 그 시체까지도 온전히 구원되지 못하고 백설 위에 버려져 짐승들이 뜯어 먹고 하야 눈뜨고 못 볼 지경이었더란다.

생각하고 있는가. 칼아! 로자야! 그것이 얼마나 괴로운 일인가. 차마 생각도 못할 일인 것이다. 그때에 그대들의 생각하는 그 주의와 정신은 심히 박약하여 유럽의 일부분을 제하고는 아는 사람조차 없었고 그의 시비를 판단하려고 한 자도 없었으되 이제는 7년이란 그 짧은 동안에 세계적으로 그 정신이 널리 알려져 멀리 극동의 일개 작은 조선의 청년까지도 그대를 추억하고 애달파 하는 심사를 깨닫는다면 얼마나 반가워 할 것인가. 참으로 반갑지 않은가?

반동은 그때나 이제나 조금도 다름이 없다. 룬게의 손을 빌려 때려죽이던 그때에 반동도 가히 추측하기에 족하거니와 그것을 추억하는 그것만이라도 절대의 금지가 되어 있는 오늘의 형세나 무엇이 그간에 거리가 있다 할 것인가?

우리는 슬퍼한다. 비참한 종막 그것만 생각해도 이가 갈리고 가슴이 떨리거든 그저 아무 말 없이 단체 혹은 개인으로 그대들의 추억이나마 계도하여 보았지만 그저 금지의 한 마디로 묵살되고 말았으니 더욱이 가엽지 않으냐?

오늘도 나는 어떤 청년단체의 추억하는 식장에 갔다가 많은 청년이 모여 혈맥이 약동하는 원기왕성한 청년들이 외부에는 아무 말 하나 발표치는 못하되 묵묵히 앉아 있는 거기에 더욱이 의미가 있고 힘이 있어 보였다.

우리는 생각하면 상심도 할 일이다. 통분도 하다. 의를 위해 싸우

* 카를 리프크네히트와 로자 룩셈부르크 연행 당시 호텔 문 앞에서 그들의 뒷머리를 개머리판으로 가격한 것으로 알려진 인물.

다가 결국은 몸까지 희생에 제공한 동지를 의로운 청년이 기념하고 자 하는 그것까지도 경찰이 금지하니 그러면 경찰이 요구하는 청년 또는 인물은 어떤 종류의 사람인가 하면 길게 말할 것 없이 의롭지 못한 그 무리들일 것이다.

현대의 제도가 얼마나 많은 모순을 자체에 포장하고 있으며 그로 인하여 세상은 어떻게 되고 있는가를 생각해 볼 필요가 있다. 그런 말을 길게 늘어놓는 것은 오히려 재미없다. 재미있고 없다는 것은 별문제로 하더라도 여기에 그것을 장황히 기술할 필요가 없다. 그저 묵묵히 묵상이나 하고 앞으로 취할 바 도정과 지내온 과거를 돌아보 고 보다 선한 노력을 하게 된다면 그가 얼마나 만족된 일이라 할 것 인가.

창밖에는 백설이 쌓여 있다. 몹시도 추운 날이다. 이렇게 웅숭그 리고 앉아 7년 전의 오늘을 그리워하고는 우리의 운동선運動線의 현 재를 돌아보고는 통곡하지 않을 수 없다. 그래서 나는 울었다. 칼과 로사를 추억하고 그들의 생각이 간절하여 운 것은 아니고 우리의 지 금 난마같이 어지러워진 운동선을 보고 칼과 로자와 같은 열렬한 자 도 없으며 그렇게 주의주장이 철저한 자는 하나도 없으되 오직 세세 한 문제를 가지고 시비의 재료를 삼으며 본래의 정신을 망각하고 파 당적 싸움에만 열중하여 있는 현금의 상태를 보고 누가 통곡하지 않 을 자이냐?

마음이 있는 자가 과연 누구이며 조금이라도 운동선을 생각하고 그의 장래를 염려하는 자는 과연 누구이냐? 상념이 이에 머무니 과 연 슬프다. 우리는 여기에서 그저 감상적인 문구나 장황히 나열하여 슬프다 반갑다를 천 번 만 번 말할지라도 하등의 효과가 없다. 그럼에도 다른 날과 달라 특히 오늘을 당하고 보니 자연히 그런 소리도 나오게 되고 마음에 없는 감상적인 문구도 이에 기록케 되었구나.

어찌 그가 우리의 기뻐서 하는 바이며 또한 원하는 바일 것이냐. 될 수만 있으면 그런 소리만은 하지 않으려 하고 그저 침묵 중에서 장래의 서광만 바라보고 나가려고 한 것이지마는 이날 이 밤에 있어서는 나도 알지 못하게 이러한 상스럽지 못한 문구가 여기에 나온다.

동지여. 제군은 이 밤에 무엇을 생각하고 있는가? 이미 꿈속에 빠져 이것저것 모두 잊고 그저 잠이나 자고 있는가? 혹은 나와 같이 이렇게 저렇게 별로 시원치도 않은 생각을 해가며 괴로워하고 있는가? 만일 그렇다면 이제부터 우리가 취할 바는 무엇일 것이냐.

해가 갈수록 우리를 억누르기 위해 새로운 법령이 꼬리를 맞물고 산출되고 있으며 그와 따라서 반동의 세력도 커지고 압박도 날로 더하지 않은가? 이때에 있어 우리의 힘은 다른 데 있지 않고 그저 뭉치고 모이는 데 있는 것이다. 모여 한 덩어리가 되면 그만큼 힘이 있는 것이고 사회적으로 존재가 커지는 것이다. 오늘의 자본주의 사회에서 우리의 세력이 확대해가고 그 힘이 거대해진다 함은 반드시 자본주의의 세력 범위가 그만큼 점차로 축소되고 있음을 설명하고 있는 것이니 어찌 기쁜 현상이 아닐 것인가?

우리는 그저 괴롭다. 신산하다. 아무리 애써 보았지만 아직은 별로 시원한 양은 보지 못하였다. 때때로 우리에게 닥쳐오는 것은 괴로움뿐이고 굶주림이 있을 뿐이다. 그러나 우리는 이런 때마다 칼,

로자의 두 동지를 기억하기로 하자. 우리를 위해 제일 먼저 생명을 바친 자 그들이며 제일 먼저 소리를 내고 맹렬히 나선 자가 또한 그들인 것이다. 이것을 생각하고 우리는 아무리 시달려 괴롭고 힘이 나지 않을 때가 있다 하더라도 그들의 죽음 그것을 생각하고 거기에 용기를 얻기로 하자. 이것을 서로 약속하고 이 밤을 보내자. 그리하여 우리는 주의를 위해 칼도 되고 로자도 되려니와 쓸데없는 개인적 감정이나 파당적인 심사로 서로 중상하고 싸우기를 그치자. 그리하여 칼과 로자에게 기쁨도 돌리고 우리도 기뻐하는 사람이 되자.

『개벽』 제66호, 1926년 2월 1일, 「이날에 추억되는 두 동지, 칼과 로자를 그리워하면서」, 명성

* * *

독일 사회민주주의운동의 대모였던 로자 룩셈부르그가 극우파들에 의해 재판소 밖에서 처참히 살해된 사건을 기리는 글입니다.

로자는 러시아 혁명을 성공시킨 레닌이 프롤레타리아 독재를 내세우자 이를 비판하며 혁명의 민주주의 원칙을 내세웁니다. 그러나 독일의 극우파들은 이조차 용납하지 않고 처참히 살해해버립니다.

# 모스크바 공산대학 생활

6월 20일

나는 혼자 삼림 속을 걸어간다. 아주 혼자되어 남이 가보지 못하던 곳을 터벅터벅 걸어가는 것은 실로 유쾌한 노릇이다. 아주 내가 원시인이 되어 한 발자국씩 옮길 때마다 이 삼림 속으로부터 범이나 낙타 같은 것이 뛰어나올 것같이 생각된다.

한참 가다보니 둔덕이 낮아지고 그 둔덕에는 목동이 무엇을 읽고 있다. 젊은 청년이다. 어쩐지 친해지고 싶어 말을 걸어보았다.

"자네는 무얼 읽고 앉았나?"

그는 말없이 책을 쑥 내민다. 보니 뚜르게네프의 『아버지와 아들』.

"그래 이 책을 볼 줄 아나?"

"물론일세."

"어디서 책은 나왔나?"

"러시아 농림노동동맹의 도서관에서일세."

"그래 거기 가입하였나?"

"물론일세."

"목동으로?"

"여름에는 목동이고 겨울에는 대학생이라네. 이렇게 보여도 국민 교육부 지부를 마치고 물리와 화학을 배우러 온 것이라네."

나는 그와 뜨겁게 악수하였다. 목동은 계절 노동자라 그도 나와 같은 농림노동동맹원임을 알았을 때 한껏 기뻤다.


6월 26일

나는 오늘 교정에서 같은 여자 대학생 '도비나'에게

"혁명 전의 여자들이 어떤 생각을 가지고 살아왔는지 아우?"

그는 생긋 웃고는

"혁명이 우리들 여자에게 무엇을 주었는지 당신은 알기나 하우? 실로 놀라웠지. 예전에는 몇백 년 아니 몇천 년 동안을 여자는 전혀 물질적으로 남자들에게 의지하여 왔지. 마치 쇠사슬로 동여 맨 것처럼 사내들 팔목에 기대어왔지. 그러다가 갑자기 자유가 되었어요. 자유의 몸이오. 그러나 그 반대로 사내들, 가장 활동하는 사내들이 처녀들을 어떻게 보는지 잘 알고 있지요. 무얼 처음에는 안아주고 그러고는 일주일쯤 같이 살다 그러고는 그만 버리지요. 다 알아요."

나는 놀라서

"누가 그런 말을 해요. 그럴 수가 있나요?"

"무얼 다 아시면서. 나도 내 동무들 지내는 일로 보아서 다 알아요. 그래놓으면 순결하던 색시들은 수태하든지 아이를 낳든지 할 수밖에요. 그제는 사내들은 나는 그 애 아버지 아니노라 하는 듯이 고

개를 건듯 치켜들고 대낮에 버젓이 돌아다니지요."

"그러나 그러면 어때요? 그까짓 처녀의 순결이란!"

"거짓말! 당신부터 좀 대답을 해요. 아주 사내를 처음 아는 여자와 두 번째 아는 여자와 사랑한다면 당신 마음이 어디로 가겠어요?"

"그야 같고말고요."

"거짓말! 그러나 좋아요. 이제는 문제는 남녀의 그러한 관계에 있지 않고 그 이상의 것에 있어요. 우리 여자들은 어서 기사도 되고 선장도 노동자도 되어야지요. 그것이 더 커요. 그것이 더 급해요. 우리는 해방되었어요."

그러면서 그는 쾌활하게 웃으며 의학부 있는 데로 뛰어가버린다. 나는 어쩐지 유쾌하였다.

『삼천리』 제7호, 1930년 7월 1일,
「쏘비엣 공산대학생활」, 러시아 모스크바 대학생 요—그리 수기

\* \* \*

소련은 조선의 독립운동을 금전적으로 지원하는 한편, 많은 조선의 젊은이들을 모스크바로 불러들여 사회주의 이론 교육을 받게 했습니다. 학생들은 의식수준이나 당내 지위에 따라 국제레닌학교, 동방노력자공산대학, 고등기술학교 등 여러 학교로 나뉘어 공부했습니다.

이 글은 아직까지 진보적인 색채를 갖고 있던 시기의 『삼천리』에 실린 것입니다. 『삼천리』에는 이 글뿐 아니라 혁명의 나라 소련에 대한 소식이나 혁명가들에 대한 이야기가 자주 실립니다.

노동자·농민의 대의기구인 소비에트가 지
배하는 러시아에는 계급이 없어져 목동 같은
하층민들도 대학에 다닐 수 있게 됩니다. 또
한 남녀평등의 대의 아래 많은 여성이 노동
자가 되고 이들의 육아를 위해 수많은 탁아
소가 세워집니다. 자본주의 진영에서는 이것
을 강제노동이자 여성과 아동에 대한 학대라
고 비난하지만, 당사자인 하층 노동자나 여
성들은 새로운 세상에서 가장 큰 혜택을 보
았다고 생각합니다.

_스탈린 집권 당시 소련의 기념
우표. 우표 도안에 탁아소 수업
장면을 새겨 자신들의 새로운 육
아정책을 홍보하고 있다.

이러한 사회를 다 같이 가난하게 고생하자는 기계적인 평등주의라고 비
판할 수도 있을 것입니다. 지식인이나 부유한 이들의 입장에서는 충분히
그렇게 볼 수 있겠지요. 그러나 지금까지 가난하고 무식하고 인권을 보장
받지 못하던 노동자, 농민, 여성 등에게는 가히 혁명적인 변화였고 새로운
사회에 대해 절대적인 지지를 보냅니다. 이 시기 소련에는 수많은 노동 영
웅들이 탄생해 생산력도 비약적으로 발전합니다. 유럽 최하의 후진국이던
러시아가 불과 십여 년 만에 미국과 더불어 세계의 강대국으로 성장하는
데는 이와 같은 혁명적 열정이 작용하고 있었습니다.

하지만 혁명 초기의 기적적인 열정은 얼마 못 가 수그러들고 러시아의
생산력은 형편없이 떨어지기 시작합니다. 소련의 지도자 스탈린은 이를 막
기 위해 강력한 사상교육을 실시하지만 상황을 더욱더 악화시킬 뿐입니다.
스탈린은 함께 투쟁했던 동지들까지 간첩으로 몰아 수십만 명 이상을 학살
하는 무리수를 씀으로써 상황을 돌이킬 수 없게 만듭니다.

그럼에도 조선의 독립운동가들을 포함한 약소국 식민지 사회주의자들은 소련에 대한 동경심을 버리지 못합니다. 소련이 아무리 문제가 많다 해도 식민지 백성들이 처한 경제적·정치적 상황보다는 나았고, 약소국들의 독립운동을 도와주는 나라도 소련이 유일했기 때문입니다.

더욱이 스탈린이 대숙청을 자행하는 것은 1937년부터로, 이 글이 쓰인 1930년만 해도 아직 소련은 식민지 독립운동가들에게 우상의 나라였습니다. 이런 유의 글들을 본 더 많은 조선인들이 공산주의에 동조하게 됩니다.

# 공산주의자는 왜 공장에 들어가는가?

공산주의자를 자임하는 사람들은 공장, 광산, 철도, 부두 등의 노동자들이 집중된 곳에 먼저 취업해야 한다.

공장세포는 무엇인가? 공장세포는 공산당의 기본조직이다. 공장세포는 공산당과 노동자 군중을 연결하는 고리이니 공산당은 오직 공장세포 기초를 가지는 때라야 능히 자기의 강령과 정책을 전 조선 민중에게 전파하고 자기편으로 전취할 수 있을 것이며 그 역으로 당은 능히 노동 군중의 요구를 파악, 규정하며 또 그들을 투쟁으로 조직하며 동원하여 지도할 수 있을 것이다.

공장세포적 형태의 조직만이 실로 프롤레타리아 전위대의 진정한 혁명적·전투적인 기본조직이라는 것은 우리의 목전에 전개된 생생한 역사적 제 사실이 너무도 밝히 증명하여 주는 바 아닌가?

조선공산당의 파산을 부른 원인 중에 이 공장세포를 가지지 못하였던 것이 그 가장 중요한 이유 중의 하나가 아니 될 수 없나니 만약 당이 인텔리겐차, 학생 또는 무직자 등의 소부르주아 요소들을 중심으로 하여 군중 단체 내의 프락치로서 당의 기초를 삼지 않고 노동

_김단야.

자들을 자기 대열의 중심으로 하고 공장 세포조직으로서 그 토대를 삼았던들 당의 파산을 초치한 그 무원칙적 파쟁은 능히 청산되었을 것이라고 믿는다.

이에 우리는 조선공산당 재건설 과정에 당면하여 이 공장세포 조직을 그 가장 중요한 임무로 세우게 되는 것이다. 이제 이 임무 수행에 있어서 몇 가지 필수조건을 논거하여 보자.

『꼼무니스트』, 1931년 5월, 「공장 내에 야체이카를 어떻게 조직할 것인가?」, 김단야

\* \* \*

사회주의 혹은 공산주의운동에 관심을 가진 사람들이 궁금해 하는 것 중 하나는 공산주의자들이 왜 공장 노동자를 중시하는가 하는 것입니다.

원리는 단순합니다. 자본주의 사회에서 가장 심하게 착취당하는 노동자야말로 자본주의를 철폐할 수 있는 주력이고, 때문에 공장으로부터 혁명운동이 시작된다고 본 것입니다.

그런데 일제하 조선은 산업이 발달하지 못해 노동자 계급이 거의 없었고 따라서 공산주의자들도 대부분 지식인이나 실업자들이었습니다. 이들이 1925년 처음 결성한 조선공산당은 일제 경찰의 타격을 받아 네 차례나 재결성을 해도 끝내 조직이 와해됩니다.

세계의 공산주의자는 하나라는 명제 아래 이 시기 국제공산주의운동을

지도했던 코민테른은 조선의 공산주의자들이 노동현장에 뿌리박지 못해 조직조차 보존하지 못한다는 결론을 내리고 1929년 조선공산당을 해체하고 공장조직으로부터 다시 시작하라는 명령을 내립니다.

이 글은 코민테른의 이러한 지시에 따라 코민테른 동양비서부 조선위원회에서 펴낸 기관지『꼼무니스트』에 실린 것입니다.『꼼무니스트』는 박헌영과 김단야가 상해에서 만들었는데 이들은 조선 국내의 노동운동을 양성하기 위해 탁월한 조직가인 김형선을 국내에 밀파시키기도 합니다. 그러나 이 활동조차도 박헌영이 상해에서 체포되고 김형선 역시 체포되는 바람에 와해되고 맙니다.

# 전쟁은 왜 일어나는가?

1.

옛날이나 지금이나 인류사회가 있는 그곳에는 거의 전쟁이 끊어진 일이 없었다. 사람의 지혜가 몽매하였던 상고시대에는 부락과 부락의 전쟁이 있었으며 그 후 문화가 어느 정도까지 향상된 중세기에 있어서는 국가(종족)와 국가의 전쟁이 있었다. 그리하여 오늘날과 같이 물질문명이 최고도로 발전한 현대에 있어서는 국제적 전쟁으로부터 계급전쟁으로 전화하려는 기세를 보이고 있다.

먼 역사는 그만두고 최근 불과 30년 사이에 아세아에서 일어난 풍운만 헤아려보더라도 일청, 일로, 일독, 러시아의 계급전쟁, 현재의 일중 충돌 등, 이것은 거국일치의 큰 전쟁이었으나 그 밖에 좀 작은 충돌사건으로 한 국가 내의 불통일로 일어나는 내란이며 식민지와 반식민지의 약소민족들의 분규, 소요, 폭동 등의 사건까지 헤아리려면 실로 헤아리기 어려운 대소 전쟁이 있었다.

이와 같이 전쟁은 인류사회가 생긴 이후로 금일에 이르기까지 이 지구 덩어리 위에는 하루도 그쳐본 날이 없을 것이다.

전쟁도 시대를 따라 각기 그 형식을 달리하였으니 오늘과 같이 기계문명이 고도로 발달된 시대에 있어서는 대포, 기관총, 비행기, 독가스 등 헤아릴 수 없는 기묘한 무기를 사용하여 아무리 큰 도시라도 몇 시간 내에 불천지로 소탕시킬 수 있으며 몇 만의 생명을 일시에 멸망시킬 수도 있으나 먼 과거의 봉건시대나 야만시대에 있어서는 전쟁에 쓰는 무기 그것도 극히 미약한 보잘것없는 것이었다. 진시황의 만리장성도 오늘에 와서는 한 개의 골동품에 지나지 못할 것이다.

2.

그러면 인간이 사는 세상에는 왜! 그렇게도 무서운 전쟁이 끊이지 않고 일어나지 않을 수 없었던가? 아직도 우리 기억에 새로운 세계대전을 볼지라도 수천억 원의 전비와 수천만의 생명을 희생하면서까지 그 참담한 전쟁을 하지 않으면 안 될 이유가 어디 있었던가?

전쟁, 그것은 옛날의 진시황이나 현대의 카이젤*의 영웅적 정복의 야심에서 우러나오는 것은 아니다. 전쟁은 언제나 한 국가와 국가 사이의 일정한 이해관계를 원인으로 한 무력적 충돌이다. 옛날의 전쟁도 그러했거니와 현대의 전쟁은 더욱 그러하다. 그러므로 그 무력적 충돌은 각각 그 시대의 경제적 생산력에 따라 그 내용과 방식이 달라지는 것이다.

그러면 국가와 국가 간의 이해충돌이란 무엇인가?

* 빌헬름 2세(1859~1941). 독일제국의 황제로 제1차 세계대전을 일으켰다.

옛날에는 모든 문화가 발달되지 못하였으므로 사람의 힘에 의한 생산은 하나도 없었던 것이다. 먹고 입고 사는 것은 거의 자연의 산물에 의존하여 살아왔다. 그러므로 한 종족이 사는 그 지역 내의 인구는 증가되고 일정한 지역에서 산출되는 생산품이 부족될 때에는 다른 종족이 사는 지역을 점령하고 그 지역에서 나는 산품을 빼앗는 동시에 사로잡힌 종족은 노예로 부려먹었던 것이다.

이와 같이 옛날의 전쟁은 먹을 것이 부족하야 먹을 것을 빼앗기 위한 전쟁이었으나 현대의 전쟁은 그렇지 아니하다.

현대의 전쟁은 먹고 입을 것이 없어 싸우는 전쟁이 아니라 그와는 오히려 정반대로 고도로 발달된 기계문명의 혜택으로 인간사회에 소용되는 물건을 얼마든지 생산할 수 있는데 이와 같이 생산된 생산물은 그가 생산과잉이 되어 그 소비할 길이 어렵게 되었다.

현재의 이러한 시대를 가리켜 자본주의의 사회로부터 제국주의 사회라고 하는 것이니 이 시대에 있어서 생산하는 물건은 그것이 생산물이 아니라 상품으로 되고 말았다. 왜냐하면 생산물이라면 수용에 공급하기 위하야 만들어낸 것이라야 할 터인데 수용과 공급의 관계야 맞든 말든 간에 기업가는 얼마든지 생산을 하여 시장에 내보내는 것이 목적이 되기 때문에 현대의 모든 생산품은 상품이 되고 만 것이다.

그러므로 현대의 전쟁은 자기 나라 상품을 더 많이 팔기 위하여, 다시 말하면 상품의 판매시장을 다른 나라보다 더 많이 점령하기 위하여 싸우는 전쟁이다.

이러한 사회제도하에는 식민지라는 것이 없지 못할 것이니 대자본을 배경으로 한 종주국은 식민지에서 값싼 원료를 구입하야 기계의 힘으로 보기 좋은 상품을 얼마든지 만들어서 그 식민지로 다시 보내 팔게 되는 것이다.

그러므로 현대의 전쟁은 이 식민지를 더 많이 점령하기 위한 제국주의 열강의 전쟁이다.

『별건곤』 제47호, 1932년 1월 1일, 「전쟁은 왜 일어나는가?」, 어구선

\* \* \*

검열 때문에 식민지 문제 같은 것은 다루지 못했으나 제국주의 침략전쟁의 본질에 대해서는 비교적 정확하게 짚은 글입니다.

그런데 이 이야기는 80년이 지난 오늘에도 여전히 유효합니다. 자본 사이의 무한경쟁으로 상품 가격을 올려 받을 수 없는 조건에서 자본가들은 새로운 시장과 값싼 원료생산지를 찾아 세계를 떠돌아다닙니다. 제국주의 시기에는 군사력을 앞세워 식민지를 개척하는 전쟁을 치렀다면 오늘날에는 세계화니 신자유주의라는 이름으로 보이지 않는 전쟁을 치른다는 점이 다를 뿐입니다. 요즘 계속해서 논란이 되고 있는 FTA 같은 국가 간의 무역조약들은 그 전쟁의 규칙을 정하는 것에 지나지 않습니다.

재미있는 것은 이 글 곳곳에 '고도로 발달한 현대문명'이라는 표현이 나온다는 점입니다. 오늘의 시각에서는 80년 전 사회는 거의 미개한 원시시대로 보이지만 당대를 살았던 사람들에게는 그때가 바로 현대이고 모든 문화·문명이 최고도로 발달한 때였던 거지요.

# 개인주의와 사회주의

현재의 세계 동향이 사회주의에서 파시즘으로 전환하였다고 세인은 생각하지만 파시즘을 국가사회주의라고 번역하는 것으로 미루어 보아도 알지만 사회주의적 요소 없이는 어느 사회운동, 국민 및 민족운동도 빈곤과 실업에 시달리는 전 세계 민중을 끌 수 없는 모양이다.

이름 높은 사회주의! 그러면 사회주의가 전 세계를 구할 수 있을 것인가? '현재와 같은 사회주의로는 불가하다. 개성, 자아의 요소를 무시하고는 일체의 사회주의는 실패한다'고 영국의 문호이던 오스카 와일드는 말한다.

세계적으로 유명한 일본의 철학자 서전기다랑 박사*는 맑스주의의 사회개념 강조와 개인에 대한 사회의 우월에 대하여 다음과 같이 비평하였다.

"개인이란 어디까지든지 사회라든지 환경으로부터 한정된다는

---

* 근대 일본의 철학자 니시다 기타로(1870~1945). 서양철학을 동양의 정신적 전통에 동화시키려고 시도했다.

의식을 가져야만 되지만 그러나 또 그러한 한정의 극한에 있어서는 도리어 여기서 한정해 놓는다는 것이 없어서는 안 된다. 그렇지 않으면 창조라는 것은 생각할 수 없다."

_니시다 기타로.

개인의 자유와 책임을 기하지 않고 막연하게 사회의 외적 환경만 변혁하면 낙원이 오는 줄로 아는 사람들은 결국은 일인의 최고 독재하에서 속박받는 생활을 하고 만다.

우리들은 철저한 공동주의, 단체주의를 실현하려면 먼저 철저한 개인주의자가 되지 않으면 안 된다. 개인주의란 절대로 자본주의의 기준인 물질 이기주의는 아니다. 또 서전 박사의 말을 빌리자.

"개인주의와 이기주의는 엄별해 놓아야 한다. 이기주의란 자기의 오락을 목적으로 하는 방종이란 것이다. 개인주의는 이와 정반대이다. 각 개인이 자기의 물질욕을 제멋대로 방임한다는 것은 도리어 개인성을 없애는 것이다. 또 흔히 개인주의와 공동주의는 상반되는 것같이 말하지만 나는 양자가 일치하는 것이라 생각한다. 한 사회 안의 개인이 각기 충분히 활동하여 그 천분을 발휘하여야만 비로소 사회가 진보하는 것이다. 개인을 무시하는 사회는 결코 건전한 사회라고 말할 수 없다."

개인성이란 독립하여 서로 무관계한 것이 아니고 딴 개인성과 융합하는 것이니 개인의 근본에는 사회적 자아가 있다.

"우수한 개인의 다수가 없이 우수한 국가나 사회가 있다는 것을 못 들었다. 경기 좋은 제언이 아닐는지 모르지만 국가로 하여금 개인의 주관적 의식 속에 있게 하여 개인으로 하여금 국가적 전체 생활에 관여하고 동감하도록 국가의 정치를 정해가는 것이 참된 의미의 정치가의 만고불이의 방침이 되지 않으면 안 된다."

개인주의의 필요에 대하여 이상과 같이 서술한 것은 와일드의 논지를 독자가 용이하게 이해하는 데 도움이 되리라는 노파심에서 나온 것이다.

와일드 자신에 대하여는 독자 여러분이 더 잘 아니까 소개하지 아니하지만, 우리 조선에서는 아직도 데카당 문학가로만 알고 그 진실한 일면을 모른다. 와일드는 죄인이었다. 그러므로 능히 죄의 본질을 알았다. 회개한 죄같이 지상에 아름다운 것은 없나니 건전한 자유인의 도덕을 실행하지 못하고 추악한 속물적 죄악을 범한 와일드였으나 그의 옥중기 『심연에서』와 내가 번역하는 이 책을 읽으면 그의 사랑스러운 인격과 민중에 대한 경건한 태도를 알 수 있다고 생각한다.

『신흥』 제7호, 1932년 12월, 오스카 와일드의 「사회주의하의 인간정신」 역자 서문

\*\*\*

사회주의가 대유행되던 시절에 사회주의의 문제점을 지적하는 이런 글들도 있었습니다. 오스카 와일드의 논문 「사회주의하의 인간정신」을 소개하는 역자의 서문입니다.

사회주의는 집단주의로 치달을 위험이 대단히 높은 이념입니다. 언뜻 보

기에는 모든 생산물의 생산을 개인적인 판단에 의거하지 않고 사회적으로 계획해 필요한 만큼 생산한다는 원리는 이치에 맞는 것 같습니다. 그러나 실제로 이를 통제하기 위해서는 비대한 관리체계가 필요하며 자연히 관료주의를 강화시킬 수 있습니다. 또한 이러한 사회주의 이념에 반하는 개인적인 활동을 통제하기 위해 만

_오스카 와일드.

들어내는 감시체계가 개개인의 자유와 창의성을 억제하는 또 다른 권력체계가 될 수 있습니다.

실제로 소련을 비롯한 사회주의 국가들은 관료·감시 체제로 인해 개인을 억압할 뿐 아니라 궁극적으로는 생산력을 극도로 저하시켜 국가경제 전체가 파탄에 이르게 됩니다.

한때 열렬한 사회주의자였던 서구의 많은 지식인들이 이러한 모순을 발견하고 심각하게 문제제기를 한 것은 소련에 스탈린이 집권한 이후부터였습니다. 오스카 와일드 같은 사람은 한 세대 전의 인물이지만 이미 이러한 문제점을 발견하고 이러한 논문까지 씁니다.

일제하 국내의 사회주의 이론가들 역시 이런 문제에 대해 아주 모르고 있지는 않았고, 따라서 이 글과 같은 비판적인 논문들을 싣게 됩니다.

이 논문을 게재한 잡지 『신흥』은 이강국, 신남철, 박치우 등 경성제대 출신 사회주의자들이 발간한 철학 잡지였습니다. 오스카 와일드의 논문은 길어서 게재하지 못하고 서문만 싣게 되어 아쉽지만 그 나름대로 내용을 잘 요약하고 있습니다.

사회주의의 문제점을 예고했던 이강국, 신남철, 박치우 같은 이들은 해방 후 북한으로 월북했다가 결국 숙청되어 죽음을 맞거나 역사 속에서 사라집니다. 이들의 죄목은 구체적으로 남아 있지 않으나 스탈린주의를 채택한 북한의 체제에서는 이들이 눈엣가시일 수밖에 없지 않았겠나 추측해봅니다.

# 영국과 미국을 타도하라!

미영을 격멸하지 않고는 동아에도 세계에도 신질서는 오지 않는다. 미영을 격멸하여 팔굉일우八紘一宇*의 정신하에 동아가 새로 세워지고야만, 동아 제 민족에게 평화와 번영이 올 것이다.

그런데 세인은 대개 영미의 동양에 대한 정치적 침략과 경제적 착취는 알지만, 그 사상적 해독은 모른다. 우리들은 영미의 정치적·경제적 세력과 함께 이 사상적 세력도 구축하지 않으면 안 된다.

## 1. 개인주의

일본 사상은 나라님의 신민으로서, 어버이의 아들로서, 형의 아우로서, 아내의 남편으로서, 아들의 아들로서의 자기를 생각한다. 즉 오륜의 책임자로서 자기를 생각하는 것이지 개인이라는 생각은 하지 않았다. 개인주의는 실로 앵글로 산産이다. 동양사상의 근본은 충효

---

* 일본의 천황제 파시즘의 핵심 사상으로, 태평양전쟁 시기에 접어든 일본이 세계 정복을 위한 제국주의 침략 전쟁을 합리화하기 위해 내세운 구호로, '전 세계가 하나의 집'이라는 뜻을 갖고 있다.

주의다.

## 2. 상업주의

무엇이나 금전적으로 이윤을 인생 생활의 표준으로 하는 것도 앵글로 사상이다. 경제사상주의라고도 할 것이다. 유리주의라고도 할 것이다. 그들은 국가도 개인의 이익을 위해서 있고 개인의 이익에 위반되면 국가는 혁명을 일으켜도 좋다 하여, 그들은 의라는 것은 모른다. 이해관계가 주가 되어 있다. 의회가 납세자의 이익을 위한 집합이라는 것이 앵글로 사상인데, 이런 관념은 일본 정신에 거슬린다.

## 3. 권리주의

권리는 로마법에서 온 관념이라지만, 또 유태 사상도 된다. 부자, 부부, 국가와 국민, 어느 것이나 권리주의 관계에 있다고 하는데, 이 사상도 영미로부터 우리들에게 침입한 것이다. 동양 정신에는 권리의 주장이라는 것이 없다. 군신, 부자, 부부, 형제 어느 것이든 정과 의에 의해서 맺어지는 것이지, 권리 의무 등의 교환조건적·취인적 관계는 아니다. 오직 봉사가 있을 뿐이고, 봉공이 있을 뿐이다. 이 권리사상으로부터 그릇된 개인주의가 일어나는 것이다.

## 4. 행복주의

최대다수의 행복이라는 것이 영미인의 국가 이상이요, 사회 이상이다. 여기에는 두 개의 오류가 있다. 하나는 행복을 각 개인의 물질적·관능적 만족에 두는 것이요, 하나는 다수로서 소수를 다스린다

는 정치관에 있다. 일본 정신 내지 동양 사상은 그렇지 않다. 동양에
선 인생의 목적은 의로운 일을 하는 데 있는 것이고 인민을 다스리
는 것은 나라님 한 분이 계시어, 각인으로 하여금, 그 설 바를 얻게
하는 데 있다.

## 5. 자유평등주의 소위 데모크라시

자유는 앵글로 인의 가장 즐기는 표어인데, 이것은 인류의 제멋대로
사는 약점에 대한 자기변호에 지나지 않는다. 일본인에게는 영국인
과 미국인이 말하는 자유는 없을 것이다. 오직 황제의 큰 어지심에
감사하며 사는 도가 있을 뿐이고, 이 생활을 방해하는 자 없는 것을
자유라 할 것이다. 평등에 이르러서는 더군다나 그러하다. 군신, 부
자, 부부, 형제는 결코 평등이 아니다. 인간사회는 계급적·주종적
관계를 기초로 해서 성립되어 있다고 할 수 있다.

『삼천리』 제14권 제1호, 1942년 1월 1일자,
「동양의 침략자 영·미 타도의 대사자후」 중에서, 이광수

\*\*\*

일제가 중국의 대부분을 점령하고 미국 하와이를 공습해 태평양전쟁까지
일으켜 승승장구하던 1942년도에 열린 대중강연회의 녹취록입니다. 이날,
여기 인용한 이광수 외에도 당대의 저명 인사이던 주요섭, 여운홍, 김동환
등이 줄줄이 대일본제국을 찬양하고 전쟁의 승리를 축원합니다.

　여러 연설 중에 특별히 이광수를 뽑아본 것은 그의 발언을 주의 깊게 볼
필요가 있기 때문입니다. 그는 개인주의, 자유주의, 민주주의를 맹공하고

집단주의, 봉건적 충효사상을 찬양합니다. 제2차 세계대전을 일으킨 독일의 히틀러와 이탈리아의 무솔리니, 일본의 군국주의 사상을 요약한 파시즘 사상의 압축이라고 할 수 있습니다. 훗날 남한의 박정희가 내세운 유신 사상과도 너무나 흡사합니다.

그런데 더욱 놀라운 것은 이광수가 주장하는바, 개인주의를 배격하고 집단주의를 가지라는 것, 다수결에 의한 의회주의를 거부하는 것, 자유로운 상업활동을 비난하는 것, 개인의 권리를 부정하고 봉사와 희생만을 강요하는 것, 민주주의 질서를 거부하고 오직 하나의 지도자의 지도에 따르라는 것, 인간 사이의 평등을 거부하고 계급적 주종관계를 강조하는 것 등은 자본주의가 아니라 바로 소련식 사회주의를 지배하는 사상이라는 사실입니다. 나아가 오늘날 북한을 이끄는 주체사상의 원리와도 매우 흡사하다는 사실입니다.

극우와 극좌는 상통한다는 말이 있습니다. 스탈린과 김일성의 사상은 자본주의 파시스트들과 너무나 흡사합니다. 철저한 반공주의자였던 히틀러, 무솔리니, 박정희가 하나같이 스탈린식 공산주의 조직을 통해 정치에 입문한 자들이란 것은 결코 우연이 아닙니다.

개인의 자유와 평등, 기본적인 민주주의 원칙을 거부하고 집단주의와 개인 우상화를 내세운 그들 독재자들은 자신의 생각만이 옳고 이에 반대하는 모든 사람들을 계급의 적이니, 제국주의의 첩자니, 혁명의 배신자로 몰아 처형하거나 숙청합니다. 역사는 이들 독재자들이야말로 사회주의의 적이요 혁명의 배신자임을 입증하고 있습니다.

## 제4장

일제 침략 40년 만인 1945년 마침내 조선은 해방을 맞게 됩니다. 일제 말기 엄혹한 전시체제 아래 조선말 한 마디 못하고 배를 곯아가며 숨 죽여 살아가던 조선인들은 몇 날 며칠을 밤을 새워 만세를 부르고 봉화를 올리며 환호합니다.

자유를 찾은 조선인들은 제각기 정치권력을 선점하기 위해 앞다투어 나섭니다. 일제시대 정당이라고는 조선공산당이 유일했는데 해방이 되자마자 40개의 정당이 난립합니다. 신간회 등 몇 개 되지 않던 전국적 사회단체도 무려 200개나 만들어져 너도나도 자기가 항일애국자였다고 떠들어댑니다.

하지만 조선의 운명은 순탄치 않습니다. 해방과 동시에 남과 북으로 분단되어 미국과 소련이 강점해버린 가운데, 남한에서는 사회주의 세력이, 북한에서는 자유주의 세력이 발붙일 곳을 잃어갑니다.

북한에는 스탈린주의가 들어와 서른세 살의 김일성이 제왕 행세를 하며 강제로 사회주의를 이식시키게 됩니다. 남한에는 과거의 친일매국노들이 새로운 지배자 미국과 결탁해 돈과 권력을 유지하여 민중들을 분노케 합니다.

기형적 사회주의와 반동적 자본주의 아래 진정으로 조국의 독립과 민중의 행복을 위해 몸 바쳐 싸워온 애국자들은 남북 어디에도 적응하지 못하고 몰락하게 됩니다. 수많은 사회주의자들은 물론이요, 김구 등 투쟁적인 민족주의자들까지도 양대 불의의 세력에 밀려 죽음을 맞게 됩니다.

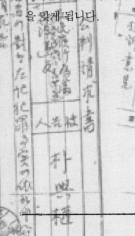

# 해방되던 날의 풍경

일본의 대미항쟁은 그 패전 최종 단계에 이르렀고 8월 8일 소련의 대일 선전포고. 소련군 극동국경에서 총격전. 8월 11일 총독부 경무국의 비밀정보는 소련군의 나진 돌파를 전해온다. 8월 15일 일본은 항복하고 조선의 독립은 약속되었다.

라디오를 통하여 3,000만 동포는 이날 이것을 알았다. 그러나 그 순간 모두 정말 이것이 무엇인지 좋다고 소리쳐도 괜찮은 것인지 모르는 것 같았다. 여운형 씨를 중심으로 종로에서 사람들이 모이기 시작했다는 소문이 들려온다. 거리는 아직 평온하다.

정치범을 석방하던 16일 날 아침 여섯시 반에 예정 시간보다 두서너 시간 앞서 나는 서대문형무소 앞으로 갔다. 그때 거기에는 다만 부인네들이 스무 명 남짓 서서 형무소 문 쪽을 바라보고 서 있었다. 오늘 경희도 여기서 나오고 현도 석방되고 또 많은 동무들을 만날 수 있다. 오늘은 형무소 문이 열린다는 역사적인 날이다.

나는 지금까지 분격한 우리 민중들의 손으로 저 형무소 담이 무너져 넘어지고 총소리가 나고 처절히 불타오르는 화염 속에서 열광

된 우리 민중들의 외치는 소리가 들릴 때 그때 비로소 우리 새 조선
의 새벽이 오고 동무들은 저 형무소에서 살아 나오리라고 이렇게
생각하고 희망하고 있었다. 혁명은 파옥에서―이것은 우리의 상식
이었다.

그러나 저 산 밑에서부터 넓은 지역을 벌겋게 둘러싸 막고 있는
형무소의 높은 담은 돌 한 개 헐어지지 않고 어디 분격한 민중이란
하나도 볼 수 없다. 독립문 곁에는 경방단이라는 사람들이 모여서
아직도 일본말로 호명을 부르고 정렬하고 있고 길가 가게 앞에서는
모두 뒷짐들을 지고 서서 한담들을 하고 있다.

예정 시간이라던 아홉 시가 지나고 열 시가 가까워져 갈 때 전차
내리는 데서 형무소 문 쪽으로 오르는 그 길엔 이럭저럭 모여든 사
람들이 구경꾼을 섞어 가득 찼다. 혁명 동지들을 맞이하러 오는 여
운형 씨, 최용달 씨에게 군중들은 산발적이나마 박수를 보냈다. 차
차 석방되어 나오는 듯한 사람들이 보이기 시작했다. 사람들은 자꾸
형무소 문 쪽으로 몰려 올라갔다. 벌써 형무소 문은 출입이 자유롭

다. 나오는 동무들을 맞아 악수하고 껴안고 하는 장면이 하나둘 보이고 군중들은 먼지만 내면서 몰려든다.

그날 혁명가대회에서 와서 석방되는 동무들의 편의를 보고 있었고 눈에 뜨이는 것은 다만 조선비행기회사 접수위원회에서 보내온 자동차 한 대, '혁명동지 환영'이라고 쓴 혁명가대회의 깃발 한 폭, '권오직 동무, 김대봉 동무 환영'이라고 써서 어떤 부인이 들고 있는 조그만 초롱 한 개—이리하여 이날 해방 조선의 첫 페이지는 열렸다.

열한 시, 열두 시, 오후 한 시, 한 시 반, 이제 사람들은 거리로 쏟아져 나오기 시작했다. 거리에서 거리로 자동차가 전차가 또 트럭이 사람들을 넘치도록 싣고 달리고 또 달리고 만세를 부르고 외치고 뒤끓는 군중이 또 깃발이 저 종로로 남대문으로 차서 밀렸다.

사람들은 아래층에서 위층으로 뛰어오르고 뛰어내리고 수많은 문이 열렸다 닫히고 또 책상은 갖다 밀어붙이고 의자가 부서지고 뒤바뀌고 했다. 건너편 빌딩에서는 연합국 국기를 내어걸고 '조선민족해방만세', '조선독립만세' 하고 써내어 붙였다. 학생들이 청년들이 또 일꾼들이 조그마한 어린애들까지도 깃발을 흔들고 입을 크게 벌려 외치고 두 팔을 높게 들어 만세를 불렀다.

하루, 이틀 건설의 사업이 이곳저곳에서 시작되어 갔다. 새 세상의 공기를 호흡하려고 모두들 희망을 갖고 욕망을 가졌다. 저 들에 누르러 가는 벼를 바라보고 농부들은 이번 추수 때의 기쁨을 미리 즐기고 노동자들은 그 절실한 요구를 내걸고 공장으로들 모여들었다. 수많은 정치단체가 생겨나서 그 강령을 세우고 주장하고 방방곡곡에서 치안과 자치의 맹렬한 활동이 일어나고 문화단체들은 새 문화건설에의 첫걸음을 내딛고 학생들은 학원의 자유를 부르짖으면서 결속되어 갔다.

우리 조선은 이렇게 건설되어 가나보다. 정치적 관심은 높아져가고 민중의 소리가 이곳저곳에서 들려온다. 우리가 이날 이때를 맞이할 적에는 우리들이 가지고 나선 것은 다만 이날까지 꾸준히 자기의 민족과 자기의 계급을 위하여 피투성이가 되어 양심적 투쟁을 해온 그 자취밖에 없었다. 조직된 힘을 만들지 못했다.

그러나 이것은 현대적 기술로서 조직되고 현대적 병기로서 무장한 권력 밑에 눌리어 있던 그 계급 그 민족의 공통된 비애가 아닐까? 우리는 우리 민족의 힘에 절망할 리 없다. 어쨌든 지금 우리의 살길을 찾는 민중들은 한 가지의 초점으로 모이려 하고 그것이 주동력이 되어 우리 사회는 움직여 가려고 하고 있지 않은가?

『신천지』, 1946년 3월호, 「혁명의 길」, 전후

＊ ＊ ＊

해방이 되던 날과 그 이튿날 서울의 풍경을 생생히 묘사하는 글입니다. 새 조국 건설에 대한 희망으로 가득합니다.

하지만 해방 다음 날 독립운동가들의 석방을 맞이하기 위해 서대문형무소에 찾아갔던 대표적인 인사인 여운형은 얼마 후 남쪽에서 암살당합니다. 이날 함께 간 또 다른 거물이던 최용달은 북쪽에 올라가 북한의 헌법까지 만드는 역할을 하지만 한국전쟁 때 미국의 간첩이라는 죄명으로 처형되고 맙니다. 이날 감옥에서 석방된 유명한 공산주의자 권오직의 경우는 남한에서 미군정에 의해 위조지폐를 만들었다는 누명을 쓰고 월북했으나 역시 북에서도 박헌영파라 하여 숙청당하고 맙니다.

희망찬 해방조국에 대한 기대도 이 글이 쓰인 지 불과 반년도 지나지 않아 산산이 깨집니다. 처음 조선 땅에 들어왔을 때만 해도 충분한 준비가 되어 있지 않던 미국은 이 글이 쓰일 무렵 국무성을 중심으로 조선에 대한 반공정책과 신식민지정책을 수립하여 조선공산당을 비롯한 민중주의 세력에 대해 집중적인 탄압을 시작합니다. 이에 맞선 좌익은 이해 10월 대구에서 일어난 폭동을 기점으로 전면적인 대미항쟁에 들어가 해방된 조국은 수습할 수 없는 혼란으로 빠져들고 맙니다.

이 글에 나오듯이 우리 손으로 이루지 못한 해방은 이후 조선인의 운명 역시 미국과 소련이라는 두 강대국의 뜻에 따라 시련을 겪게 만드는 주요인으로 작용합니다.

# 백마 탄 여장군 조선으로 돌아오다

크지 않은 키 검은 얼굴, 여무지고 끝을 매섭게 맺는 말씨 항시 무엇을 주시하는 눈매 온몸이 혁명에 젖었고 혁명 그것인 듯이 대담해 보였다.

"투쟁하신 이야기를 좀 들을까요?" 하고 물으니

"열아홉 살 때부터 오늘까지 21년간의 나의 투쟁이란 나 혼자로선 눈물겨운 적도 있습니다마는 결국 돌아보면 아무 얻은 것 하나 없이 빈약하기 짝이 없는 기억뿐입니다."

이런 겸사의 말을 잊어버리지 않았다. 아니, 아직도 민주과업이 착란하고 막연한 채로 남아 있는 오늘의 남조선을 통분히 여겨 마지 않는 여사로서는 앞만을 바라보는 타는 듯한 정열이 오히려 지난 일을 이렇게 과소평가하게 되는지도 모른다.

"1925년에 공산대학엘 들어갔습니다. 그리고 27년도에 파견되어 상해로 와보니 장개석 씨의 쿠데타가 벌어져서 거리마다 공산주의자의 시체가 누웠더군요. 거기서 대만, 중국, 일본, 필리핀, 몽고, 베트남, 인도 등 각국 사람들이 모여서 동방피압박민족 반제자동맹

_김명시.

을 조직하고 또 그 이면에서는 중공한인 특별지부 일도 보게 되었습니다.

1928년도에 무정 장군을 강서로 떠나 보내고 그다음 해 홍남표 씨와 만주에 들어가서 반일제동맹을 조직했습니다. 그때 마침 동만주에서 폭동이 일어나서 우리는 하얼빈 일본영사관을 치러 갔습니다. 그 다음 걸어서 흑룡강을 넘어 하얼빈을 거쳐 천진 상해로 가던 때의 고생이란 생각하면 지긋지긋합니다.

상해에 가니까 김단야, 박헌영 제씨가 와 계시더군요. 그다음 나는 인천으로 와서 동무들과 『콤뮤니스트』, 『태평양노조』 등 비밀기관지를 발행하다가 메이데이 날 동지들이 체포당하는 판에 도보로 신의주까지 도망을 갔었는데 동지 중에 배신자가 생겨서 체포되어 7년 징역을 살았습니다. 스물다섯 살에서 서른두 살까지 나의 젊음이란 완전히 옥중에서 보낸 셈이죠."

그다음 연안 독립동맹에 들어가서 천진·북경 등 적 지역에서 싸우던 눈물겨운 이야기, 그중에도 임신 중에 체포되어 매를 맞아서 유산하던 이야기, 밤에 수심도 넓이도 모르는 강물을 허덕이며 건너가던 이야기 등은 소설이기엔 너무도 심각하다. 싸움이란 혁명에 앞장서 싸우는 것이란 진실로 저렇게 비참하고도 신명나는 일이라고 고개를 숙이며 일어나 나왔다.

『독립신보』 1946년 11월 21일, 「21년간의 투쟁생활, 태중에도 감옥살이」

*　*　*

해방되던 해 1945년 12월 하순, 종로에서는 조선의용군 총사령관 무정 장군과 그의 부관 김명시 장군에 대한 대대적인 환영행사가 벌어집니다. 20년 가까이 중국 땅에서 일본군과 무장투쟁을 벌였던 두 명장을 환영하는 대회였습니다.

늘씬한 중국말을 탄 무정과 김명시가 보무당당하게 행진하는 연도에는 수만 명의 서울 시민들이 모여 박수와 환호성을 보냈습니다. 특히 김명시는 여성으로는 유일하게 장군의 칭호를 들은 용맹한 투사로, 중국 땅에서는 백마를 타고 전선을 누빈다 하여 백마 탄 여장군으로 불렸던 인물입니다.

경남 마산 출신인 김명시는 배화여고를 중퇴한 어린 나이부터 여운형, 박헌영, 조봉암 등 조선의 공산주의 지도자들의 굳은 신뢰를 받아 모스크바 유학을 다녀온 이후 20여 년간 사회주의 항일운동의 최일선에서 활약한 여장부였습니다. 특히 중일전쟁이 터진 후부터 중국에서 조선의용대에 가담해 용감무쌍하게 무장투쟁을 벌입니다.

해방된 조국의 민중들은 이들을 대대적으로 환영합니다. 당시 신문지상에는 수차례나 김명시에 대한 찬양 기사가 실리고 그녀는 중요한 군중대회 때마다 열렬한 환영을 받으며 연설을 합니다.

그러나 남북분단의 비극은 머지않아 이들을 일제시대보다 더 가혹한 운명 속으로 몰아넣게 됩니다.

# 학도병 살해사건

이번 일이 발생했을 때 나는 서울에 있었다. 시골집에 있다가 22일 밤차로 상경했는데 기차 속에서 알았다.

곡간차*를 타고 왔다. 물론 곡간차 속에는 전등이 없는지라 누가 준비했는지 촛불을 한구석에 켜 놓았다. 아마 평택 근처를 왔을 때인 듯싶다. 별안간 촛불이 꺼져서 곡간차 속이 캄캄하여졌다. 피곤한 승객들은 불안하고 불쾌하였다. 그러자 '아아! 학병들!' 하는 탄식하는 소리가 나고 한 청년이 캄캄한 속에서 일어나는 것 같더니 캄캄한 속에서 외쳤다.

"여러분! 우리 동포 여러분! 서울서 학병 세 사람이 참살되었습니다!"

차는 한밤의 벌판을 달려가는데 차내는 순간 죽은 듯 고요하였다. 물을 끼얹은 듯? 물을 끼얹으면 물이 의복을 적시고 살에 스며드는 것처럼 나는 살기등등한 긴박한 느낌을 받으면서 아연하였다.

* 쌀을 싣는 화물차.

"왜?"

나뿐 아니라 승객들 모두 알 수 없었으리라. 누가 다시 촛불을 켰다. 촛불은 희미하다. 보아하니 좁은 곡간차 안에 백여 명의 승객이 쭈그리고 서고 쌀자루 위에 앉고 했는데 모두 눈알들이 말똥말똥하였다. 일어선 청년은 한 26～27세 되어 보이는 혈기왕성하고 기골이 장대한 젊은이였다. 그는 정치연설을 시작했다.

"지금 우리나라는 인민의 손, 인민의 마음으로 건국하려는 것과 몇몇 정치가들이 우리에게 먼저 군림해 있는 어떤 기성세력을 배경으로 하여 나라를 반민주주의적으로 끌고 나가는 두 대가 있습니다. 그 몇몇 정치가들은 자기네 세력을 크게 하기 위해서 8·15 이전의 민족 범죄자까지를 포용하여 완전한 정치브로커로 전락하고 있습니다.

그들은 인민보다도 정권을 더 사랑하고 말로만 통일전선을 떠들지 기실 정권 획득의 음모만 계속하고 있습니다. 지금 반탁운동으로 소연한데 누가 탁치를 좋아하고 완전독립을 싫어하는 사람이 삼천만 속에 한 사람도 없을 것입니다. 이것을 실질적으로 해결하려는 노력은 없이 앞으로만 반탁반탁 하는 것은 누구나 할 수 있는 가장 쉬운 일이고 나는 조선인이다 하고 고하니 주장하는 것처럼 넌센스올시다. 그렇기 때문에 보십시오. 8·15 전의 민족범죄자들도 반탁반탁 겉으로만 떠들고 모리배와 장사꾼들이 나서고 있지 않습니까? 쉽고 노력 안 드는 구호이기 때문입니다.

그러면 이 어떠한 신뢰할 만한 지도자가 이 쉽고 힘 안 드는 반탁 구호를 안 외친다고 해서 그를 나무라겠습니까? 그들은 정당한 국제적 해석 밑에서 이것을 실질적으로 전취하고 완전 해결하라는 것입니다. 정말 반탁의 길은 여기에 있습니다. 그런 까닭에 혼탁하고 소란한 가운데서 그들은 모든 공격을 물리치고 옳은 노선을 걷고 있습니다.

이 어려운 노력을 의식적으로 왜곡하고 반탁구호를 자파의 정권 취득의 구호로 이용하려는 분자들은 모든 것에 실패하고 최후의 발작으로 지금 파쇼화의 막다른 골목으로 가고 있습니다. 이러한 도정에서 그만 이번 학도병의 희생이 생겼습니다. 진보적 민주주의 국가 건설을 위하여 혈전하던 학병들의 가엾고 거룩한 희생입니다.

여러분 이것을 잘 이해해 두십쇼. 지금 서울에는 큰불이 나고 있습니다. 이 나라의 불을 끌 사람은 누구냐? 우리 청년들이올시다. 저는 아무것도 모르는 농민의 아들이요 노동자입니다만 이 불을 끄는 데 합력하기 위해서 지금 이렇게 서울을 향해 가고 있습니다."

청년의 연설은 대략 이러한 의미의 것이었다. 나는 조선에도 이같은 씩씩하고 현명한 청년이 있는가 하고 감탄함을 마지않았다. 세 학병의 죽음은 건국기의 꽃다운 희생인데 건국기라고 해서 이러한 청년 이러한 영웅도 출현하나보다 생각하였다.

청년은 차내가 떨어져 나가는 듯한 박수와 '옳소!' '옳소!' 하는 환호 속에서 말을 마치더니 이윽고 차가 정차를 하니까 초와 성냥을 얻어가지고 이웃 곡간차로 옮아갔다. 끝에서부터 차례차례 차 칸마다 선전선동을 하는 모양이었다. 야간열차의 칸칸에서 일시에 넓고 어두운 암야로 향해서 '여러분! 동포 여러분! 서울서 학병 세 사람이 참살되었습니다!'라는 소리가 들리는 듯했다.

서울로 와서 이야기도 듣고 신문을 보니 학병동맹과 경관대와의 충돌이었다. 경관도 우리 동포요 또 우리와 같은 인민이기도 하다. 야속한 야속한 불상사이다. 또 학병 외 다른 학생들의 희생도 전해지는데 사실이라면 모두 모두 불상사다. 안국정육거리를 지나며 보니 서울시 인민위원회의 간판과 유리창이 낭자하게 파괴되어 행인의 마음을 애석하게 하고 있다.

테러 절대배격! 너무나 너무나 아깝게 흩어진 고 박진동, 김성익, 이규 세 학명이여 부활하라. 그대들의 뜻은 인민의 나라와 함께 살것이니. 1946. 1. 27.

『학병』 1946년 2월호, 안회남

* * *

일제 말기 수많은 조선인 학생들이 강제로 일본군에 끌려갑니다. 그중 일부는 전쟁을 거부하고 탈출하거나 영내에서 소극적으로나마 저항하다가 해방을 맞아 조선에 돌아온 후 새나라 군대의 기초가 되기 위해 조선학병동맹이라는 군사조직을 만듭니다. 그러나 미군정 경찰은 이들이 좌익에 동조하고 있다고 보고 이를 해산시키기 위해 기회를 엿보고 있었습니다. 이때 마침 신탁통치 사태가 벌어집니다.

해방 후 조선을 남북으로 분단해 점령한 미국과 소련은 우선 남북을 다시 합쳐 임시정부를 세우되 향후 수년간 미·영·소 등 강대국들이 이를 감시하는 신탁통치에 합의합니다. 당장 남북의 분단을 해소해 통일을 이룰 수 있는, 당시로서는 최선의 통일방 안이었습니다. 조선공산당을 중심으로 한 좌익은 이 합의에 따르자고 주장합니다.

그러나 막 독립한 조선인들의 감정으로는 또다시 외세에 지배를 받는 것을 용납할 수 없었고 격렬한 반탁운동이 일어납니다. 그러자 이때까지 숨죽이고 있던 친일파와 우익들이 일시에 일어나 반탁·반공의 기치를 치켜듭니다. 그들은 1월 18일 대규모 반대집회를 갖고 서울시인민위원회, 인민당 등 좌익단체들을 공격해 무차별 테러를 벌입니다.

이때 학병동맹 사무실에서는 다수 학병들이 이틀 후 열리는 전국학병대회를 준비하기 위한 토론회가 열려 자정까지 열렬한 토론을 진행하고 건빵을 나눠 먹은 후 잠자리에 들었는데 새벽 3시경 도경찰국장 장택상이 지휘하는 무장경관들이 이들을 기습해 격전이 벌어지게 됩니다. 이 공격으로 3명의 학병이 사망하고 여러 명이 중상을 입습니다. 반탁 세력과의 무력격돌을 막는다는 명목으로 좌익 색채가 강한 학병동맹을 무력화시킨 것입니다.

이는 미 국무성의 남한 내 좌익 척결을 위한 프로그램이 가동되면서 벌어진 첫 사건이라고 할 수 있습니다. 이 사건으로 죽은 세 학병은 각각 경성법대, 동경의 경응대학, 혜화전문을 나온 당대의 지식인들이었습니다. 이들뿐 아니라 이후 수년간 혼란기에 죽은 이들의 대다수는 사회주의 혹은 민족주의 의식을 가진 지식인들이었습니다. 한국전쟁 후 남한의 학문과 문예계가 암흑시대를 맞을 수밖에 없었습니다.

이 글의 필자는 소설가 안회남으로 잡지 『개벽』 기자 출신입니다. 해방 후 조선문학가동맹에 가담했다가 경찰의 수배에 쫓겨 북으로 넘어간 그는 1953년 남한 출신들이 대거 숙청될 때 함께 곤욕을 치렀으나 살아남습니다. 그러나 김일성의 주체사상 노선이 확립되기 직전인 1966년 사상검토회에서 비판받고 숙청된 것으로 알려졌습니다.

# 원수의 봄!

만물이 약동하는 봄은 왔다. 환희와 희망으로 맞이할 봄도 배를 졸라매게 되는 우리에게는 원수의 긴긴 봄날이다. 천불생무록지인天不生無祿之人\*이라더니 그 역시 헛된 옛말이라. 굶어죽는 동포가 곳곳에 생기는 것은 어인 일이며 쌀쌀쌀의 소동은 무슨 까닭인가. 특권의 혜택이나 천직의 배려가 없는 한 너나할 것도 없이 체험하고 있는 현실이다.

자루와 양재기를 끼고 시청 앞으로 날마다 몰리는 부녀의 행렬, 해방된 이 땅에서 이 어인 비통한 풍경이냐? 굶주림에 우는 가엾은 자녀를 떼어 놓고 혹은 업은 애꿎은 어머니, 아침 대접도 못한 채 직장으로 남편을 보낸 안타까운 아내, 병석에 누운 시부모를 어떻게 할까 걱정하는 며느리. 이들은 행여나 하는 한 점의 희망을 안고 쌀을 타러 나온다.

부인에 대한 예의, 이것은 문명인의 자랑이다. '레이디 퍼스트'는

---

\* 사람은 누구나 태어나면서 저 먹을 것을 가지고 태어남을 이르는 말.

남자의 아첨도 비굴도 아니다. 문명인이 당연히 지켜야 할 예의에 불과한 것이다. 부인에게 대하여서는 그 외투도 벗겨주고 구두도 신겨주는 것이 서양에서는 어디서나 볼 수 있는 광경이며 누구나 행하고 있는 것이다. '페미니스트'만이 그러한 것이 아니라 숙녀에 대한 신사의 당연한 예의로서 통하고 있다.

그러므로 여자에게 손을 댄다는 것은 미개인의 악습으로 되었다. 여자를 나체로 고문대에 올려놓는 것은 잔학한 일본제국주의만이 행할 수 있으며 행하던 노릇이다.

문명국의 민주주의 십자군이 쌀 달라는 부녀자에게 총부리를 겨눈다던가, 굶주린 부인네를 잡아 가둔다던가 하는 일은 그들로서는 꿈에도 생각하지 못하였을 것이려니와 봉건유습에 젖은 우리로서도 상상조차 못하던 일이다. 일본제국주의자들만이 생각해 낼 수 있는 것이다.

일본제국주의의 낙풍이라고 하니 왜놈들은 퇴진하면서 그 뿌리 깊게 남기고 간 잔재 해독의 성장을 축복하였으리라! 해방된 이 강산 모두 원하니 왜색이로다. 그 지긋지긋한 치안유지법 그것이 철폐된 오늘날에도 이미 내린 판결은 집행할 수 있다고 주장하는 법관이 아직도 남아 있다고 하니 그 법리론적으로 근거가 없다던가 부당하다던가는 고사하고 그러한 것을 생각할 수 있는 머리가 있고 그러한 말을 할 수 있는 입이 존재한다는 것이 몸서리나는 일이다.

춘궁! 겨울 양식이 끊어지니 오는 춘궁이 아니라 그러한 보통 개념의 춘궁에 우리가 당면하고 있는 것은 물론 아니다. 벼슬 꽤나 하고 '할로!'나 몇 마디 할 줄 아는 사람에게는 이 춘궁도 강 건너 불구경일 것이다. 일본제국주의의 연장에서 오는 춘궁이며 그 유산으로 남은 자들이 만들어내는 기아이다. 원수의 봄!

르현대일보』, 1946년 4월 4일, 이강국


\* \* \*

해방은 되었으나 봄은 오지 않습니다. 새로운 지배자인 미국의 신식민지가 되었을 뿐입니다. 해방은 되었으나 변한 것은 아무것도 없이, 친일매국노들에게 다시 장악된 남한의 현실을 개탄하는 글입니다.

글을 쓴 이강국은 일제하 대표적인 사회주의 이론가이자 운동가의 한 사람으로, 정치적 수완도 뛰어나 해방 후 결성된 조선공산당의 핵심으로 활동합니다.

이강국은 짧은 지면 제약 때문에 다 표현하지 못하고 있는데, 이 시기 남한 경찰들은 좌익용의자를 체포하면 일제 경찰보다도 더 잔혹한 고문을 가합니다. 일제 때는 일본인 밑에서 시키는 대로 한 것에 불과했으나 해방 후에는 공산주의자를 포함한 애국자들을 없애지 않으면 자기들이 죽어야 한다는 절박감으로 더욱 잔인하고 혹독하게 탄압한 것입니다.

심지어는 여성들의 경우 체포되면 완전히 나체로 만들어 매달아 놓고 모욕을 주며 고문을 했을 뿐 아니라 성고문을 가했다는 증언도 여럿 있습니다. 이 과정에서 강간을 하는 일도 물론 적지 않았다고 합니다.

이 더러운 자들의 세상에 저항해 무기를 들게 되는 것은 당시로서는 필연이라고 할 수밖에 없습니다. 남한은 해방 후 1년 만에 거대한 혼란의 소용돌이에 빠져듭니다.

# 사쿠라

요즘 창경원 앞은 사쿠라 팬들로 길이 막힌다. 무슨 꽃이든 누가 무엇 때문에 심었던 간에 식물인 이상 봄을 만나 피는 것이오, 어디 사람이든 도시인일 바엔 자연을 그리는 것은 피차 상식일 것이다. 그러나 그 꽃이 일본의 국화인 사쿠라일진대, 그래서 총독시대에 정책적으로 심어진 황토화의 자연일진대 조선 사람인 우리 눈에는 아직 무심할 수 없는 것도 역시 인지상정일 것이다.

그릇이 없어 일본 공기에 밥을 담는 것이나 옷감이 없어 하오리를 뜯어 살을 가리는 것 같으면 워낙 절실한 것이니 어쩔 수 없거니와 우리가 사쿠라를 못 보는 것쯤으로 보아 '춘래불사춘' 春來不似春*까지는 느끼지 않을 것이오, 설혹 사쿠라 없이는 봄의 흥취를 못 느낀다 치면 그야말로 그 사람의 피나 신경은 너무나 심한 일본 중독자일 것이다.

우리 산천에서는 사쿠라란 사쿠라는 한 그루도 남김없이 한 뿌리

---

* 봄이 와도 봄 같지 않다는 뜻.

_일제시대 창경원에서의 벚꽃 나들이. 일제는 조선의 민족정신을 말살하기 위해 창경궁에 동물원을 만들고 벚나무를 심었으며 이름도 창경원으로 바꿨다.

아낌없이 모조리 베어버리고 싶은 것은 내 속이 너무 좁은 때문일까? '아사히지리가미'* 같은 꽃 자체도 속물이거니와 전통 있고 우아한 조선의 향토색이 속물로 인해 얼마나 유린되고 속화되었으며 명승고적마다 신사와 사쿠라 때문에 우리는 산책 한 군데 마음 편히 해본 적이 있었는가?

만월대도 사쿠라요, 부벽루, 불국사, 부소산에도 사쿠라요, 얼마나 진절머리 넌덜머리나던 사쿠라인가?

미일전쟁이 터지자 미국에서는 수천만 불을 들인 일본문화관을 아낌없이 부숴버렸고 일본 정부의 기증으로 워싱턴 공원에 심어졌던 워싱턴 명물의 하나인 사쿠라도 미국인들은 당장에 한 그루 남김없이 베어버렸다는 것이다.

* 아침에 버리는 휴지.

오늘 조선은 의연히 사쿠라를 위에 두고 사쿠라에 등을 밝히고 사쿠라에 목청을 돋움은 무엇 때문인가? 미국 국민보다 잘나서거나 못나서거나 그 두 가지 중에 하나임은 틀림없을 것이다.

일전에 『동경조일』 신문에 '조선은 독립 못 한다'는 사설이 났다고 한다. 첫째 이유로 조선인은 애국심 즉 일본에 대한 적개심이 없기 때문이다. 그 증거로는 조선 사람들이 저희도 못 먹는 쌀을 일본에 가져오고 일본 '미깡'*을 가져가는 꼴을 보라고 했다 한다. 그 사설을 쓴 자의 붓이 만일 오늘 창경원의 야간축제 광경을 본다면 얼마나 좋아서 또 한 번 글을 춤출 것인가?

『현대일보』, 1946년 4월 24일, 이태준

* * *

일제시대 대표적인 소설가인 이태준은 주로 서민들의 삶을 그린 소설을 씁니다. 그중에는 망해가는 농촌마을에 일제가 강제로 벚나무를 심게 하는 내용이 담긴 작품도 있습니다. 이태준으로서는 일제의 상징인 벚꽃이 조선의 고궁을 뒤덮은 것에 분노할 수밖에 없었을 것입니다. 또한 해방 후에도 무심히 벚꽃놀이를 즐기는 조선인들을 바라보며 개탄하지 않을 수 없었을 것입니다.

이 글의 소재가 된 벚꽃은 단순한 꽃이 아니라 일제의 잔재, 친일파를 의미합니다. 해방 후에도 여전히 돈과 권력을 쥐고 새로운 지배자인 미국에

---

* みかん, 귤의 일본어 표현.

아첨하는 친일매국노들을 상징하는 것입니다.

　이태준은 일제강점기하에서 카프와 같은 좌익계열의 문학단체에 들어가본 적도 없는 사람이지만 해방 후 남한의 이러한 부조리에 분개하여 끝내 월북하고 맙니다.

　그러나 북한에 가서도 김일성 우상화를 위한 작품활동을 거부하여 집필활동을 금지당한 채 지방의 외진 농장에서 노동을 하다 1960년대에 사망합니다.

# 내가 본 '테러' 이야기

작년 첫 여름 구 현대일보가 테러를 당하였을 때 이야기다. 그때 테러는 현대일보라기보다 주필인 박치우 씨에게 테러를 가한 셈이 되고 말았는데 그날 마침 필자는 문학가동맹(그때 문학가동맹과 현대일보는 같은 장소에 있었다)에 볼일이 있어 잠깐 들렀다가 처음부터 끝까지 그 테러 소동을 남김없이 구경할 기회를 얻었던 것이다. 그것도 그럴 수밖에 테러단은 들어가는 계단과 입구를 지키고 그 방 안에 있는 사람은 한 사람도 내보내지 않았으니 중도에 도망하려도 도망할 수 없는 판이었다.

테러단의 테러 구실은 『현대일보』에 실린 '지방색을 타파하자' 하는 모 씨의 글 가운데 모 청년단체를 지목해서 지방파벌주의라고 공격한 것이 동기가 된 모양이었다.

아침 11시경에 우선 ○○학생단체가 찾아와서 박 씨를 붙잡고 한동안 언쟁을 하다가 박 씨가 '그 글의 근본정신이 결코 어느 단체를 지목해서 치자는 데 있는 것이 아니다. 통일 조선을 위해서 과거 봉건적 유제인 지방파벌주의를 버리자는 데 있는 것이니 오해 말라'

고 순순히 타일러도 곧이듣지 않고 사과의 글을 발표하라는 둥 모모 단체에 가서 잘못했다는 뜻을 표하라는 둥 하며 언성을 높이며 만일 불응하면 제2수단을 취하겠노라고 위협까지 하였다.

_박치우.

박 씨는 끝으로 그 글은 자기가 쓴 글도 아닐뿐더러 게재한 책임도 편집국장에게 있으니 지금 당장 답변할 수는 없다고 일축하고 말았다.

그래서 제2수단이 나오게 되어 정식 테러단의 등장을 구경할 판인데 학생들이 밖으로 나가자마자 곧 테러단 수십 명 일행이 나타난 것을 보면 학생들과 테러단이 사전연락을 취해 가지고 한판 꾸민 것은 불문가지의 사실이었다(여기서 학생들이라고 한 것은 물론 일부 반동학생들임을 밝혀 둔다).

대뜸 테러단은 박 씨를 둘러싸고 학생들과 마찬가지로 취소 성명과 사과문을 내라고 가장 점잖게 교섭하는 체하다가 박 씨가 여전히 앞의 말을 되풀이하자 그들은 마침내 폭언을 연발하기 시작하였다. 이 사람 저 사람 번갈아서 욕설과 악담을 퍼붓기 시작하며 그 끝에는 주먹이 나오기 시작한다.

그중에는 그럴듯하게 이를 제지하며 교섭을 계속하자는 신사다운 태도를 보이고자 하는 분자도 있으니 이런 분자는 그래도 자기 자신이 테러주의자로 보이게 될까봐 일말의 수치심은 가진 모양이었다. 그러나 그것은 그들의 한때 스쳐가는 성찰에 불과하고 뒤이어 복받

쳐 오르는 본능적 충동은 도저히 걷잡을 수 없었다.

삿대질을 해가며 불쑥불쑥 욕설을 토하는 꼴이라곤 참으로 이 세상 사람같이 보이지 않았다. 눈을 부릅뜨고 박박 악을 쓰는 폼은 아무래도 무엇을 저지르고 말 것 같다. 나는 차마 여기에 그들이 지껄인 그 가지가지 악담과 욕설을 늘어놓기가 거북하다.

어쩌면 그렇게도 많은 욕설이 우리 조선말에 있었던가 싶은 생각이 가슴에 사무칠 지경이었다. 나중에는 그들 자신도 테러하려던 대상을 잊어버리고 욕설 자체에 신경이 빠져 연신 이 사람 저 사람 주고받고 하며 무려 3시간을 그 짓만 하고 있었다.

그 옆에서 가만히 귀를 기울이고 듣고 있노라니 마치 어느 초상난 집에서 통곡하는 저주의 울음소리 같기도 하였다. 확실히 그렇다. 그들의 본색은 이것에 있었다. 편하게 살아온 그 크고 거대한 집, 배부르게 먹을 수 있던 그 살찐 땅, 따뜻하게 몸에 감을 수 있던 그 비단옷감, 아 모든 것을 잃어버린 통탄이 일시에 이곳에 터져나온 것이다. 그것은 듣기만 하여도 무시무시하던 그 테러라기보다, 호의호식하던 과거를 잃어버린 설움의 하소연이었다. 불량스럽고 왈패였어야 할 이 테러단이 기실은 못나고 지질한 분풀이꾼이었다.

그와 반대로 이들에게 쥐어 맞아 면상에 유혈까지 낭자하게 흘리고 묵묵히 앉아 있는 박 씨가 도리어 힘차고 꿋꿋하기 그지없었다. 저편에는 설움이 있으나 이편에는 결의가 있었다. 저편에는 몸부림이 있으나 이편에는 침착이 있었다. 저쪽에는 잃어버린 지위를 찾으려는 탐욕이 있으나 이편에는 민주주의 개혁을 단행하고야 말겠다는 혁명가의 담력이 있었다.

_1948년 5월 31일 국회 개원식 날 국회의사당 앞에서 소련군 철수 집회를 벌이는 서북청년단 단원들.

　어떻든 이래저래 오후 3시까지 박 씨는 버티고 있었으나 테러 측에서도 마지막으로 그 방 안에 있는 사람들을 모조리 계단으로 굴러 떨어뜨려 타살하겠다고 위협하며 팔을 걷고 나서는 자까지 있었다. 아무래도 일을 당하는 듯하였다. 그때 마침 인민보 K씨가 이도 저도 모르고 절레절레 들어오다가 이 광경을 보고 깜짝 놀라는 것을 얼핏 눈짓을 하였더니 그대로 계단을 도로 나가고 말았다. 나는 그때야 겨우 마음을 놓았다. 얼마 안 되어 경관들이 몰려들 와서 전부 해산시키고 몇 명은 데리고 갔다.

『민주주의』 통권 15호, 1947년 2월, 단경

\* \* \*

해방 직후 좌파들에게 가해진 수많은 테러 중 한 장면을 그린 글입니다. '붉은 농사'라는 뜻의 필명을 쓴 필자가 누구인지는 알 수 없으나 상황을 재미있게 묘사했습니다.

이 글에 나온 대로, 서북청년단 등 이 무렵 테러를 하고 돌아다니는 패거리의 대다수는 북한에서 사회주의 정책에 피해를 보거나 염증을 느껴 내려온 이들이었습니다. 이들은 남한의 대지주, 자본가들로부터 자금을 받아 좌익계에 대한 무차별 테러를 자행하고 다닙니다. 일제 시절에 누리던 지위와 재산을 빼앗긴 데 대한 보복성 테러였습니다.

당시 테러를 주동했던 이들이 오늘날의 민주당과 민주화운동 세력의 원조였다는 사실은 많은 것을 시사해줍니다. 이철승, 유진산 등 민주당 원로들뿐 아니라 계훈제 등 민주화운동의 대선배들이 그들입니다. 오늘날의 민주당이 보여주는 보수적인 행태도 이해가 갑니다.

이날 테러를 당한 장본인인 박치우는 일제하 경성제대 교수 출신으로 민주주의 이론의 대가였으나 남한의 부조리한 현실에 분개해 월북했다가 빨치산으로 남파되어 국군에게 사살되고 맙니다.

# 탐관오리들의 실상

상무부 무역국장 최 씨는 거액의 수뢰혐의로 드디어 수감! 가택을 조사하니 자동차가 네 대, 보석 보따리, 핸드백이 몇 개, 또 무엇무엇 압수물이 자그만치 트럭으로 몇 대라고. 그 위에 매일 밤의 주지육림도 부족해서 여기저기 길러 놓은 축첩이 산재. 최 씨의 생장을 기록하기에 문자가 아까우니 각설하거니와, 도대체 상무부를 관청인 줄도 몰랐고 더구나 공공기관인 줄은 더 몰랐고 상商자가 붙으니 아마 영리상가로 인식했을 것이며 그 자신이 무역하러 갔던 것만은 틀림없는 사실!

무역국장이란 관직을 먼저 무역해서 온갖 보화를 무역했고 일부일처의 인생철칙을 무시하고서 처첩의 독점무역까지 했으니 최 씨의 처사가 혐의가 아니고 사실이 명백할진대 법문 조리로 따질 게 아니라 민족의 이름으로서 또는 건국의 특별시기인 특례로서 죄를 따지는 것이 지당!

하기야 무역국장이란 자리가 벌써 의혹이 많은 관직이오, 외국무역이 터진다 하니 너도나도 현판을 내건 것이 무역회사인데 무역회사로 일확천금을 하자니 대상 물자는 없고 외국 물자에 대한 욕심은 급해서 궁여지책 너도 나도 무역국장 매수책을 구완했던 까닭에 주는 자들이 잇따를 수밖에 없으니 탄식이 나온다. 이로써 따져 무엇이 그를 그렇게 만들었나 하는 정황참작론이 나올 듯도 싶거니와 어찌되었든 모두가 먹고보자는 판이니.

그래도 들어보면 다 민주주의를 논하고 구구절절 애국자들인데는 경탄하지 않을 수 없는데 이것이 애국일진대 민족의 번영, 국가의 독립이 그다지 어렵다 할 것인가? 하지 못할 게라! 관권을 향유해 보지 못하던 자 모처럼 관직 한 자리를 얻으니 권리 행사의 재미부터 먼저 알고 세상이 민주정치라 하니 탐관오리 모리간생비가 국장과 그를 둘러싼 사람 외에 또 몇 사람이 있는고? 그 외에는 정말 한 사람도 없을까? 최 씨 한 사람뿐이라면 천만다행한 일!

『새한민보』, 1947년 10월, 「새한만평」 중에서

* * *

미군정 치하 조선인 관리들의 부정부패가 얼마나 심한가를 잘 보여주는 만평입니다. 중앙관리들은 말할 것도 없고, 지방의 경찰관, 면 직원들까지도 온갖 부정부패를 저지르고 뇌물을 받지 않으면 사무 처리를 제대로 해주지 않는 게 보통이었습니다.

특히 지방 경찰과 관리들은 미군정이 모든 쌀을 강제로 수매해서 배급제 식으로 판매하는 것을 악용해 온갖 부정을 저지릅니다. 그 결과 불과 해방 후 1년밖에 안 된 1946년 10월에 대구를 시발로 전국 각지에서 대규모 폭력봉기가 일어나게 됩니다. 미국과 우익들은 이 봉기들이 공산당의 선동으로 일어났다고 하지만 근본적인 원인은 미군정의 형편없는 정책과 친일파 출신들이 관직에 그대로 유임되어 부정부패를 저지른 데 있음을 부인하기 힘들 것입니다.

# 북한방문기

우리가 개성서 출장소에 도착한 것은 19일 늦은 밤 11시 지나서였다. 『서울타임즈』 K씨 및 『독립신보』 S씨와 동행이 되어 자동차로 서울을 떠날 때 38선의 남북감시초소 사이 진공지대에서 그날 아침 월북하던 모당 대표자 1명이 사살되었다는 뜬소문을 듣고 떠난 일행은 도중 산에 서 있는 나무를 보고도 저게 무엇이냐고 놀라면서 하여간 그 밤으로 월경하기로 했다. 우리는 38선의 최단거리 즉 국도를 출장소원의 안내로 넘으면서 선상의 말뚝 있는 곳에서 출장소 경비원과 악수를 하고 헤어졌다. 남북의 차이는 여기서 벌써 확연하다.

조그만 이북 동네는 외등 없는 거리에 살던 이남인에게 불야성같이 보였다. 이 사이 불과 오백여 미터를 걸어 소련군 감시초에 도착했을 때 두 명의 소련군이 밖으로 나오더니 그중 한 사람이 '평양가?' 하고 노상에 나와 손을 내민다.

우리 3인은 차례로 악수를 하고 그를 따라 조그마한 전주에 외등을 단 초가집 문전에 안내되었다. 이리하여 우리는 3년 내내 '북조선 강제정치'의 앞잡이라고 하여 월남한 사람들의 원성의 초점이 되

_1948년 4월 19일 남북연석회의에 참석하기 위해 북한으로 가던 중 38선 앞에서 사진을 찍는 김구 일행.

고 있던 기관인 보안대를 처음으로 접하게 되었다. 여기서 우리는 소련군으로부터 보안대에 인계되었다. 남조선 경계에서의 경비는 조선인 경관이 전초가 되어 있는데 이곳에서는 소련군이 전초가 되어 있는 것이 우리가 처음 보는 남북의 차이였다.

ㄷ 자로 생긴 민가의 한편을 마루를 깔아 사무실을 만들어 놓은 방에 들어서자 서울의 여기저기 전주와 담 모퉁이의 벽보를 많다고 하던 나의 눈에는 그 방에 도배질 한 것같이 붙어 있는 구호는 물론 태극기를 중심으로 한 김일성 장군과 스탈린 대원수의 사진, '남조선 반동적 단독정부선거를 반대하며 조선의 통일과 자주독립을 위해서'라는 제목으로 괘도만 한 '김일성 위원장 중대보고'가 붙어 있는 것 등이 전체가 우선 좀 벅찼다.

방 안 한구석의 테이블에서 내가 그리고 방 안 한복판 테이블에서 S씨는 소대장이 직접 맡고 나는 약 20여 세가량 되어 보이는 함경도 출신의 젊은 보안대원의 조사를 받았고 이 밖에 사복의 두 정보원이 유격대같이 이 책상 저 책상 왔다 갔다 하면서 조사 도중의 우리에게 질문을 쓴다.

바로 내가 앉은 맞은편 벽 위에 '견고한 사상통일은 승전을 보장하는 유일한 무기다'라는 구호가 분홍 물감으로 쓰여 있다. 젊은 대원은 나에게 소지품을 내놓으라고 한 다음 인쇄된 보고 용지에다 목록을 기입하기 시작한다. 명함 ○○매, 본인 명함 ○○매, 타인 명함 ○○매, 무엇이 기입된 명함 ○○매, 안 된 명함 ○○매, 원고용지 245매 그 밖에 먼지를 빼놓고는 다 적어 넣는다. 유엔출입증을 보고는 '이것이 뭡니까?' 하고 묻는다. 설명하니까 빙그레 웃으면서 '대표 중 몇 사람은 갔다지요' 하고 혼잣말같이 한다. 나는 내가 가지고 간 원고용지가 245매인 줄은 여기서 알았다.

사복의 정보원이 내 캡을 벗겨간다. 그는 샅샅이 보더니 '이게 뭐요?' 하고 묻는다. 나는 모자를 벗겨간 일이 불쾌하기에 '난들 알겠소?' 하고 무뚝뚝하게 대답하고 모자를 빼앗아 보았다. 그 속에는 심을 넣은 종이각이 들었기에 꺼내 보였더니 이번에는 공손히 '좋습니다' 하고 가버린다.

조사는 소지품으로부터 신분, 신체의 검사까지 세밀한 것이었다. 나중에 대장은 남에서 불온분자가 침입한다는 정보가 있어서 조사를 세밀하게 하라는 상부의 명령이 있었다는 것을 설명하고 불쾌해 말라고 공손히 사과하였다.

나는 여기서 한 사실을 발견하였다. 우리는 월경에 앞서 우리의 월경이 이북 보안대 혹은 그들 기관의 소속원에게 한 화젯거리일 것을 예상하였다. 그러나 우리가 당한 첫날밤 이 예상은 완전히 사라지고 말았다. 그들은 우리가 남조선 관헌의 표정에서 보는 가장 평범한 얼굴보다도 더 평범하고 고요하였다. 그들의 언성은 공손해서가 아니라 평범해서 조용하였다.

그들은 일을 마치고는 우리를 건넌방에 가 기다리라고 하고는 관심을 버린 듯 다시 쳐다보지도 않고 각각 다시 일들을 시작한다. 그들은 전화로 연락을 시작하였다. 우리를 남천까지 보내려고 차를 부르는 것이었다. 우리가 월경할 때 적어도 독립신보와 합동통신에는 감정상의 특별대우라도 있을 것으로 생각하였다. 그러나 그날 밤 내가 받은 대우는 S씨와 일말의 차이도 없는 것이었다. 이 작풍은 적어도 우리가 살고 있는 환경과는 비교할 수 없는 전연 다른 환경에서 생산된 것이 아니고는 있을 수 없는 것이다.

차는 아침 여덟 시에 왔다. 새벽 다섯 시까지 기다리다가 우리는 잠깐 눈을 붙였다. 그들은 밤새도록 전화에 매달려서 연락하고 있었다. 마침 이것이 우리가 북조선에 쬐는 해를 처음 본 20일 아침이다. 초록색의 소련제 지프에 올라 앉아 우리는 다시 북행을 시작하였다.

우리는 다른 한 사복정보원과 함께 금교까지 달렸다. 철막의 저편, 거기의 첫 아침은 산이 남조선보다 더 푸른 것이 다르게 보이는 것 이외에는 조선의 농촌 그대로이다. 밭들은 두 번 갈이를 마쳐 빗살처럼 곱게 선로에 퍼져 있고 여기저기 아직도 갈고 있는 중이었다.

금교 못 미처 지프가 고장이 나서 우리는 한 십 분 도보거리를 걸었다. 산 한 모퉁이의 낙락장송을 보면서 내가 수령을 물었다. K씨가 곧 받아서 '3년가량 될거요' 하고 대답한다. 나는 6, 7년 된다커니 K씨는 3년 미만이라커니 하다가 K씨는 언성을 높이면서 해방 후의 식목일 거라고 강변하였다.

상식적으로 생각하더라도 북조선 정치의 질서회복 과정이 아무리 빨라도 해방 직후 식목이라는 것은 심한 강변이다. 그러나 이 산 저 산 어느 것을 보아도 적어도 해방 직후의 혼란기 이후 산에 도끼나 톱을 댄 자국이 없다는 것만은 확실한 것이고 이미 사방공사와 식수 자국으로 산들이 차장하고 있는 것은 남조선보다 십 년은 앞서고 있는 것으로 보였다.

여기까지 우리는 다만 어제보다 오늘이 고요하다는 이외에 남북 조선의 별다른 차이를 못 느꼈다. 우리는 같은 타입의 캡을 쓴 연락원(정보원)이 교체하면서 하는 안내를 받으면서 그날 남천까지 도착하였다. 결국 철막의 이편과 저편 거기에는 정치원리의 차가 더 크지 정치결과의 차는 대단한 것이 보이지 않았다. 농가에는 도야지가 꿀꿀거리고 닭이 울고 이슬을 맞은 토양은 남조선의 농토 그대로 황폐한 것도 없거니와 더 기름진 것도 첫눈으로는 모르겠다.

노상, 집, 대문, 점두 등의 많은 구호와 김일성, 스탈린 양씨의 사진, 이것은 그대로 금교에도 시야의 어느 곳에나 붙어 있는 것이고 남천에 이르러서는 더욱 흔하다. 남천에 이르러서 우리는 북조선의 특수한 조직의 일부를 알게 되었다.

남천 거리에 들어서 처음 차에서 내린 곳이 남천 내무서 즉 남조선의 이에 해당하는 명칭으로 말하면 경찰서에 도착하였다. 보안서와 내무서는 동일계통인 것 같고 또 다른 이면이 있다. 보안대는 보안대총사령의 명령하에 치안유지를 담당하고 있으며 내무국 계통 관서 즉 지방에 있어서는 내무서의 사무를 보조하고 있다. 이 내무서야말로 사실상 북조선 치안의 실질적 책임을 지고 있는 기관이다.

서장은 소련식으로 넓은 견장에다가 금별 네 개 붙은 것을 어깨 위에 얹어놓은 학생복 양식의 제복을 입은 사십 세가량 되어 보이는 중년 남성이다. 상고머리를 깎고 생글생글 웃으면서 눈만 또록또록하지 말을 별로 안 한다. 우리는 그 책상 위에 앞서 작성된 문서가 놓여 있는 것을 보았다. 그것은 ○○서부터 우리와 함께 연락원의 주머니 속에 들려가지고 릴레이 식으로 우리와 동행하며 이곳에 온 것이다.

약간의 숫자가 붙은 것은 그 후의 우리 신변에 일어난 일, 금교에서 아침을 먹은 기록 등이 첨가된 것이었다. 대개 그러리라고 짐작은 되었지만 이러한 정보양식이 우리의 안전에서 이렇게 대수롭지 않게 공공연히 취급되는 것을 보고 우리는 한편 안심이 되었다. 그 정보는 악의도 없고 선의도 없는, 다만 상부의 요구에 따라 작성되어가는 것이고 그 취급하는 사람들이 평범하듯이 평범하게 작성하고 있는 것이다. 적어도 '저놈은 어떤 놈인가?' 하는 사찰의 눈초리에 보이는 혐의를 품은 눈초리는 이 사람들에게서는 볼 수 없었다.

남천 와서 20~30분 서장실에 앉아 있는 동안 몇몇 학생 그 외에 북행 정당대표 몇 사람이 왔다. 우리 일행은 여관에 가기로 되었다. 일신여관. 이곳이 우리가 든 여관이고 우리는 이날 이 여관에 들어간 후 평양으로 다시 떠나는 23일까지 전후 4일 밤으로 3야夜를 여기서 지냈다.

문전에는 역시 18~19세의 보안대원이 장총을 들고 서 있었다. 건너편 여관에도 서 있는 것을 보고 나는 그 여관도 북행객으로 차 있는 것을 알았다.

나는 우선 우리의 처지를 알고 싶었다. 우리가 보호받고 있는 것인가, 구속을 받고 있는 것인가를 시험하기 위해서 저고리를 벗고 문밖에 나가려고 했다. 젊은 보안대원은 '안 됩니다' 하고 거절한다. 이것은 분명히 구속이었다. 철저한 보호라면 철저한 보호는 구속과 동의어라고 할 수 있을 것이다.

그러나 우리의 음식, 방의 기온, 침구, 담배, 세수 등 이런 주의도 역시 철저하였다. 라디오도 서울 평양 간에 마음대로 듣고 신문잡지도 갖다 주었다. 그리고 내무서의 감찰계원은 상시 여관에서 우리의 주문에 응한다. 그것은 말 그대로 응할 뿐이지 우리가 여관에서 지내는 동안 생리적 편의 이상의 아무것도 응하지 않는 것이다. 그들은 우리가 무엇을 요구하면 '상부에 연락하겠습니다' 하고 생글생글 웃으면서 대답한다.

사실 그들에게는 상부의 명령 이외에 행동규범이 없다. 그들은 자신이 어떤 사물을 인정하거나 판단할 권한이 없는 것이다. 그들 자신의 판단이 아무리 정확하고 틀림없다고 생각하더라도 그들은 그 현상을 일절 상부에 전달하고 그 명령을 기다려야 하는 것이다. 나는 문득 ○○보안분대 사무소 벽 위에 붙어 있던 구호 또 하나가 생각났다. '상부 명령의 충분한 이해가 상부 명령의 정확한 수행을 보장한다.'

요컨대 북조선은 현재 상부 명령이라는 원동기와 연락이라는 'V벨트'로 움직여 가는 한 거대한 기계, 인류 사회가 일찍이 가져보지 못한 사회기계가 되어 있고 이 중에서 개인이라는 것은 그 각부를 형성한 부분품 같은 것이라고 볼 수 있을 것 같았다.

『신천지』, 1948년 4월호, 「남북회담 수행기」, 설국환

***

해방된 조선은 결국 3년 만인 1948년에 남과 북에 각각의 정부가 수립되는 비극으로 치닫게 됩니다.

　남한의 지도자 이승만은 이미 해방 직후부터 공산주의와의 결별을 선언하고 남한의 단독정부 수립을 추진해왔고, 북한 역시 소련의 기획에 따라 독자적인 정부 수립에 박차를 가하고 있던 이 무렵, 평양에서는 남북통일을 위한 남북지도자 연석회의가 열립니다. 이에 김구를 비롯한 여러 남한의 정치 지도자들이 38선 봉쇄를 뚫고 평양으로 올라가 회의에 참석합니다. 이 글은 이들 지도자들을 취재하기 위해 올라간 취재진 중 한 명인 설국환이란 사람이 쓴 북한방문기입니다. 그의 긴 취재기에는 친일경찰에 의해 장악된 남한의 경찰과 달리 평범한 주민들로 이뤄진 북한의 내무서와 보안대의 모습이 생생하게 그려져 있습니다. 조용하고 평화로운, 이상사회를 향한 열의로 이루어진, 그러나 어딘가 숨이 막히게 답답한 북한 체제의 초기 모습이 잘 드러납니다.

　의미 있는 것은 그 당시 북한의 숲이 남한과 달리 매우 울창했다는 사실입니다. 이 인용문에는 생략되었으나 필자는 숲이 얼마나 황폐한지가 정치권력의 잘잘못을 보여주는 지표가 된다고 말합니다. 그런데 반세기가 지난 오늘날 남한의 숲은 들어가지도 못할 정도로 울창해진 반면, 북한의 숲은 억새밖에 자라지 못하는 황폐한 황무지가 되었습니다. 숲의 상태가 남북의 역전을 보여주는 듯합니다.

# 여순반란 사건의 진상

반년이 넘도록 그대로 동족상잔의 참극이 끊일 줄 모르는 제주도 사건에만도 너나 할 것 없이 모두가 가슴을 아파하고 있는 중에, 또다시 한 가닥 더 슬픈 소식이 접수하여 우리의 귀를 때리면서 울려왔으니, 즉 지난 10월 21일 이 국무총리의 담화로서 발표된 전남 여수, 순천 지방의 국군반란사건이 그것이다.

5·10선거로서 대한민국 정부가 수립되어 지난 8월 15일 그 지루하던 3년간의 군정이 막을 내리게 되자, 그동안 정치적 불안과 경제적 혼란 속에서 지칠대로 지치고 볶일대로 볶이면서 뿔뿔이 흩어져 있던 민심도 차츰 새 정부에 어느 정도 모아지리라고 믿고 있었는데, 국토방위의 임무를 걸머진 국군이 반란을 일으켰다는 것은 도대체 그 원인과 책임이 어디에 있던 간에 우리는 슬퍼하지 않을 수 없는 일이다.

더욱이 그동안에 구구한 세론을 퍼뜨려 민국정부를 중상하던 일부의 선전이 전혀 거짓말만이 아니라는 인상을 주게 되고, 국제적으로도 또한 좋지 못한 영향이 미치지 않을 수 없는 일이고 보니, 현

_불타고 있는 여수 시가
지(1948. 10)

정부의 장래 발전을 위하여 불상사라고 하지 않을 수 없다.

신문보도와 현지 시찰인들이 전하는 바에 의하면 현지 일대는 지금 평상 상태에 돌아왔다고는 해도 완연한 옛 전쟁터의 폐허같이 되었고, 사건 당시의 참상은 문자 그대로의 시산혈해였다고 하니 이 민족의 비극이 어찌 이보다 더 크랴? 이제 이 사건의 발단과 그 후 경위를 정부 발표와 기타 신문보도에 의하여 종합하여 보면 대략 이러하다.

이 국무총리 발표에 의하면 여수반란은 10월 20일 새벽 두 시경에 일어났다고 하지만, 그 전날인 19일 하오 9시경 제주도 사건 진압의 책임을 지고 출동할 예정이던 여수 시외 신월리에 있는 제14연대 중 1대대의 병사 약 40명이 김지회라는 중위 인솔하에 장교 5명을 살해하고 무기고를 점령하는 데서 불꽃은 번지기 시작했다.

그들은 즉시 병기를 탈취해서 2,000여 병사를 교묘한 방법으로 결속한 후, 20일 오전 2시경 시내로 고함을 치면서 돌입하여 경찰서를 포위하고 습격한 후, 오전 10시경까지 삽시간에 여수 전체를 점령하고 동시에 철도시설을 접수하여 약 700여 병사는 순천으로 진격하려고 북상하였다.

이와 같이 여수시 전체를 점령한 반군은 즉시 읍사무소 자리에 제일 먼저 보안서를 설치하고, 지방민과 합세하여 우익계의 한민당, 대한청년단의 요인과 경찰관을 체포하기 시작했다. 그러는 한편 군청, 은행, 회사 등 주요 기관을 접수하고 인민위원회 등 신기관의 간판과 북조선인공기를 내걸고, 지방민청원과 중학생을 모아서 의용군이라는 것을 조직하였다.

그리고 이날 오후 3시경에 반군은 지방 인민을 중앙광장에 모아놓고 인민대회를 열어서 위원장 간부진을 선거하고 곧 시가 시위행진을 하였는데, 이때 전 시민은 거의 전부가 '38선은 무너졌습니다' 하는 등의 교묘한 선동 연설에 속아서 정말로 남북이 통일된 줄 알고 감격되어 반군이 하는 일에 일일이 가세하였다고 한다.

그런데 이날의 인민대회에 인민위원회, 민애청* 등등 좌익단체가 일제히 인공기를 저마다 손에 들고 나선 것을 보면, 반군과 지방민 사이에는 오래전부터 이런 반란을 계획하고 있었던 것으로 보인다고 한다.

시내 각 기관을 점령한 그들은 은행예금동결령과 친일파 모리배의 재산몰수령을 내리면서 21일부터는 제법 각 기관이 행정사무를 개시하였다. 보안서에서는 체포한 우익인사와 경찰관을 일일이 문

* 민주애국청년동맹.

초하여 죄상을 지적하고 그날 초저녁에는 고인수 서장 이하 형사 등 약 10명에 대한 총살형을 집행하였다고 한다.

반군이 여수시를 점령하게 되자 국군은 동족 간의 유혈 참극을 방지하기 위하여 비행기로 두 시간의 여유를 준다는 귀순권고의 삐라를 살포하였으나, 원체 지나치게 흥분한 대부분 시민은 반군과 함께 조금도 동요치 않았던 모양이다.

흥분이 최고조에 달한 그들은 다음 날인 22일에 이르러서도 의연히 귀순 항복은커녕, 의기충천한 기세로 반항하여, 이날 하오에 국군은 드디어 해군 함정을 출동시켜 반군 소멸전을 정면으로 개시하였다. 그러나 사기왕성한 그들 반군의 공격에 의하여 국군조차도 할 수 없이 이날은 후퇴하는 수밖에 별도리가 없었다고 한다.

이날도 종일 전체 시가지는 반군들이 장악한 가운데 저물고, 그다음 날 23일에도 계속하여 반군은 그들 반란의 주요 목적이 마치 그들이 말하는 소위 반동분자의 처단에 있었던 것처럼 최고심사위원회를 열고 18위 갑부 김영준 등 우익인사 9명을 총살하였다. 그리고 즉시 식량창고를 열어 전 시민에게 백미 3합씩을 배급하는 한편, 천일고무공장에서 흰 노동화를 몰수하여 반군과 의용군 및 공무원들에게 나눠주고 천일고무 등 주요 생산공장을 종업원들에게 위임 경영하게 하는 등, 그들은 이날부터 본격적인 행정사무를 개시하였다고 한다.

한편, 순천으로 향한 반군은 20일 오전 9시 30분경 순천에 도착하게 되었는데, 이 급보를 받고 역전에 파견되어 있던 같은 연대 1개

중대조차 이들 반군에 합류해 대번에 경찰서를 습격하였는데, 경찰관 전원은 용감히 싸웠으나 중과부적으로 거의 전원이 희생되고 말았다.

경찰서를 점령한 그들 반군은 즉시 수감 중인 죄인 40여 명을 석방하고, '인민의 고혈을 착취한 무리를 때려죽이자' 고함을 치면서 순천 시가지를 삽시간에 점령한 후, 경찰에서 탈취한 무기를 중학생, 청년에게 분배하여 의용군을 조직하는 한편, 오후 3시에는 박○검사 등이 중심이 되어 인민위원회를 조직한 다음, 혈안으로 여수시에서와 마찬가지로 경찰관을 위시하여 우익인사 다수를 체포하였다. 그리고 21일 오전 중에 그들을 철도광장에서 소위 인민재판을 열고 다수의 인사를 총살한 후, 오후에는 일대 시위운동을 하였다고 하는데, 인민재판에 있어서 범죄 지목이 상세한 점에는 모두가 놀랐다고 한다.

순천을 점령한 반군은 북상할 기세까지 일시 보였으나, 각지에서 차출된 남하 국군의 공격에 의하여 오후 4시경 시가지를 뺏기고 사방으로 흩어져 보성·광양 방면으로 도주하고 말았다. 이와 같이 반군 수중에 들었던 3일 간에 순천 시내의 그들이 말하는바 대부분의 반동분자는 피살되었을 뿐 아니라, 미곡수매기금 등 1억 5,000만 원도 반란 중에 없어졌다고 한다.

24일 오후 4시까지 반군을 내몰고 순천을 완전히 탈취한 국군은 남은 반군에게 귀순권고 삐라를 뿌리면서 반란 지역에 계엄령을 발표하고, 반군의 행방을 추격하면서 여수로 진격하였다. 그리하여 25일부터 남하한 국군은 여수시의 포위망을 조이면서 해륙 양면으

도대체 국가란 무엇인가?
누가, 어떻게 다스려야 하는가?

# 국가란
# 무엇인가

고금의 지성들과 펼치는 국가론 향연

사색과 번뜩이는 통찰로 제시하는

국 정치가 나아갈 길

지음 | 14,000원

전 세계를 감전시킨 93세 레지스탕스 노투사의 외침

# "무관심이야말로 최악의 태도! 지금은 분노하고 저항할 때"

분노
하라

프랑스 출간 7개월 만에 200만 부 판매
전 세계 20여 개국으로 번지고 있는 '분노 신드롬'

스테판 에셀 지음, 임희근 옮김, 조국 해제 | 6,000원
* 한국어판 저자와의 인터뷰 수록

_반란군을 진압하기 위해 여수로 이동하고 있는 진압군(위)과 여수서초등학교 교정에 모여든 피난민(아래). 진압군들은 이들 중 반란군에 협조한 부역자들을 골라내 징계했다.

로 본격적인 공격을 가하였으나, 이때까지도 일반 시민은 의연히 반군과 합세하여 완강한 저항을 계속하였다고 한다.

일단 무혈진압을 기도한 국군은 의외로 그들의 완강한 저항에 부득불 정면으로 본격적 공세를 취하기로 해, 27일 오전 10시에는 장갑차 부대까지 출동시키는 등 맹렬한 전투를 개시하였다고 한다. 이렇게 되자 반군은 세의 불리를 깨닫고 대부분 구례 방면으로 도주하였다는데, 나머지 청년학생들이 최후까지 그야말로 불굴의 투지로 저항하는 데는 일종의 순교로서 비장한 결의가 넘쳐 있어 국군으로서도 상당히 고통이 되었던 모양이며, 아직도 그 원인은 수수께끼를 제공하고 있다.

여수시를 만회한 것은 사건 발생 8일 만인 27일 오후 3시 지나서였는데, 이번 반란에 여수시는 그 일부가 불타고 국군도 상당수가 피해를 받았다. 그 손해는 인명 피해를 제외하고도 무려 수십억 원에 달한다고 하니, 건국 초기에 비통을 금할 수 없는 일이다.

아직도 각지로 흩어진 반도는 당분간 더 폭동을 계속할 것같이 보이며, 주모자 김지회 등 반군 일부는 지금 지리산 방면으로 집결하여 게릴라전을 취하고 있는바, 이들의 행동을 완전 진압하기까지는 아직도 상당한 시일이 걸릴 것으로 보여진다.

그러면 이와 같은 반란이 왜 일어났는가? 당국자에 의하면 공산분자들의 소행이라고만 지적하고 있는데 그러면 어찌하여 국군 일부가 좌익에 가담하게 되었을까? 국방부 발표에 의하면 국군반란의 원인은 영암사건과 같은 군경 사이의 불화에도 없지 않은 듯이 들린다. 여수의 반도들이 최초에 제주도 내의 민족상잔을 위한 출병을 거부한 것도 주목할 일의 하나이며, 더욱이 아직도 미성년인 여학생, 중학생 등이 반군 측에 적극적으로 가담되었던 점에도 그것을 단순히 반군의 협박과 선동에 의해서 행해진 것이라고 하기는 곤란한 일이다.

『개벽』 1948년 12월호, 「전남 반군의 진상」, 이재한

\* \* \*

해방과 함께 시작된 남한의 온갖 모순과 대립은 마침내 1948년 4월과 10월, 제주도와 여수에서의 무장봉기로 폭발합니다. 이 글은 그중 여수와 순천의 반란사건을 다루었습니다.

비교적 객관적으로 서술한 이 글에서도 보이듯이, 국군 제14연대가 반란을 일으키자 여수와 순천 일대의 주민들은 적극적으로 동조하고 나섭니다. 진압에 나선 정부는 물론 필자도 그 이유를 모르겠다고 하지만, 3·8선이 무너지고 북한군이 내려오니 곧 인민공화국 세상이 된다는 거짓선전 때문만은 아닐 것입니다.

주민들은 그동안 온갖 부정부패와 고문, 폭력을 일삼아온 친일파 출신 경찰관들과 반공청년단원들에 대한 증오심에 가득 차 있었고, 반란군이 이들을 즉각 총살시켜버리자 속이 후련함을 느꼈을 것입니다. 반란군의 세력이 더 컸더라면 전국 각지에서 절대다수의 주민이 이들에게 적극 호응하고 나섰을지도 모를 일입니다.

우익들은 오늘날까지도 이 반란이 북한에서 지령을 받아 일어났다고 주

_여순사건 당시 반란군에 의해 희생된 순천시 경찰관들의 시신.

장하는데, 여러 증언과 증거로 보아 북의 명령과는 상관없이 제14연대 내부의 남로당원들이 자발적으로, 다분히 충동적으로 일으킨 사건으로 보입니다. 이해 봄에 제주도에서 일어난 무장봉기를 진압하기 위해 출동하라고 명령하자 이를 거부하고 봉기한 것입니다.

봉기 과정에서 실제 주모자였던 상사 지창수는 당시 군대와 경찰의 갈등을 이용해 경찰이 쳐들어오고 있다거나, 3·8선이 무너졌다는 식의 거짓 선동으로 이들을 이끌어낸 것이 사실입니다. 그러나 근본적으로 남한 체제에 대한 분노가 없었다면 사병들이며 지역주민들이 이를 따랐을 리가 없습니다.

여순지역을 일시적으로 장악한 반군은 소위 반동분자로 지목된 이들에 대해 무자비한 학살을 자행합니다. 여수에는 비교적 피해가 적어 사망자가 수십 명에 지나지 않았으나 순천에서는 3일 동안 최대 800명에 이르는 경찰관과 지역 유지, 반공단체 간부들이 학살됩니다. 이는 극소수 지배자만 죽이고 마는 다른 민중반란에서는 보기 힘든 잔인한 학살이었습니다.

이에 여순을 탈환한 이승만 정부 역시 지역주민들을 무자비하게 보복 학살합니다. 이 글에서도 보이듯이, 군경은 지역주민 전체가 반란군에 동조한 것으로 간주하고 조금이라도 반군에 호의적이던 이들을 모조리 골라내어 그 자리에서 칼로 목을 베거나 총살해버렸는데 그 숫자가 최소 3,000명에 이르는 것으로 알려졌습니다.

나아가 정부군은 반년여 동안 지지부진했던 제주도 반란군에 대한 대공격도 감행하는데 역시 제주도 주민 전체를 반군 동조자로 간주합니다. 반군이 출몰하는 지역의 주민들에 대한 무자비한 무차별 학살로 어린이를 포함해 최소 2만 명 이상이 정부군에 의해 잔혹하게 죽임을 당합니다. 그 학살 방법의 잔인함은 글로 쓰기가 어려울 정도로 엽기적이었습니다.

반란의 원인을 제공하고도 공산당의 선동에만 책임을 미루고 수많은 죄 없는 주민들까지 끔찍하게 학살한 이승만 정부. 그리고 일단 다수 국민의 동의 아래 새 국가가 세워졌음에도 이를 인정하지 않고 충동적으로 무장폭동을 일으켜 수많은 사람들의 목숨을 앗아간 좌익모험주의적인 극좌파 공산주의자들. 두 세력 모두 역사의 심판 앞에 자유로울 수 없습니다.

어쨌든 이들 반란으로부터 남한은 사실상의 내란 상태에 들어가게 되고, 북한은 이때부터 본격적으로 전면 침공을 준비하게 됩니다. 그리고 기어이 2년 후 전쟁이 터져 수백만의 고귀한 생명을 앗아가게 됩니다.

# 민족반역자를 잡아라!

반민자*들을 체포하는 데는 여러 가지 애로와 고난이 있었다. 수많은 반민자들의 체포 경위를 나열하려면 그칠 바 없으니 몇 사람만 들어 말해보기로 하자.

저 말썽 많은 박흥식** 반민자부터 말머리를 꺼내기로 하자. 친일거두 중에서도 가장 말썽거리가 되어 있는 박흥식을 체포하는지라 반민특위에서도 여러 가지로 골머리를 썩였다. 더구나 특위가 구체적으로 체포 개시를 한 첫 거물이라 긴장미는 말할 여지도 없었다.

조사관 7명은 1월 8일 오후 4시경 종로의 화려한 빌딩 화신으로 향하였다. 조사관 이 씨의 지휘로 네 명의 조사관은 각각 화신을 포위하고 나머지 세 사람은 5층 화신별관 비서실로 올라갔다. 벌써부터 박흥식이 비서실에 있다는 확실한 정보를 얻어가지고 수사에 착수했던 만큼 어느 정도의 자신을 가졌던 것이다.

* 반민족행위자.
** 일제시대 갑부였던 화신백화점 주인.

5층으로 올라간 이 조사관은 두 사람의 조사관을 복도에 배치하고 비서실 문을 열려고 했다. 이때였다. 비서실 밖에 있던 연락원이 다가서며 사장은 외출하고 없다고 시침을 떼는 것이었다. 이 조사관은 연락원의 말을 무시하듯이 "사장이 없어요" 하고는 다짜고짜로 비서실 문을 열고 안으로 들어갔다.

_박흥식.

방 안에는 뚱뚱한 호남아 박 사장이 둥근 의자를 타고 두 사람의 손님들과 영국담배를 피우며 요담을 하고 있었다. 이 조사관은 박흥식을 향하여 "당신이 박흥식이오?" 하자 불쾌한 표정을 그리며 박흥식은 "당신들은 누구요" 하고 도전적인 대답을 하였다.

조사관은 쌀쌀한 말씨로 "반민특별조사위원회에서 당신을 잡으러 왔소" 하자 박흥식은 얼굴이 잉크빛처럼 흐렸다.

박흥식을 찾아온 손님 두 사람은 외무부 사람들로 작년 9월 발행한 도미여행원을 반환하러 온 사람들이었다. 기실 박흥식은 여행권을 교묘히 이용해 가지고 그날로 비행기를 타고 하늘을 날아가려던 심정이었던 것이다.

박흥식은 당황한 표정을 하며 한편 능숙한 사교적 웃음을 간지럽게 띠며 조사관을 매수하려고 애교를 부리기 시작했다. "좀들 앉으시오. 담배나 한 대 피우고 차라도 한 잔 마시고 그리고" 하며 의자를 내민다.

체포술이 익숙하지 못한 처녀조사관들은 공연히 감상적이 되어 의자에 앉았다. 아코디언에서 흔히 보이는 것 같은 단추를 하나 누르자 자동으로 커다란 커피가 나오고 밀크가 나왔다. 박 사장이 권하는 바람에 우선 이 조사관이 먼저 찻잔에 손을 옮기려 하자 뒤에 있던 조사관이 쿡쿡 찌르며 눈짓을 하는 것이었다. 잠깐 생각해 보니 차를 마시지 말라는 암호 같았다. 그러나 다음 순간 이 조사관은 이렇게 생각하였다. 박 사장이 제아무리 차에다 독약을 넣었다 치더라도 이렇게 외계와 연락도 없이 계획적으로 이런 탐정극을 꾸며낼 위인은 못 된다는 것을 단정하고 "괜찮아" 하고는 차를 기분 좋게 마셨다.

박 사장은 두 조사관의 부자연스러운 말을 엿들으며 금고 속에서 많은 서류를 꺼내어 테이블 위에 쌓아놓았다. 조사관들을 차를 마시다가 박 사장에게 잔무정리 할 것이 있으면 처리하라고 말하였다. 이때였다. 박 사장은 서류를 손에 들고 "이제 가면 곧 돌아올 수 있을까요?" 하며 우울한 표정을 지었다.

조사관들은 그런 답변은 자세히 말할 수 없다고 잡아뗐었다. 박 사장은 맥없이 서류를 책상 위에 놓으며 담배를 꺼낸다. 조사관들이 무궁화를 피우는데 사교적 눈이 반사하였던지 금고를 다시 열더니 이번에는 화려한 상표가 붙은 갑을 꺼내 권하는데 그것은 영국제 고급 담배였다. 조사관들은 하여튼 고급담배를 손에 하나씩 가졌다.

담뱃재를 털며 조사관들은 가자고 재촉하였다. 박 사장도 하는 수 없다고 생각했는지 조사관들에게 단 5분간만 시간의 여유를 달라고 했다. 인정 많은 조사관들은 박 사장이 도주하랴는 자신에서 5분간

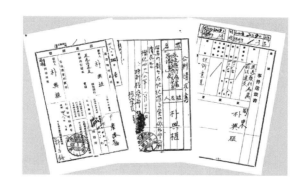

_박흥식의 구속서류.

의 시간을 주었다.

박 사장은 옆방으로 들어갔는지 나갔는지 가버렸다. 조사관들은 의기양양한 마음으로 비서실에서 시간을 보냈다. 그러나 한 번 나간 박 사장은 5분이 지나 10분, 15분이 지나도 나타나지 않았다. 박 사장은 과연 어디로 갔는가?

이때야 부랴부랴 소리치며 조사관들은 화신 내부를 싸고 맹렬한 수사를 시작했다. 네 명의 조사관은 화신 내부를 물샐틈없이 샅샅이 뒤지기 시작했다.

5층 비밀실. 여기는 이상스럽게 생긴 방으로 처음 보는 사람은 문인지 벽인지 모르게 되어 있는 곳이다. 조사관들은 비밀실 문을 벌컥 열었다. 박 사장은 마치 권투선수처럼 테이블 위에서 배회하고 있었다. "뭐하는 거야?" 하고 조사관이 말하자 박 사장은 "네 저" 하고 주저할 뿐이었다. 조사관은 박 사장을 데리고 다시 비서실로 돌아왔다.

이때였다. 갑자기 전화가 왔다. 박 사장은 수화기를 들고 뭐라고 자세치 않은 말을 하는 폼이 모략 같아서 이 조사관은 슬그머니 수화기에 귀를 가까이 했다. 수도경찰청에 뭐라고 말하자 저쪽의 답변은 "낸들 어떻게 할 수 있나?" 하는 최후의 통첩 비슷한 말이 들리자 박 사장은 순식간에 낯을 창백해 가지고 수화기를 맥없이 놓으며 "꼭 가야 할까요?" 하고 뻔뻔스럽게 애걸하는 것이었다.

조사관은 8자형으로 생긴 고랑을 꺼내어 무자비하게 박 사장의 팔목에 채웠다. 다음 순간부터는 이미 박 사장이 아니고 반민피의자였다. "인제 가면 올 수 있을까요?" 하며 박은 우울한 낯을 그리며 정든 화신을 떠났다. 이리하여 특위중앙본부인 중앙청 207호실을 거쳐 일로 서대문형무소로 달렸다.

붉은 벽돌 높은 담이 보이고 철문이 나타났다. 지프에서 내린 박은 형무관의 뒤를 따라 붉은 집으로 들어가며 마지막으로 "요새 감기가 들어 그러니 담요나 몇 장 들여주시오" 하고 쓸쓸하게 말을 던졌다.

## 나 같은 애국자를 잡느냐?

반민 거두 박흥식에 못지않은 거물 이종형*의 체포경위를 봄으로써 독자 여러분은 또 한 번 크게 놀랄 것이다.

경의전 앞을 길게 뻗은 개울을 끼고 오른편 좁은 길을 300미터쯤 가면 반민특위 김 위원장 댁이 나오고 그곳에서 다시 오른쪽으로 꺾어 돌면 코에 닿을 듯이 이종형의 일본식 적산가옥이 나타난다.

* 일본 관동군 수뇌였던 반민족행위자.

김 위원장의 집과 이종형의 집을 비교하면 그야말로 하늘과 땅의 차이다.

특경대들은 미리부터 이종형이 집에 있는 것을 확실히 알았다. 특경대와 조사관들은 치밀한 계획을 가지고 체포행동에 착수하였다. 소격동파출소 경찰관을 앞세우고 이종형의 집으로 들어갔다. 다섯 명의 특경대와 조사관은 뜰 안에 들어서자 사방으로 흩어졌다. 두 명의 조사관은 복도로 해서 이종형이 있는 방으로 발을 옮겼다.

드디어 이종형의 말소리가 들리는 방에 다다랐다. 얇은 문틈으로 몰래 이종형의 인상을 슬쩍 보고 일본식 미닫이문을 열고 방으로 들어서자 꼭 같은 시간에 꼭 같이 맞은쪽 미닫이를 연 사람이 있었은 즉 이들도 역시 조사관이었다.

이종형은 정면 미닫이문을 열고 들어오는 조사관들만 의아하게 생각하였던지 "누구냐 너희들은?" 하며 벌써 오른손을 날쌔게 허리춤으로 가져갔다. 이러자 맞은쪽 미닫이를 열고 들어온 조사관이 이종형의 뒤에 대기하고 있다가 화살같이 이종형의 목을 비틀고 허리춤에 넣은 손을 힘껏 잡았다. 삽시간에 이종형의 손에 맹꽁이 시계를 채웠다.

허리춤 속에 넣은 이종형의 손에는 무서운 권총이 쥐어져 있었다. 자칫하면 발사할 것을 재빠르게 달려들어 제지하였다. 이종형도 자기 몸이 위태로운 것을 느꼈는지 권총 방아쇠를 건 채 "내 손목을 봐라. 위험하니" 하며 도리어 자기 넓적다리에 탄환이 박힐까봐 두려워했다. 조사관들은 이종형의 말을 무시하고 기어이 권총을 빼앗았다.

이러자 이종형의 첩 이취성이 나타났다. 이종형은 그래도 장군처

_반민특위로 압송되어 가는 친일 인사들.

럼 "영장 가져왔니? 영장 없이 나를 체포하지 못한다"고 말하자 그의 애첩 이취성이 당돌히 나타나며 "영장이 무슨 영장이야. 그놈들이 하는 짓이 다 그렇구 그렇지" 하고 남편을 위로하자 이종형 다시 흥분하여 "이놈들 나 같은 애국자를 잡아? 너 이놈들 해방 후 나를 몇 번 잡았니? 이것은 앞집 김상덕(반민특위 위원장)이가 시키는 일이지?" 하고 외쳤으나 특경대 조사관들은 귀머거리처럼 잠자코 이종형을 대문 밖으로 내몰아 특경대 앰뷸런스 차에 싣고 일로 서대문형무소로 달렸다.

## 청나라 옷 입고 왜말

반민특위 이 층 문초실에서 예비조사를 받고 아래층으로 내려오는 피의자 박중양*과 김태석**! 동병상련 격으로 김태석이 박중양을 부축하고 대리석 난간에 가까이 오자 박중양 숨을 헐떡이며 난간에 몸을 기대고 특위 출입기자를 바라보며 "고꼬가 죠꼬 깅꼬 데스까?"(여기가 조흥은행입니까?) 하고 왜말로 하자 기자는 "제일은행이다" 하고 꼬집어 말했다.

박중양은 "아아 다이치 긴꼬 데스까?"(아, 제일은행입니까?) 하고는 다시 "아아 그 옛날이 나쯔까시이나"(아아, 그 옛날이 그립구나) 하고는 한숨을 길게 쉬며 특경대의 안내로 트럭에 올랐다.

밖에서는 박중양의 사위와 딸이 눈물을 흘리며 자동차 기슭에 몸을 기대고 "몸 조심해요" 하자 "안신다. 신빠이 수루나"(안심해라. 걱정하지 마) 하고 끝끝내 왜말을 썼다. 왜말을 쓰고 청복을 입은 반역자 박중양과 김태석을 실은 트럭은 수많은 관중들을 뚫고 서대문형무소로 달렸다.


## 금고 속의 반민자

반민자들은 어디 가든 대접을 받았다. 예비문초를 하는 동안 임시 유치하는 곳이 있으니 그곳은 옛 제국은행에서 쓰던 대형금고이다. 다다미 열두 장 깔릴 만한 금고 속에서 반민자들은 제법 애국자 토론도 하고 반민동맹도 결성한다. 제법 금고 후면에는 채광장치도 되어 있고 중국 호떡집에서 흔히 보는 것과 같은 긴 의자도 두세 개 깔려 있다.

유치장의 창살은 전부가 눈부신 니켈로 되어 있고 금고문을 열 때

---

* 일제시대 참의원을 지낸 대표적인 친일 인사.
** 친일경찰로 '고문왕' 별명을 들은 반민족행위자.

는 재미있는 음악소리도 들린다.

## 장국밥 한 그릇만!

이등박문의 양딸인지 연인인지 되는 배정자라는 여자 반민자는 젊었을 때 아주 이쁘게 생겼다고 한다. 그가 특위에 체포되어 매일같이 문초를 받아오던바 어떤 날 배정자는 조사관에게 평생소원이 있다고 하기에 무엇인지 말해보라고 했더니 "진정 따끈한 장국밥을 한 그릇 먹고 죽고 싶소" 하며 이쁘지도 않은 말라빠진 얼굴에 웃음을 띠었다.

## 한때는 좋았건만

한때는 자기의 죄상을 적극적으로 부인하며 담당조사관을 아연케 한 반민자 이성근*도 다소 인간성의 잔재가 있었던지 하루는 조사관이 심문 끝에

"일제에 협력한 그런 좋은 두뇌를 조국해방에 이바지할 수는 없었던가?"

"내 적극 일본에 협력한 것은 사실이오. 그러나 내가 해방될 줄을 알았으면 절대로 친일은 안 했을 것이오" 하고는 조사관 옆에 있는

---

* 일제시대 평북 경찰부 고등과장으로 오동진 휘하 독립군을 전멸시켰고, 총독부 기관지 『매일신보』 사장으로 총독정책 찬양에 앞장섰다.

자기 일기장을 뒤적이다가 어떤 페이지에 눈을 멈추더니 "아―
아― 한때는 좋았건만" 하고 한숨을 내뿜었다.


## 사과와 이광수

예비조사를 연일 받고 있는 문인 이광수의 모습은 어느 정도 창백에
가까웠다. 하루는 문초를 마치고 형무관의 안내로 문초실을 나서려
다 테이블 위에 놓인 사과(누가 갖다 놓았는지는 모른다)에 시선을 가져
가며 "저 사과 가지고 갈 수 없을까요?" 하고 말하자, 형무관 "어서
나가!" 하고 채찍질을 하였다.

이광수 우울한 표정으로 그래도 사과를 못 잊어 고랑을 채운 손을
부자연스럽게 움직이며 머리를 뒤로 돌렸다.

이광수도 이렇게 되고 보면 그렇구 그런 것이다. 사흘 굶어 도적
질 않는 병신이 없다는 말은 진리 중의 진리이다.

『신천지』 1949년 4월호, 「심판 대상에 오른 반민자들」, 오소백


＊＊＊

북한이 해방되자마자 인민위원회를 구성해 친일파와 대지주들을 몰아낸
데 비해 남한의 친일파 숙청작업은 전혀 이뤄지지 않았습니다. 오히려 미
군정은 친일파들을 군정 관리로 기용해 반공정책의 도구로 삼았습니다.

1948년 8월 15일 남한에 단독정부가 들어서면서 비로소 반민족행위처
벌법이 제정되고 10월에 반민특위가 구성되어 친일반민족행위자들에 대한

예비조사가 시작됩니다. 해방되고도 부와 명예를 누리며 떵떵거리던 박흥식, 이종형, 이광수 같은 자들은 이 글에서 보는 것처럼 비굴하게 체포되어 수모를 겪게 됩니다.

그러나 남한의 대통령이 된 이승만은 친일파들의 금전과 충성심에 기대어 권력을 장악·유지하고 있었습니다. 그는 노골적으로 반민특위를 빨갱이 집단이라고 비난하며 그 활동을 방해하였고, 친일파 일색으로 이뤄진 남한 경찰들은 1949년 6월 6일 직접 반민특위를 무력으로 공격하고 특위 위원들을 암살·체포하려 듭니다.

결국 이승만은 반민특위법을 개정해버렸고, 반민특위는 구성된 지 1년 만인 1949년 10월에 해산됩니다. 반민특위의 해산은 일제의 무력에 의해 나라를 빼앗긴 경술국치보다도 더 치욕스러운, 한국인 스스로 독립정신을 말살한 부끄러운 사건이었습니다.

한때 혐오와 비난의 표적이 되었던 친일반역자들은 또다시 부와 명예를 거머쥐고 이후 오늘날까지도 대대손손 부귀영화를 누리며 살게 됩니다. 민주화가 많이 진행된 2000년대에 들어서야 시민단체들에 의해 친일행위자들에 대한 명단정리 작업이 시작되고 일부 토지의 환수가 이뤄지고 있지만, 이는 이미 교육, 문화, 학술, 정치, 군사 등 모든 분야에서 뼛속까지 친일파들의 영향력이 미친 상황에서 극히 부분적이고 상징적인 작업에 지나지 않는 게 현실입니다.

이승만의 수많은 악행 중에서도 친일파 보호야말로 우리 민족사에 가장 치명적인 해독을 끼쳤다고 생각됩니다.

# 비운의 혁명가 김명시

일제 시 연안에서 18년간 일제와 일선에서 싸우며 독립운동을 해오다 해방 후 여성동맹 간부였으며 현재까지 북로당정치위원 간부인 김명시(여사, 43)는 지난 9월 2일 부평서에 피검되었는데 지난 2일 독방 유치장에서 자기 치마로 목을 매어 자살하였다 한다.

『자유신문』, 1949년 10월 11일, 「북노간부 김명시—부평서 유치장서 자살」

\* \* \*

이 짧은 보도문은 남한에서의 사회주의운동이 일단락되었음을 상징적으로 보여주는 기사라고 할 만합니다.

일제하 중국 연안지방에서 백마 탄 여장군으로 맹렬히 항일무장투쟁을 벌였고 해방 직후 대대적인 환영을 받았던 김명시는 남한에서의 공산주의 활동이 금지된 후에도 지하에 숨어 계속 활동하다가 결국 체포되어 죽음에 이릅니다. 경찰이 고문을 가하다 죽자 자살한 것으로 위장했을 수도 있지만, 아무튼 그녀의 죽음은 남한이 친일파와 친미파들의 세상이 되었음을 상징하고 있습니다.

　더욱이 김명시가 사망한 바로 이듬해 터진 한국전쟁은 남한 땅에서 더 이상 공산주의가 발붙일 수 없게 만듭니다. 일제시대와 해방 직후의 공산주의자들에 대한 존경심과 지지는 사라지고, 철저한 반공주의가 남한을 지배하게 됩니다.

2부

## 제5장

잃어버린 조국을 되찾기 위해 전 생애를 바친 애국지사들, 그중에
서도 지도자의 위치에 있던 이들의 풍모는 확실히 남다른 점이 있
습니다.

평범하게 살아가는 보통사람들은 역사적 위인들로부터 특출한 위대
함을 찾기보다는 자신과 같은 이기심과 사적인 욕망, 실패와 실수 등
을 찾아보고 싶어합니다. 그것을 통해 자기 자신을 합리화하고 싶기
때문입니다.

하지만 저항은 곧 고문과 감옥살이, 나아가 죽음을 의미하던 식민지
시대에 한 번도 굴복하지 않고 목숨을 바쳐 싸운 지도자들의 삶에서
보통사람들의 평범한 모습을 찾기란 쉽지 않습니다. 어쩌다가 항일
운동에 나선 보통사람들은 대개 한 번만 감옥에 다녀와도 운동을 접
고 일상으로 돌아갑니다. 두 번, 세 번 감옥살이를 하고 모진 고문과
박해를 받으면서도 끝까지 싸운 이들은 이들 보통사람들이 가지기
힘든 의지와 집념을 가지고 있기 마련입니다.

자신의 전 재산을 소작인에게 나눠주었던 여운형, 역시 전 재산을 팔
아 항일운동에 바친 이관술, 평생 집 한 채 소유한 적이 없이 재산이라고는 단벌 옷과 구두,
몇 권의 책이 전부이던 신채호, 박헌영, 이주하 같은 사람들의 삶에서 보통사람들의 이기심
을 찾기란 어렵습니다.

정의에 대한 남다른 갈망과 의지를 가진 이들은 그러나 현실 정치에는 대개 적응을 못하여
도태되고 맙니다.

# 무정부주의 혁명가 신채호

그 언제이든가 벌써 15~16년 전이니 내가 12~13세 때인가 한다. 그때 ○○신문사 주필로서 삼청동에 사셨고 나는 가회동에 살았다. 나의 큰아버지와 친하신 관계로 회사가 끝나면 거의 매일, 적어도 이틀에 하루는 집에 놀러오셨다. 그때 나이 어린 나로서야 어찌 선생의 문장이나 인격이야 알 수 있었으랴. 다만 섬약하신 체질, 혈색 나쁜 얼굴, 특히 빈약하신 윗수염만이 반 30년이 지난 오늘에 아득히 생각날 뿐이다.

이후로 선생은 중국에 건너가셨다. 중국에 건너가신 뒤로는 선생의 풍채에 접할 기회는 물론이고 말조차 듣기 어려웠다. 이따금씩 풍문으로 안부를 듣는 것과 홍명회, 조만식 두 분이나 큰아버지하고 앉으면 졸음 오는 눈이 뜨이도록 선생의 인물 성품과 행동에 대해 평할 뿐이다.

들으니 선생은 그간 하루도 몸을 편히 쉬지 못하시고 동서 정처없이 다니셨다는 것과 옛 시와 동양의 역사 등 저술에 여념이 없었다는 말이며, 어느 겨울에 연구하셨는지 영어를 정통하여 칼라일의

『영웅숭배론』, 끼본의 『로마흥망사』 등 서적을 책장에 담배진은 많이 묻히실망정 원어로 읽으신다는 것을, 복숭아색 여자 속옷을 사서 입고 목욕탕이란 곳에 들어갔다가 부끄러울 것 없는 망신을 하셨다는 일화까지 아울러 들었다.

_단재 신채호.

선생의 인물 성격 중 특기할 점을 잠깐 말할 것 같으면 그의 절대 비타협의 지조를 10년이 하루같이 꿋꿋이 지키고 뉘우치지 않는 태도이시다. 절대 비타협! 그야말로 선생의 갸륵하신 장점인 동시에 아름다운 결점도 될까 한다. 누구의 말에 '천재는 영원한 고통이다' 한 것과 같이 비타협적 지조의 지속이야말로 그지없는 고통이라 할 것이다. 그러한 고통을 10여 년을 더하도록 당하고 체험하시는 선생의 흉중이야말로 상상에 남는다.

그리고 선생에겐 남이 하는 대로는 하지 않는 뜯어 고칠 수 없는, 거의 병으로까지 보아도 상관없을 성격이 있다. 그러한 성벽은 현재 영국 문단의 거장 지 케 취스터론 군*의 '남이 예스라 하면 노라 하고, 노라 하면 굳이 예스라' 하는 풍치와 비슷하지 않은가 한다.

선생이 시는 지으나 시인은 아니시고, 논문은 쓰시나 전문적 논문가도 아니시며, 모든 흥미로운 연구문 등에도 통하시긴 하다 하나

* G. K. 체스터턴, 영국의 비평가이자 소설가.

그렇다고 그 길에 전념하시는 이도 아니다. 선생은 어디까지든지 역사가이시다. 조선의 랑케*라면 선생께 무례나 아닐는지. 하여간 천재적 기분에 있어서 방불한 가장 경모할 우리의 역사가이시다.

선생의 역사관은 조직적이거나 과학적의 것은 아니다. 그러나 안광이 종이를 뚫는다 하여도 과언이 아닐 만한 선생의 거대한 불같은 역사관이야말로 족히 어두워서 가히 알 수 없는 우리 역사를 해부하는 빛이 되실 것이다. 선생에 한하여서만은 조직적이 아니니 만큼 조직을 초월한 고귀함이 있으며, 비과학적이니 만큼 초과학적의 초연한 빛이 있는 것이다. 마지막으로 그릇 작고 간사한 재능꾼들의 발길이 난무하는 이 세상에 인격과 학식이 아울러 높고 절대적인 선생이 계심이 저으기 미쁘다.

『개벽』 제62호, 1925년 8월 1일, 「국수주의의 항성인 단재 신채호 선생」, 변영로

\* \* \*

단재 신채호는 우리 근대사에 독특한 무정부주의 혁명가로 알려진 인물입니다. 1936년 중국 뤼순감옥에서 8년째 옥살이 끝에 병사하기까지 당대 독립운동에 적지 않은 영향을 미쳤습니다.

1880년 충남 대덕 출신인 신채호는 어려서부터 한문의 신동으로 불린 끝에 을사늑약이 체결되던 1905년 성균관 박사가 되었습니다. 『대한매일신보』 주필, 『가정잡지』 발행인 등 여러 문화언론 단체에서 활동하던 중

---

\* 독일의 역사가. 엄밀한 사료 비판에 기초한 객관적이고 과학적인 역사 기술로 유명하다.

1910년 조선이 완전히 일본에 병합되자 중국으로 건너가 본격적인 항일운동에 뛰어듭니다.

중국 땅에서 신한청년단, 대동청년단, 대한독립청년단 등 공개 또는 비밀의 항일결사들을 조직해 활동하는 한편 『조선상고사』 등 민족정신을 고취시킬 역사서들을 저술합니다. 상해임시정부에서는 의정원 위원장을 맡아 외교에 의존하려는 임시정부의 노선을 비판하고 보다 강력하고 직접적인 투쟁을 요구합니다. 임시정부 초대 대통령이 된 이승만이 미국에 일본 대신 조선을 지배해 달라는 청원을 올린 사실이 밝혀지자 강력하게 이를 반대해 이승만을 탄핵시킨 주역이기도 했습니다.

결국 상해임시정부 주류의 무력까지 동원된 탄압을 받은 그는 북경으로 건너가 입을 다물고 말없이 실천한다는 의미를 가진 '다물단'을 결사해 무장테러를 시도하는 등 무정부주의 활동을 계속하다 체포되어 죽음에 이르고 맙니다.

이 글에도 나오듯이 신채호는 남이 하는 일은 하지 않고 남들이 가지 않는 길을 가는 사람이었습니다. 외교협상에만 매달린 무기력한 임시정부 민족주의자들은 물론, 스탈린주의에 경도된 사회주의자들을 모두 비판하고 독자적인 노선을 걸었던 행동주의자였습니다.

# 러시아혁명에 참가한 조선인 남만춘

남만춘 씨는 금년 33세의 장년의 인물로 출생지는 시베리아 흑룡현 사말니며 일찍이 러시아 중학을 나온 후 러시아군이 되어 유럽 전투에 출전까지 하였고 다시 1918년부터는 무산자운동에 투신하여 세상 사람들을 놀라게 할 만한 비상한 활동이 있었다고 한다.

1919년에는 정식으로 러시아공산당에 입당하여 세계의 불쌍한 동무를 위하는 굳센 신념에서 국경과 민족적의 차별도 관계 않고 성심성의로 노력하다가 1921년에 이르쿠츠크 국제공산당 동양비서부 내의 고려부를 맡게 되었다.

그의 성격은 강하고도 신중한 기미가 농후하며 외모는 언뜻 보기에 육체노동자와 흡사하나 현대의 주의·학설, 더욱이 맑스주의와 레닌주의에 대한 연구가 깊고 실로 오늘의 조선인으로서는 그 1위를 점할 것이라 한다. 특히 러시아인으로부터 신망이 많다는 것이 다른 사람들이 주목하는 바이며 부인은 러시아 여자인바, 애정이 돈독하야 세파에 부딪히고 늦게 돌아오는 남편에게 막대한 위안을 준다.

조선인인 것은 분명하나 조선의 강산이 어떠한지 한 번도 본 일조차 없을 뿐 아니라 조선어도 근근이 알아듣기나 하는 형편에 있어 조선을 항상 잊지 못하고 조선의 공산당 건설을 위하여 피와 땀을 다해가며 침식을 망각하고 분투함에는 감동하지 않을 자 있을까.

_남만춘.

말하자면 그가 전쟁에서 돌아와 무산자운동에 투신하게 된 후부터는 위험한 고비도 많았고 난관도 있었지만 가슴에 깊이 맺어진바 일편단심 조선인은 물론이고 전 우주의 인류로 하여금 행복의 길로 인도함에는 오직 한길이 있을 뿐이란 것을 굳게 믿고 용감하게 전진하는 투사요 학자이다.

세상에 수많은 정책자와는 달라서 사람을 대하고 일에 임할 때에는 진심으로 당한다는 것이 그로 하여금 일반에게 신망을 두텁게 만들었고 또 더욱 그는 늘 장래를 생각하지 결코 순간적으로라도 남을 속이며 술책을 꾀하지 않는다. 이것이 그의 가장 큰 특징의 하나이며 러시아인도 이것을 믿음으로써 가장 많은 신용을 하는 것이라 하겠다.

이제는 그에 대한 우스운 이야깃거리 하나를 소개하고 글을 마치기로 하자. 일일이 세세한 것을 쓰자면 한정이 없으니까. 언제인가 그가 러시아를 출발하여 북경, 상해로 향하다가 불행히도 합니하合泥河*에서 일본영사관 순사에게 체포된 일이 있다. 여기에 구태여 말할 필요는 없겠지만 좌우간 어떤 자의 밀고로 그리 된 것이었다.

국제공산당에 XXXXX의 대표로까지 출석하였던 남만춘을 이제야 잡았구나 하고 반기며 취조를 해보니 외모가 아무리 보아도 국제공산당에까지 갈 위인이 못돼 보일 뿐만 아니라 육체적의 노동자 같기도 하고 순박한 농부 같기도 한 중에 조선어조차 이해치 못하므로 일본영사관에서도 저것은 진정한 남만춘이 아니라 하여 사진만 박아두고 석방하였다.

그리고는 곧 영사관원은 남만춘의 지인으로 당시 합니하에서 탐정으로 있던 모에게 그 사진을 보이니 그자가 남만춘이 분명하다는 것을 확언하였으므로 다시 대활동이 개시되고 남 씨 체포에 필사의 노력을 했지만 마침 남 씨는 착하고도 XX에 공명하는 중국인을 만나 그의 보호를 입어 러시아로 무사히 귀환하였던 일이 있다.

이것이 비록 우스운 이야깃거리에 불과하되 그의 생긴 모양이 어떠하였으며 심정과 성질까지도 어떠하리라는 것을 넉넉히 알 수 있을 것이다. 그런 관계로 직접 노동대중과 접근하여 호감을 사게 되고 충직함으로 매사에 허위가 없음은 물론이요, 오직 성심이 있으며 성의가 있고 동지애가 있고 진심으로 행동하니 그 맡은 일에도 도움이 클 것을 알 수 있다.

『개벽』 제62호, 1925년 8월 1일,
「러시아인의 신임이 깊은 충직한 남만춘 동무」, 러시아에 사는 김생

---

* 만주 통화현의 마을.

일제의 검열로 원문에는 공산당을 ○○○으로 표기했으나 일부는 되살려 놓았습니다.

남만춘은 한국 사회주의운동사에 매우 중요한 초창기 인물입니다. 조선 유민의 아들로 러시아 극동 아무르 유역에서 태어난 그는 중등학교 때부터 레닌의 볼셰비키 혁명조직에 가담해 차르에 반대하는 무장투쟁을 했으며 제1차 세계대전 때는 러시아군 소위로 중대장까지 지냅니다.

1917년 러시아혁명이 성공한 후에는 아직 반혁명군의 수중에 있던 고향에서 비밀조직 활동을 하다가 1920년 러시아공산당 이르쿠츠크 당위원으로 선출된 이래 여러 직책을 맡아 조선에 공산주의운동을 일으키기 위해 활약합니다.

남만춘은 그러나 혹독한 스탈린주의의 광풍에 휩쓸려 1933년 숙청된 후 체포되어 감옥에서 사망하고 맙니다. 많은 공산주의자들이 온몸을 던져 싸웠음에도 불구하고 자신의 동지인 다른 공산주의자들에 의해 간첩으로 몰려 처형당하거나 장기간 옥살이를 하는데 남만춘도 그러한 희생자들 중 하나가 된 것입니다.

# 열차 안의 여운형

'조선 ○○운동의 거두 여운형 피착설被捉說' 이것은 1929년 7월 3일에 발행된 C신문 사회면 기사 중의 한 구절이다.

그날에 이 통신을 받은 우리들은 정말 놀라지 않을 수 없었다. 사실 상해의 넓은 천지, 더구나 ○○관헌의 세력권 내에 있을 여呂가 쉽사리 당국에 체포될 리가 없으리라는 것도 한 이유였으나 그보다도 종래에 몇 번이나 피착설을 전하던 그가 정말은 도무지 한 번도 잡혀 본 적이 없었던 사실이 더욱 우리로 하여금 그 보도를 의심케 하였다.

그래서 이 보도를 전해 준 D통신사로 전화를 걸고 진위 여하를 따져도 보았으나 역시 전문과 같이 '상해운동장에서 야구 구경을 하다가 일본 관헌에게 잡혔다'라는 간단한 사실 이외에는 그것이 정말인지 거짓말인지 아직 잘 알 수 없다는 모호한 대답을 할 뿐이었다.

그러면 혹시 그의 동생에게 무슨 소식이 왔나 하고 몇 번이나 미싱회사로 전화를 걸고 운홍 씨를 찾았으나 공교롭게 인천에 출장하시고 마침 아니 계시다고 한다. 이래서 할 일 없이 그날 신문에는 그저 피착설이 있으나 진위는 아직 알 수 없다는 흐리멍텅한 자신 없는 기사를 보도함에 지나지 못하였다.

비록 그와 같이 간단한 보도에 지나지는 못하였으나 그 기사는 과연 각 방면에 비상한 센세이션을 일으키고야 말았다. 저녁을 먹고 신문사에 가보니 편집국의 전화가 잠시도 쉴 새 없이 요란히 울

_상해에서 체포되어 열차로 경성으로 이송 중, 용산역에서 내리는 여운형.

리는데 열에 아홉은 거의 대개가 여운형에 대한 사실 여부를 묻는 말이었다.

'과연 여운형은 이름난 사람이로구나!'라는 생각을 몇 번이나 새삼스럽게 되풀이하면서 '아직 정확한 것은 잘 알 수 없습니다' 소리를 하기에 땀을 뻘뻘 흘리고 있으려니까 두 눈이 벌개진 여운홍 씨가 와락 달려들어 '여보 어떻게 된 일이요?' 하며 냅다 나에게 질문을 한다.

그래서 자초지종의 이야기를 하고 D통신사의 전문만을 가지고는 잘 알 수가 없어서 아까부터 운홍 씨를 찾았다는 말을 하였더니 그는 입맛을 쩍쩍 다시며 다만 '큰일났군, 큰일났어!' 소리만을 자꾸 연발할 뿐이었다.

그날 저녁 신문에 공교롭게 D신문도 G신문도 이 보도를 쏙 빼어

먹어서 이상하게 C신문만이 홀로이 기사로 이채를 발하고 있었다. 이것은 나중에 안 일이지만 D신문이나 G신문은 공교롭게 D통신사의 전보를 보지 않은 까닭에 이날의 여운형에 대한 소식을 전혀 몰랐다고 한다. 이 까닭에 여운형 피착에 관한 보도는 요행으로 C신문만이 가장 신속하게 되었다.

그런 일이 있은 지 만 3일 만에 각 통신사의 정확한 속보와 경무당국에 정식 전보로 여운형의 피착설은 드디어 사실로 판명되고 말았다. 그 후 며칠 동안은 또 상해영사관 경찰서에 체포된 그가 일본 장기재판소로 올 것인가? 그렇지 않으면 조선으로 올 것인가? 조선으로 온다면 경성으로 올 것인가? 신의주로 올 것인가? 신의주는 지난번 조선공산당 사건 관계자로의 소위 여운형 호송문제로 각 신문의 보도가 구구했었다.

그러나 결국은 같은 달 ○○일에 경성으로 호송되는 것이 판명되어 경성의 각 신문사 기자 십수 명(그중에는 5, 6명의 일본 신문기자도 있었다)은 각각 사진반을 대동하고 그날 오후 4시 경성역발 대전행 열차로 우선 수원까지 마중을 나가게 되었다.

수원에 도착되기는 그날 오후 여섯 시가 조금 지난 어스레한 황혼이었는데 승강장에 내려 보니 저편 궤도에 벌써 여운형을 실은 북행 특급열차가 우리들을 기다리고 있는 듯이 뭉뭉한 검은 연기를 토하며 푸―푸― 소리를 내고 있었다.

날아가는 새처럼 특급열차에 뛰어오른 우리들은 마치 먹을 것을 찾는 독수리 모양으로 온 차를 뒤지기 시작하였다. 1등칸에서 2등으로, 2등에서 3등으로― 그러나 꼭 있어야 할 그의 모양은 도무지 보이지를 않는다. 이상하다는 생각을 하며 무심히 3등 침대차 안을 들여다보니 흡사 그림 속에 있는 사람과 같이 여운형의 얼굴이 유리창을 통하야 언뜻 눈에 들어온다.

옳지 되었구나! 하는 생각으로 선뜻 문을 열고 들어서니 좁은 3등 침대 한구석에는 보기 좋게 난 카이젤 수염에 이마가 시원하게 넓고 눈이 두리두리하고 얼굴빛이 조금 검고 기골이 장대한 양복신사 한 사람을 중심으로 그의 바른편에는 낯익은 경찰부의 경부가 앉아 있고 왼편에는 S형사가 앉아 있는데 가운데 앉아 있는 장대한 이가 여운형임은 한 번 보아서 능히 알 수가 있었다.

그들이 앉은 바로 그 뒤 장의자 부근에는 부산까지 영접 나간 여운홍 씨의 전 가족이 혹은 안고, 혹은 서 있는데 20여 년 만에 철쇄를 차고 고국에 돌아오는 친지를 만나는 일희일우에 누구나 다 눈이 벌겋게 충혈이 되어 있는 듯하였다.

우선 여운홍 씨에게 인사를 한 우리는 호송경관의 호의로 절대 다른 이야기는 다시 않겠다는 약속으로 여운형과 첫 인사를 교환하게 되어 각기 명함을 내어주며 '먼 여행에 얼마나 고단하냐?'라고 물으니 그는 커다란 두 눈에 가벼운 미소를 띠며 무언 중에 사의를 표하야 '무어 아무렇지도 않다'고 커다란 손을 내밀며 일일이 힘 굳세인 악수를 하여주었다.

그리고 그는 시종 침묵 일관으로 말없이 획획획 지나가는 창밖의 고국산천을 내다보다가는 이따금씩 '큰아버지! 큰아버지!' 하고 따르는 아직 세상을 모르는 금년 일곱 살 될 나이 어린 조카 S의 머리를 무심히 쓰다듬어주기도 하는데 언뜻 보아서는 도무지 희로애락

사이의 이렇다는 표정을 찾아낼 수가 없었으나 그의 시원하고 커다란 두 눈 속에는 어디인지 감개무량한 회포가 떠도는 듯도 싶었다.

그렇지 않아도 좁은 삼등침대는 15~16명이나 되는 벌떼 같은 신문기자들로 인하야 더한층 좁게 된 데다 보기 싫도록 실컷 보다가도 그 사람이 좀 색다른 사람이라면 다시 더 보고 싶은 것이 사람의 상정이라 한 종일을 한 차를 타고 오면서도 누가 누구인 줄을 잘 몰랐다가 신문기자들의 수선으로 비로소 여운형이 잡혀 오는 줄을 알게 된 다른 여객들이 '여운형이야, 저이가?' 하고 일제히 나도 나도 몰려나오는 바람에 삼등침대 차내는 말할 수 없이 그야말로 문자 그대로 대혼란을 이뤘다.

나는 이 틈을 타서 그의 동생을 통하여 대략 다음과 같은 질문과 답을 여운형과 교환할 수 있었다.

"당국의 말을 들으면 조선공산당 사건에도 당신이 관계가 있다고 추측이 구구한데 사실은 어떻습니까?"

"최근 5년간은 전부 중국혁명 완성에 노력하였고 따라서 손문의 연아연공정책聯俄聯共政策*에 의하여 다소 공산당 사건에는 관계가 있었으나 조선공산당 사건에는 관계가 없었소."

"중국의 극좌파와 깊은 관계가 있는 까닭에 장개석 일파의 국민당의 중요 간부가 당신을 싫어한다는 말이 있더군요."

"내가 중국국민당의 극좌파의 영수라고 한 왕조명의 고문으로 있으니까 혹시 그런 말이 날는지도 알 수 없으나 그렇다고 현 국민정

---

* 러시아와 연합하고 공산당과 연합한다는 정책.

부의 간부급들이 그렇게 나를 싫어하리라고는 생각하지 않소. 그 증 거로는."

"무슨 증거가 있나요?"

"내가 지난번에 남양을 시찰하고 돌아온 후 미국인이나 영국인 같 은 자본주의 국가의 대표라 할 수 있는 백인종들이 남양 일대의 약소 민족을 하고 있는 것을 본 결과 금년 가을쯤 남양에서 아세아 ○○회 와 같은 것을 개최해 볼 생각이 있었는데 어찌 알았는지 이 소식을 듣고 장개석이가 사람을 보내어 그 계획을 공동으로 하자는 제의까 지 있었으나 왕조명과의 관계로 즉답을 피한 뒤 이와 같이 되었소."

"필리핀에서는 여행권을 다 빼앗겼다지요?"

"필리핀에는 약 1주일 체제 중에 전후 4차례 연설을 한바, 그 내 용이 미국 장관의 비위에 저촉되었다고 하야 여행권을 빼앗긴 일이 있소."

"무슨 연설이었기에 미국 장관의 감정을 샀나요?"

"(원문 생략)"

"당신이 상해에서 피착된 데 대하여 중국 측에게 항의를 하였다 는 말이 있는데 누가 했을까요?"

"지금 처음 듣는 말이올시다. 중국 측에서 항의했다면 왕조명이 가 하였겠지요."

"상해에 있는 가족은 어떻게 하시렵니까?"

"운홍이가 가서 데려오겠다고 하나 나는 당분간 거기 두어볼까 하오. 산 사람이 설마 굶어 죽기야 하겠소?"

"상해에서 피착되던 당시의 광경을 좀"

이때 호송경관의 제지로 부자유한 문답이나마 더 계속하지를 못하였다.

경성역에 내리면 마중 나온 군중이 많을까봐 호송경관은 미리 용산역에서 내리기로 작정한 모양으로 열차가 용산역에 닿자마자 그들은 벌써 내릴 준비를 하기 시작하였다.

여운형은 묵묵태산과 같이 무겁게 앉아 있던 장대한 몸을 일으키며 한 손에는 그의 부인이 상해 일본영사관으로 차입해주었다는 검정 트렁크를 선뜻 들고 체포될 때 분실하였다 하여 머리에는 여전히 모자도 안 쓴 채 무거운 걸음을 승강장으로 옮겨놓았다.

한 걸음, 두 걸음. 여기서야 비로소 각 신문사 사진반의 마그네슘 터뜨리는 소리가 일제히 요란하게 나는데,

"여운형은 상상하는 바와 같이 참 큰 사람이거든! 그저 옆에만 가 있어도 일종의 위압을 느낀단 말이야!"라고 옆에 나란히 서서 여의 뒤를 따라 나오던 B라는 일본 신문기자까지 이렇게 중얼거리며 ○○함을 마지않는다. '사스가니 에라이'(과연 훌륭하군)라는 말은 그날에 그들이 받은 공통된 인상이었다.

정차장 구내를 벗어나서 밖에는 벌써 경찰부의 제2호 자동차와 T 경부가 미리부터 여운형을 기다리고 있다가 여가 밖으로 나오기까지 즉시 자동차에 실어가지고 경성 시내로 자취를 감춰버렸다. 이날 경성역에 마중 나왔던 여의 다수의 지기, 친구들은 과연 감쪽같이 헛물을 켜고 말았다.

『삼천리』 제6호, 1930년 5월 1일, 「열차 중의 여운형」, 김을한

민족해방운동의 거목 여운형이 중국 상해에서 체포되어 조선으로 압송되는 과정을 취재한 글입니다.

경기도 양평 출신인 여운형은 1886년생인 만큼 사회주의운동에도 대선배로서 역할을 합니다. 신한청년당 대표, 고려공산당 중앙위원 등을 역임하면서 상해에서 활동하는 동안, 조선에서 건너온 수많은 애국청년들이 그의 집을 본부로 삼아 경제적·정신적 도움을 받습니다. 잘생긴 외모에 뛰어난 연설, 대범하고 호방한 기질로 중국공산당은 물론 우익인 국민당과도 널리 교분을 가지고 있던 그는 박헌영 결혼의 주례를 서는 등 1920년대 사회주의운동의 대부로서 명망이 높았습니다.

결국 상해에서 체포되어 국내로 돌아온 후에는 조선중앙일보 사장, 조선체육회 이사 등을 역임하면서 공개적인 민족 지도자로 널리 활동합니다. 워낙 대중적 지지를 받는 거물이다보니 일본 고관들과도 자주 접촉하게 되고 일제 말기에는 대화숙이라는 친일단체에 이름을 올리기도 했으나 실제로는 아무 활동도 하지 않았다고 합니다.

재미있는 것은 일제시대 조선인들은 이들 독립운동가들이 체포되거나 재판을 받을 때 직접적인 친분이 없더라도 너도나도 몰려나와 구경을 했다는 점입니다. 여운형이 압송되었다는 소식에 많은 이들이 경성역에 나왔다가 허탕을 친 것처럼, 경찰은 마중 나오는 인파를 속이기 위해 다른 역에 내리게 하는 게 보통이었습니다.

# 잃어버린 친구를 그리며

## 일 년 전에 간 권오설에게

친애하는 권 군이여! 군이 이 세상으로부터 꿈길같이 자취를 감추어
버린 것도 어느덧 1주년이 가까워 왔습니다. 그리운 권아! 그대의
가장 신임하는 모든 사람들과 그대의 가장 사랑하는 부모형제를 모
두 떨쳐버리고 한 번 가매 다시 돌아오지 못할 영원의 길을 떠난 것
은 오호 그대야 아는지 모르는지 지난 1930년 4월 17일이었나이다.

사랑하는 사람 권아! 군과 나와 이 세상에서 마지막 얼굴을 상대
하여 본 것은 그 어느 때경이나 되었던가? 어지러운 추억의 실마리
를 가려보니 그것은 아마도 1929년 이른 봄철 그 어느 날 정오경인
것같이 기억됩니다.

그때 나는 제10공장에 출역을 하면서 제초작업을 하고 있었고 그
는 예의 신병으로─심장 혹은 폐병이라던 것─병감에 수용을 당하
고 있었습니다. 그래서 그 어느 날 내가 다른 함께 일하는 죄수들과

_권오설(왼쪽)과
임원근.

감방으로 진찰을 갔다 돌아오는 길에 앞서 오면서 창문 밖으로부터 권의 이름을 부르니까 가느다란 철망 안으로부터 초췌한 권의 얼굴이 나타나면서 하얀 치아로 힘겹게 고통스런 미소를 짓고 말았습니다. 그러고는 그저 피차에 몇 번씩 고개만을 끄덕이고 말 한마디 나누지 못하고 헤어지고 말았습니다.

지하에 간 권오설이여! 온갖 것을 다 아노라고 지저귀는 우리 인간의 총명 어찌 이다지도 하잘것없이 공허함인가? 어찌 이같이 무게 없는 물건이었습니까? 만일 우리들에게 좀더 신뢰할 만한 총명과 선견이 있었다면 그때 그대와 나와의 이같은 형식의 상봉이 불과 1년이 넘자마자 다시 만나지 못할 영원의 작별이었던 것을 어찌 깨닫지 못하였으리까. 오호, 지나친 옛날을 돌아보니 오직 추억의 눈물이 무한히 쏟아질 뿐이외다.

친애하는 그대여! 그대를 생각할 기회가 있을 때마다 광대뼈가 두 뺨에 솟은 그대의 신사적 타입 얼굴이 눈앞에 완연하외다. 그리고 열과 성이 가득 찬 그대의 힘 있는 어조가 또한 귓가에 남아 있어 그 여운이 지금도 들려오는 것 같습니다.

그때가 벌써 언제였습니까? 우리들의 이른바 제1차 공산당 사건의 대공판이 열렸을 때입니다. 101인의 피고들이 커다란 법정을 차지하고 한 사람 두 사람씩 사건 심리를 진행하여 갈 때 그대야말로 시종일관으로 꾸준한 법정투쟁을 계속하여나간 사람 중에서도 가장 특수한 한 사람이었습니다. 명철하고 대담한 그대의 주장에 법정은 긴장되었습니다. 심리가 끝난 뒤로 자유공술 장면에 이르러 X에 대하여 장시간에 걸친 군의 화염을 토하는 열변이야말로 웅변이라기보다는 내용과 형식을 구완한 한 개의 완전한 정치논문이라기에 충분했습니다. 나는 그때 그 어구 중의 비록 한 마디일지라도 지금 이 자리에 옮겨 쓰지 못하는 것을 그대와 함께 매우 슬퍼합니다.


그리운 그대여! 그러고는 감옥생활에 있으면서도 쉬지 않는 그대의 XX성 발휘가 또한 여러 동무들이 경애하는 바였습니다. 여러 해 동안 그같이 병고로 신음 중에 있고 독방생활의 신산한 고초를 이중으로 겪어오면서도 군의 평소의 정력과 열성은 그대로 발휘되고 있었습니다.

나는 출감 전 두어 달 동안을 우연치 않게 바로 그대의 건너편 독방에 있게 되었습니다. 그래서 그대의 움직임을 모조리 탐정하다시피 알게 되었습니다.

내 방에서 건너다보기에는 그대의 감방에 비치되어 있는 보지기報知機*는 언제나 거의 뻗쳐 있다 해도 과언이 아닐 만했습니다. 그저 대체로 청구하는 것도 어찌 그리 다종다양한지 실로 손꼽을 겨를이 없을 만했습니다.

이불이 눅눅하니 이불을 일광소독을 하여다오, 새 이불을 바꾸어다오, 걸레를 바꾸어다오, 국이 식고, 콩이 너무 많고 돌이 섞였다, 물이 식어서 마실 수가 없다. 배식을 하는 데는 이렇게 하여라, 저렇게 하여라, 또 무엇을 어쩌고 어찌 하여라, 종이를 사다오, 묵필을 사다오, 총독에게 상소를 쓰겠다, 공장출역을 시켜다오. 그러고는 사흘이 멀다 하고 계호주임으로 의무주임, 교무주임, 소장 등을 늘 면회하러 왔다 갔다 하였습니다. 면회신청을 하여서 만일 좀 늦게 불러가면 또 안 불러간다고 담당간수를 들볶고 야단을 치는 둥, 여하간 나는 그같이 부단한 군의 ○○생활을 힘껏 X복할 수밖에 없었습니다. 어떤 때는 너무도 군의 열과 성에 감화되어 '대체로 저 사람은 정력도 많고 머리도 참 밝기도 하다'는 말을 나 혼자 중얼거리기도 하였습니다.

친애하는 권이여! 때는 이미 저물었습니다. 오늘 이 자리에 나의 그대에게 대한 이 같은 천 가지, 만 가지 말이 군의 존재를 위하여 어찌 다만 조금이라도 그 무엇의 반향이 있을 것입니까?

아! 그리운 동무! X의 자취는 아주 영원히 이 지상으로부터 사라져버렸다. 생각건대 짧은 생전의 군의 바쁜 생활은 실로 자기와 시종일관하였다. 현명한 군은 일찍이 ○○○○하다가 마침내 영어인으로서의 마지막 호흡을 들이마시고 말았다.

* 죄수들이 위급할 때 간수를 부르는 막대기로 감방마다 벽에 매달려 있다. 패통이라고도 한다.

오호 권아! 그대의 차디찬 시체가 신간회 경성지부 별실로 안치되었을 때 우리 동무들은 급한 발길로 뛰어갔다. 그러나 우리는 다만 한 자루의 선향을 피우지 못하고 다만 한 마디의 조가를 부르지 못하였다. 오직 무거운 침묵이 우리의 가슴을 더욱 아프게 하였을 뿐이다.

『삼천리』 제13호, 1931년 3월 1일, 「망우추억」亡友追憶, 임원근

*  *  *

김단야, 박헌영과 함께 조선공산당 트로이카라 불리던 임원근이 감옥에서 숨진 동료 권오설을 추모하며 쓴 글입니다.

경북 안동의 가난한 양반가문에서 태어난 권오설은 일찍부터 계몽운동을 하다가 공산주의를 알게 되어 노동운동과 소작인 권리운동으로 유명해진 인물입니다. 1926년 조선공산당 중앙위원으로서 6·10만세운동을 계획하고 지휘하다가 체포된 후 극심한 고문으로 폐렴에 걸려 고생하다가 1930년 4월 옥사합니다.

권오설은 두뇌가 뛰어날 뿐 아니라 성격이 대단히 깐깐하고 강단이 있어서 수감생활 중에도 끊임없이 옥중투쟁을 계속해 동료들조차도 그가 너무 신경이 예민해 병이 낫지를 않는다고 걱정할 정도였다고 합니다.

이 추모사를 쓴 임원근은 경기도 개성 출신으로 주세죽, 고명자와 함께 공산주의 여성 트로이카로 불리던 허정숙과 결혼했는데 글을 매우 잘 써서 김단야, 박헌영과 함께 동아일보 기자로 근무할 때도 임원근만이 기자로 인정을 받았다고 합니다.

그러나 1932년 허정숙과 이혼하면서 공산주의운동에서 물러난 임원근은 해방되기까지 평범한 신문기자로 살아갑니다. 해방 후에는 잠시 공산주의운동에 가담하기도 하지만 손을 떼고 역시 평범한 건설업자로 살다가 1963년 서울에서 사망합니다.

# 철창 속의 거물들

최근 계속적으로 해외에서 잡히어 오는 사람들이 많다. 공산당원이
란 혐의로 간도지방에서 수없는 청년이 수갑을 차고 들어온 것은 새
삼스럽게 말할 것도 없거니와, 수삼 년 전만 하야도 거의 안전지대
로 알던 길림, 상해 등지에서까지 혹은 밀정의 계략에 빠져, 혹은 국
제적 착잡한 관계로 남의 손에 잡힌 몸이 되어 꿈속에서도 고대하던
옛 땅을 밟는 사람이 많다. 좁은 조선인들 그들을 용납할 만한 곳이
야 없었으랴마는 소망과 뜻이 남과 달라서 해외에 표랑하여 망명객
의 찬 꿈을 맺으면서도 행동의 자유를 얻음에 만족하던 그들이 하루
아침에 영어의 몸이 되니 그 소회 또한 남과 다른 점이 있을 것이다.

　그중에는 수하에 수많은 부하를 거느리고 머릿속에 세계의 일을
요리하던 거두급의 인물로서 세인의 이야기에 오르던 사람도 없지
않으니 음산한 철창 속에 갇혀 앉은 이 거물들의 과거와 현재를 써
보라는 것이나 발이 넓지 못한 필자는 그들 전부를 만나보지 못하였
고 벌써 7, 8년 전에 한두 사람 대면한 일이 있었으나 연소한 학생
때의 일이라 지금에는 기억조차 희미하다. 할 수 없이 신문기사로

취급하던 재료를 들추어 생각나는 대로 몇 사람 것을 적어보기로
한다.

## 여운형

상해 대마로야구장에서 재작년(1929년) 7월에 잡혀 경성복심법원에
서 3년 징역을 받고, 목하 대전형무소에서 그물을 뜨고 있는 그는
"臨淵羨魚 不若退而結網"*이란 맹자의 한 구절을 써서 그의 최근
심경을 그 이 씨에게 알렸다 한다.

기독교도로 최초의 출세를 한 그는 최근에 와서 공산주의자로의
여러 가지 활동을 하였거니와 그가 삼일운동 전년이던 1918년 8월
하순경에 상해에서 장덕수, 조동우 등과 같이 신한청년당을 조직해
파리강화회의에 청원서를 제출하고 대표를 파견한 것을 비롯하여
혹은 의정원 의원으로, 혹은 임시정부 외무부 위원장으로, 여러 가
지 활동을 하였다.

그러나 그가 세인을 가장 놀라게 한 것은 1919년, 일본척식국 장
관 고하 씨의 초청을 받아 동경 정계에 나타났던 때니 그의 유창한
영어와 현란한 웅변이 우선 일본 신문기자들을 탄복케 하고, 그의
기개 있는 행동과 견고한 의지가 정계 요인들에게 깊은 인상을 주었
으니 동경대 교수 길야작조 씨**로 하여금 '일본서도 드물게 볼 인

* 임연선어 불약퇴이결망, 물가에서 고기를 부러워하는 것보다는 그물을 짜는 것이 낫다.
** 요시노 사쿠조, 일본의 기독교 사회주의 운동가로 아시아 국가의 독립운동을 지지했다.

물이다'라고 격찬을 아끼지 않게 했다는 풍설도 그때의 일이었다.

'돈은 필요하지마는 지조와 교환한 돈은 쓸 수가 없다'고, 제출된 30만 원 조건을 일언지하에 거절했다는 말도 있고, '청도 총영사의 종신직보다는 종신토록 하여야 할 딴 직분이 있다'고 단연히 동경을 떠났다는 말도 있다.

그 후에 여운형은 1923년 1월 중순경 러시아 모스크바에서 개최된 원동민족대회에 참석하여 기염을 토한 일도 있었고, 필리핀, 남양반도 등지로 돌아다니며 세계의 현황과 약소민족의 장래에 대하야 열변을 토한 일도 있었다 한다.

그의 해외활동이 전후 15년에 이르렀으니, 그의 관계한 일이 어찌 이에 그치랴마는, 그가 잡혀오는 기차 중에서 기자단에게 말한 바와 같이 이룬 것은 없었으나 해외의 여러 가지 운동에 그가 참가치 아니한 일이 거의 없었으니 촉진회, 로병회, 대표회 등등에도 그의 족적이 없는 곳이 없다.

당년 46세인 그는 지금 형무소에서 주는 콩밥 세 덩이로 장신 거구의 건강을 지탱하고 있으니 반도 산하에 따뜻한 봄을 철창 속에서 내다보는 그의 감회는 그가 아니고는 모를 일이다.

## 오동진

평양 대성학교 출신으로 기독교인인 그는 기미년에 만주로 건너가 수천 명 부하를 거느리고 전후 10년 동안을 활동하다가 지금으로부터 4년 전에 밀정 김 모의 계책에 떨어져 장춘서 잡혀온 사람이다.

신의주형무소에서 50여 일의 단식을 계속하여 세상 사람들을 놀라게 했던 그는 재작년(1929년) 12월 6일에 예심이 결정되어 제령위반, 치안유지법위반, 살인, 방화, 강도 등등 죄명으로 신의주지방법원 공판에 붙게 된 지 벌써 1년여의 시일이 지났으나 아직 1회의 개정도 없었다.

옥중의 그를 빼서 내려고 그의 부하 김여영 등이 철통 같은 경계를 뚫고 신의주에 잠입하여 파옥을 계획 중 그들마저 잡히었지마는 이 사건만으로도 그의 만주운동에 대한 지위를 엿볼 수 있거니와, 그를 맡아 만 2년간이나 취조하던 상양 예심판사까지도 그가 위대한 감화력을 가지고 남의 두령될 자격을 구비한 점에 경탄한 일이 있다 한다. 이 까닭인지 그가 ○○청년연합회를 비롯하여 광복군, 통의부, 정의부, 고려○○군 등 5개 단체로써 전후 10년 동안 수천의 부하를 지휘 활동하였으나 그 부하 중에서 한 번도 그를 배척한 사람이 없었다 한다.

미국의원단의 조선 통과를 기회로 장덕진, 안경신, 정인복, 임용일 등을 조선 내에 파견하여 평양, 선천, 신의주 등지의 폭탄 사건, 경찰사살 사건을 일으키게 한 것도 그의 일이라고 하며, 1922년에는 만주에 산재한 각 단체 대표자를 모아 양기탁 등과 같이 통일회의를 개최하는 주역을 맡은 일도 있었고, 1926년에는 천도교, 형평사, 정의부 등의 삼각동맹으로 고려○○당을 조직코저 분주한 일도 있었다 한다.

조만간 열리게 될 그의 공판정에서는 그의 10년간 활동사가 전개될 것이다. 그는 금년 43세.

_오동진(왼쪽)과
이응서.

## 이응서

흑선풍이란 별명을 가지고 국경 일대에 신출귀몰하여 주민과 경관
의 간담을 서늘케 하던 그는 재작년 신의주 경찰의 손에 잡히어 1년
반여의 예심취조를 받은 후 작년 11월 24일에 신의주지방법원 공판
으로 넘어가서 단조로운 철창 소일을 계속하고 있다.

그가 평안북도 강계에서 병원을 경영하며 청림교 강계지부장을
겸임하고 있다가 1922년에 중국으로 건너간 후 10년 동안을 두고
혹은 참의부 소대장으로, 혹은 통의부 중대장으로 또 혹은 한국○○
군사령으로 전후 10년 동안에 직접행동을 하야 법률에 저촉된 사건
이 실로 327건에 달하니 제령위반, 치안유지법위반, 강도, 살인, 폭
발물취제규칙위반, 상해, 방화 등이란 그의 죄명만 보아도 그가 얼
마나 무서운 직접행동파인 것을 알 수가 있다.

강계를 중심으로 평북 일대에서 밀정과 ○○파는 만나는 대로 죽
이던 그는 한 번 평북의 경찰부의 손으로 재작년 4월 22일 신의주

중진여관에서 잡힌 후로는 옥중의 신산한 묵상으로 지루한 세월을 보내더니 수개월 전에 평북경찰부 김덕기 고등과장을 절도죄로 고소하여 또 한 가지 세상의 이야깃거리를 만들어내었다.

예심결정서에 나타난 그의 범죄사실 중에 살인사건만 하야도 43건의 다수에 달하니 당년 42세의 그의 여생이 옥중의 이슬로 변하지나 않을는지? 머지않아 개정될 그의 공판이 혹 공개 금지나 아니 된다면 법정에 남기는 그의 최후의 말이 각 신문지를 통하야 독자의 귀에 전해지게 될 것을 믿는다.

『동광』 제21호, 1931년 5월 1일, 「철창리의 거물들」

\* \* \*

일제 40년간 3만 명에 이르는 항일운동가들이 감옥살이를 하는데 그중에서도 1931년도에 감옥살이를 하던 몇몇 저명한 인물들의 간략한 소개입니다.

여운형은 따로 설명할 필요도 없이 유명한 인물인데, 오동진은 일반인에게 널리 알려지지는 않았으나 당대를 호령하던 대단한 인물이었습니다. 원문에 고려○○당으로 표기된 것은 고려혁명당을 말하는데 오동진은 이 당뿐 아니라 정의부 등 여러 항일조직의 책임자로 널리 활동합니다.

일제 경찰은 오동진에게 10만 원이라는 최고액의 현상금까지 걸었는데 결국 오동진은 밀정인 김종원의 모략에 빠져 체포당하고 맙니다. 정의부에서는 오동진을 구출하기 위해 몇 번이나 시도를 하는데 결국 실패하고, 오동진은 무기징역을 선고받아 여러 형무소를 전전하다가 해방 직전인 1944년 감옥에서 순국합니다.

『수호지』의 영웅 중 한 명인 흑선풍이라는 별명으로 불리던 이응서 역시 일본 경찰의 간담을 서늘하게 했던 맹장이었습니다. 3·1운동 후 만주로 망명한 그는 그해 9월 함경도 갑산군·금정군 경찰주재소와 일본군 영림창, 면사무소 등을 습격한 것을 시작으로 만주를 무대로 수많은 대일전투를 벌입니다. 이응서가 이끌던 독립군은 만주지역의 일본영사관, 경찰관서들을 무수히 습격해 일본 관민 400여 명을 살상하는 전과를 올립니다.

1930년 2월 만주 길림성에서 체포된 이응서는 1심에서 사형을 선고받았다가 경성고등법원의 상고심에서 무기형으로 확정되었으나 극심한 고문의 후유증으로 1932년 감옥에서 옥사하고 맙니다.

여운형, 오동진, 이응서 등등 하나같이 민족해방운동사의 거목들입니다.

# 김일성의 운명은 장차 어떻게 될까?


## 마적대장 김일성!

그는 국경 일대를 아직도 가끔 시끄럽게 하며 돌아다닌다. 작년 가을 북만으로부터 수백의 부하를 거느리고 장백현 일대를 습격한 후로는 국경은 이리저리 가끔 수선한 상태이다. 장백현 내에는 우리 동포가 그들로 인하야 천여 호가 방화 소실을 당했고 피살자도 수백 명! 오지 농민은 유리, 사방으로 흩어져 처참한 광경을 보이고 있거니.

그리고 재작년 6월 4일 보천보를 월경 습격한 후로는 혜산진을 중심으로 경비진을 일층 강화하는 등 총검 빛나며 경비원을 괴롭게 굴거니와 만주 산간의 괴물 김일성 그는 과연 어떤 자인가? 그 역시 인간인지라 무슨 생각을 갖고 있는가. 이 수수께끼의 인물을 알고자 요전날 자동차를 달려 무시무시한 국경선을 넘어서 장백현 시내로 들어섰다.

지저분한 시가지, 능글능글한 변발의 아이들, 또박또박 걷는 편족의 아낙네들, 아편중독자 등 이역 풍경이 그럴듯하거니와 눈알을 굴리는 파수병 그리고 기마대의 말발굽소리, 처처에 붙은 서슬이 시퍼런 토벌 포고문 등 모든 것이 살기가 등등한 품이 이렇게 압록강이란 물 하나를 건너면 화려강산과는 딴판인 것이다.

김일성의 부하로 5년간이나 활약하던 여당원 두 사람이 일전에 귀순하야 나왔다는 말을 듣고 먼저 그들을 만나려고 장백협화회 본부로 가서 여러 시간 기다린 끝에 겨우 그들과 이야기할 기회를 얻었다.

그는 아직 20을 넘지 못한 새파란 아가씨. 방금, 피어오르는 봉오리인 여인들! 그는 산중의 형극을 5년이나 맛보았고 남자 이상으로 총칼을 휘두르며 돌아다니던 그 얼굴에 지난날의 괴로움도 가득해 보였으며 활달한 말솜씨로 명함을 내어놓은 기자에게 '어서 앉으시지요' 하고 인사를 하므로 만주식 '캉'*에 올라앉았다.

> 기자: 그동안 얼마나 고생하시었나요. 나는 잡지사에서 왔는데 두 분이 고생하시던 이야기를 좀 들으려구요.
> 박: 별 고생 없습니다. 지금 생각해 보면 지난 일이 모두 꿈같습니다.
> 기자: 이름이 누구십니까?
> 박: 네, 나는 박ㅇ옥(20), 저 양반은 노ㅇ순(19)이라고 합니다(그들의 요구에 의하여 이름은 밝히지 않음).

* 만주식 온돌방.

기자: 고향은 어디?

박: 네, 나는 북간도 연길현서 나구요. 노는 역시 간도 충신장에서 났지요. 그래서 조선땅에는 고향도 없지요.

기자 : 어떻게 되어서 그런 길로 나섰던가요?

박: 6, 7년 전 북만 일대에는 공산토비가 심해서 그것을 토벌하기 위해서 토벌대들이 출동했지요. (원문 생략)

기자: 그 군대의 이름은?

박: 동북연합군입니다.

기자: 김일성은 어떤 자입니까?

박: 그는 아직 27세밖에 안 되는 건장한 청년입니다. 그를 처음 만나기는 작년 봄 무송현에서 연합군 때부터인데 젊은 사람치고는 퍽이나 노련한 자입니다. 그의 기본 부대는 60명밖에 안 되나 그 외 수백 명 보조대가 있습니다. 그는 일거수일투족을 가볍게 하지 않고 언제나 심사숙고한 후 처신합니다. 그래서 김일성은 말이 없는 자로 침묵을 지키며 여자 당원 11명에 절반은 만주인인 수백 명의 부하를 일사분란하게 통제해가며 외공내수外攻內守하는 그의 수완은 듣는 대로지요.


여기까지 이야기하고는 사정이 있어 중단하였다.


기자는 다시 장백현 시내 김정부(73)라는 노인을 찾아가서 김일성과 문답한 이야기를 들었다. 김 옹은 작년 가을 그들이 납치하여 7개월이나 신음하다가 탈출한 노인이다. 회견 장소는 장백현 횡산북마산채로 소위 마적들의 감옥이었다. 회견 일시는 재작년 12월

6일이고 인물로는 김일성, 김정부, 정도익 외 12인이었다. 김 노인과 김일성은 회견했는데 그 문답의 내용은 아래와 같다.

일성: 아바지 어찌 고생합니까?

정부: 우선 굶어 죽겠소. 보리죽 물을 하루에 두 완자씩 주니 늙은 놈이 어떻게 살아가겠소? 나뿐 아니라 여기 납치된 열 여인이 한 달을 못 가서 다 죽을 것이요.

일성: 특히 노인님 많은 밥을 지어 드리도록 하겠소. 우리의 살림살이가 넉넉지 못하니 자연히 그렇게 됩니다.

정부: 이렇게 농민을 붙들어 오고 하니 백성이 어떻게 산단 말이오?

일성: 내가 장백현으로 온 지 30년이나 되는데 그 사정은 대강 알지요. (하략)

정부: 그도 그렇지만 우마를 잡아다 저렇게 굶겨 죽이니 너무 잔인하지 않소?

일성: 일 없소. 어느 새에 그것을 다 돌보겠소?

정부: 지금 무슨 생이요?

일성: 무슨 생이랄 게 없소. 시방 스물네 살이외다.

정부: 고향은?

일성: 평양 태생인데 어려서 간도로 왔소. 지금 간도에 집이 있고 부모 처자 다 있소. 집에서는 생활도 넉넉한데 나는 보리죽을 먹으며 이 고생을 하오.

정부: 어디 김 씨요?

일성: 선산 김가올시다. 그리고 여기 온 수인 여러분들 들으시오. 여러

분들 집에서도 기다릴 것이고 해서 보내드리겠는데, 지금은 외투하고 또 눈이 백설 한 길씩 쌓여서 좀이나 따뜻해지면 돌아가서 농사를 짓도록 할 터이니 안심하시오.

정부: 그런데 대관절 우리에게 무슨 죄가 있어서 이러는 거요?

일성: 여러분이 우리를 찾아 와 돈을 줄 리는 없고 먹고 남는 것 좀 보조해 달라는 말입니다. 1원도 좋고 10원도 좋고.

정부: 백성을 죽이고 잡아 오고 못살게 구니 무슨 일이 되겠소?

일성: (원문 생략)

정부: 나 역시 ○○○시대에 일해본 적 있지만 그렇게 일이 쉽사리 되어질 것 같지 않소. 내 보기에는 당신네가 집자리 보러 다니는 폭밖에 아니 될 듯하오.

일성: 아바지는 늙은이가 되어 잘 모릅니다. 보리죽도 우리에겐 과한 줄 아오. 일을 위해서는 적은 일을 돌보지 말아야지요.

정부: 장백부를 치겠는가?

일성: 장백은 한 시간이면……. 그러나 산세 지리가 3일을 점령치 못할 지역이외다. 공연히 주민에게 고통을 준다면 그 무슨 이득일까? 철없는 부하들은 치자고 하지만 나는 절대 불응했소. 그 외 강 주변 십여 작은 시가지는 다 한 번씩 손을 대었지요. 말하자면 우리 본대는 북에 얼마든지 있고 우리는 지금 압록강 연안으로 시찰 온 것이오.

이렇게 장시간 그들의 문답은 계속하였다고 한다.

김일성! 그는 아직 혈기방장한 27세 청년! 그는 대세에 순응하여

수백의 부하를 거느리고 귀순하여 선량한 국민이 되어 새 세상을 보게 될 것인가 그렇지 않으면 만주 산중의 마적화하여 약탈, 살인을 일삼을는지? 근일에도 국경 일대에는 그를 토멸하려고 군대가 강변에는 겨냥 총을 하고 섰다. 북쪽 만주의 산야는 녹음이 우거져서 김일성 일당은 지금 동서로 다니고 있으리라. 압록강 저편을 바라보니 대륙의 공기는 더욱 험악할 뿐! 김일성은 지금 무엇을 꿈꾸는지. (만주 장백현에서)

『삼천리』 제10권 제11호, 1938년 11월 1일,
「귀순한 여당원과 김일성, 그의 운명은 장차 어떻게 될까?」

*  *  *

1912년생으로 십대 후반부터 항일무장투쟁을 시작, 30년대 후반까지 국내외에 널리 알려졌던 김일성에 대한 기사입니다.

기사에 나오듯이 중국공산당 산하 동북항일연군에 소속되어 있던 김일성은 20대의 젊은 나이로 60여 명의 무장대원을 이끌고 만주를 누비며 활약합니다. 해방 후 나이가 워낙 젊어 가짜 김일성이라는 소리를 듣기도 하지만, 북한의 지도자가 된 김일성이 1930년대를 주름잡던 그 김일성이라는 사실은 틀림없습니다.

# 김일성의 생장기

김일성의 본명은 성주였는데 13세 때에 무송에서 소학교를 졸업하였다. 그 학교는 조선인과 만주인이 공학하는 학교였으므로 만주인 부호 가정의 학생과 친하여 가지고 돈을 얻어서는 학용품 같은 것을 사서 학생들에게 나누어주는 것을 일삼아왔고 공부에 그리 열심인 편은 아니었으나 두뇌가 명석하고 총명하야 한번 스쳐본 교과서나 책은 그 후 역력히 기억하였으므로 졸업 당시의 성적도 우수하였다고 한다.

소학교를 졸업하고는 길림으로 와서 여러 중학교를 전교하다가 나중에는 영문중학교에 통학하였는데 4학년 때 담임교원이 중국공산당의 책임자였으므로 말미암아 적화하기 시작하였다. 졸업을 2개월을 남겨두고 그의 삼촌 형권이가 서대문 감옥에서 사망하게 됨에 더욱 급격히 사상이 과격해져서 영문학교에서 중도 퇴학을 당하고는 자기의 조모인 리반석이가 거주하고 있는 안도현을 거쳐 남만으로 갔다.

당시 정의부 계통인 남만청총 간부였던 리종락, 박근원, 신영근,

_해방 직후의 김일성.

박단석 등과 손을 맞잡고 결의형제가 되어 활동하고 있었으니 일성의 나이는 그때 17세였다. 이때부터 김일성의 활동무대는 남만이었으나 조모가 간도성 안도현에 거주하고 있던 관계로 자주 간도에도 왕래하게 되어 간도성의 사정을 다소 알게 되었다.

이때 간도성에는 비수로 유명한 김일성이 있었는데 만주사변 직전에 토벌대에게 사살을 당하자 김성주는 만주사변이 발발하던 그때 즉 18세 때부터 김일성으로 이름을 고치었으므로 근일에 와서도 간도에 있던 김일성으로 오해하는 이가 많다.

이때 정의부 세력은 점차 쇠퇴하였고 남만과 간도 방면에 종종 출몰하던 '대도회'의 세력이 점점 팽창하여지자 대도회로부터 정의부에 대한 탄압이 점점 심해져감에 따라 남만청총*도 자취를 감추지 않을 수 없는 상태였다. 이에 김일성은 18세 되던 해에 즉 지금부터 11년 전 12월 8일에 안도현으로 돌아오게 되었던 것이다.

이때 정의부에서는 대도회에서 다소 신임하는 양세봉을 부사령으로 임명하여 연락을 취하도록 하였으나 역시 여의치 못하였다. 그리하여 김일성은 앞으로의 의지 관철을 위하여는 의리에 벗어난 행동이라도 하지 않으면 안 될 것을 각오하였다.

* 남부 만주지방의 청년단체.

그리하여 안도현을 떠나서 그때 정의부 계통으로 심룡준 외 20여 명의 무장대가 통화성 류하현 삼원포에 주둔하고 있는 것을 습격하고 무기를 압수하였으니 이것이 김일성으로서는 처음으로 무력행동을 개시한 것이었다.

그 후로는 계속해서 기회를 엿보아 류하, 무송, 장백, 몽강 등 각 현에 출몰하여 만주군 부대를 습격하고 금품과 무기를 약탈하는 일방, 때때로 북조선과 평안북도 방면의 국경지대에까지 침입하여 민심을 소란케 하였고 점점 일파가 증가되어 11년이 지난 오늘에 이르러서는 그 비적단의 수가 상당히 다수에 달하게 된 것인데.

『만선일보』, 1940년 4월, 「비수 김일성의 생장기」

\* \* \*

일제의 지배 아래 들어간 만주지방에서 발행되던 『만선일보』에 실린 김일성에 관한 기사의 일부입니다. 수회에 걸쳐 특집으로 게재된 '비수 김일성의 생장기'라는 제목의 기사는 훗날 북한의 지도자가 되는 김일성의 출생과 이력, 일제의 귀순공작의 실패 전말이 비교적 상세히 들어 있습니다.

이 기사가 실릴 무렵 일제의 토벌은 극심해서 빨치산뿐 아니라 만주로 건너가 살던 조선인들에게 막대한 피해가 계속되고 있었습니다. 만주의 대다수 독립군들은 작전상 후퇴를 결정하고 모택동이 이끄는 중국공산당 팔로군에 합류하기 위해 중국 내륙 깊숙이 물러납니다. 김일성도 이해 겨울을 넘기지 못하고 후퇴하는데, 그는 전투가 계속되고 있던 중국 내륙이 아니라 비전투지역인 소련 땅으로 건너가 소련군에 소속된 조선인 부대를 지휘해 최용건 등을 만주지역에 파견하는 등 활동을 계속합니다. 이 선택이 훗날 그를 북한의 수반으로 만드는 결정적인 요인이 됩니다.

오늘날 북한에서 발행되는 김일성 전기는 과장된 부분이 있지만, 최소한 일제 중후반기 10여 년간 김일성이 항일빨치산 지도자의 한 사람이었다는 사실은 이 『만선일보』에도 잘 나와 있습니다.

하지만 젊은 시절 항일운동을 했다는 이유로 김일성을 불세출의 영웅이나 지도자로 찬양하는 것은 잘못입니다. 그런 식이라면 민주화운동을 하다가 극우파로 변신한 사람들도 과거의 행적만으로 존경해야 할 것입니다. 김일성은 항일운동에 바친 십여 년보다도 훨씬 긴 세월을 스탈린주의 독재자로 군림하면서 수많은 북한 주민들을 굶주림과 억압에 시달리게 만든 전체주의 파시스트입니다. 무엇보다도 전쟁을 일으켜 300만의 동족을 죽게 만든 전범이기도 합니다. 수많은 혁명동지들을 죽이고 사회주의 이상을 개인우상화에 이용한 그는 역사의 단죄를 받아야 마땅합니다.

# 박헌영

일본제국주의 탄압 밑에서도 백절불굴 끊임없이 싸워온 공산당 책임비서 박헌영 씨! 이는 우리 민족의 보배였다. 친일파 민족반역자, 사이비 애국자들이 박 씨의 이름을 듣고 전율하고 규탄하는 것도 그 이유는 이 날카로운 애국자 앞에는 모든 것이 거짓인 것이 드러나는 때문이다.

따라서 박 씨에게 근거 없는 모략적인 언사로 그를 음해하려고 하지만 그것은 도리어 드러누워 침 뱉기로 제 얼굴에 도로 떨어지고 있는 것이다. 『삼국지』에 '조자룡은 도시담都是膽'*이라고 한 말이 있거니와 우리 박 씨는 진실로 도시담인 것이다. 박 씨를 상대해 싸우기는 그 흉악한 일본제국주의건만 그에게 패배하고 만 것이다.

이러한 박 씨를 실각시키기 위하여 별별 권모술수를 쓴들 넘어갈 그러한 존재가 아닌 것이다. 만약에 그렇게 약체일 것 같으면 애당

---

* 『삼국지』에서 불과 3,000의 병력으로 조조의 대군을 물리친 조자룡을 두고 한 말로, 온몸이 담력으로 뭉친 사내라는 뜻.

_박헌영.

초에 친일파니 민족반역자니 사이비 애국자니 망명객이니 하는 따위의 술어를 박 씨가 지어내지 않았을 것이다. 박 씨는 대범하게 그러한 술어를 지어내어 투쟁의 대상을 여지없이 밀고 나가는 것이다.

또한 박 씨의 지어낸 이런 술어가 드디어 그들에게 거의 낙인과 같이 되어 다시는 그와 싸울 기력조차 잃게 되는 그런 것을 왕왕히 보는 것이다. 실로 박 씨는 우리 민족의 수호신이요, 노동자 농민의 수호신인 것이다.

그러면 박 씨는 어디서 이러한 백절불굴의 의지인이 되었던가. 박 씨는 원래 고향은 충남 예산이라고 한다. 충청도라 하면 청풍명월이라고 하는 극히 양반냄새가 풍겨 나오는 그러한 곳이건만 박 씨와 같은 계급투쟁의 앞잡이가 이곳에서 출생한 것은 저으기 조물주의 아이러니가 아닐 수 없다.

하나 사람은 단련하기에 있는 것이다. 박 씨가 모스크바에서 공산대학을 마침으로부터 그는 투지만만한 계급투쟁의 전사가 된 것이다. 동아일보 지방부의 말석기자로부터 우선 동아일보 내에서 신문기자의 동맹파업이란 유례 없는 투쟁을 전개하기 시작하여 당시의 동아일보의 간부이던 고 송진우, 김성수 제씨 등의 간담을 서늘하게 하고 퇴사한 이래 씨는 꾸준히 노동자 농민을 위해 싸워왔다.

박 씨가 중심이 되어 화요회, 신흥청년동맹이 사상계를 좌우하여

농총, 노총, 청총을 만들어놓고 북풍회, 노동당 외 한 단체를 뚜드려 하나의 단체로 4단체 협의회를 만드는 동시에 이면으로는 일본제국주의의 날카로운 감시에도 불구하고 당당히 조선공산당을 조직하여 이들 단체를 지도해왔던 것이다.

불행히 조선공산당은 조선의 국경인 신의주에서 폭로가 되어 박 씨도 신의주서에 붙잡히는 신세가 되었고 그것은 조선의 공산주의 운동과 노동자농민해방운동 내지는 조선민족해방운동에 적지 않은 피해를 가져왔으나 박 씨는 조금도 굴하지 않고 옥중에서도 투쟁을 계속하여 옥중에서 모든 소요스러운 일은 모두 그때의 맹장 고 권오설 씨와 함께 박 씨의 일이었던 것이다.

조선공산당 제1회 공판에서 박 씨는 동지 박순병이 고문으로 순사한 것을 알았을 때 분연히 썼던 안경을 재판장을 향해 내던져 재판정이 수라장이 되었던 것도 세인의 기억에 어느 때까지든지 남아 있는 바인 것이다.


박헌영 씨는 얼른 보기에는 어디에 그러한 의지적인 투쟁력이 있는가 할 만큼 순해 보인다. 크지도 않고 그렇다고 작지도 않은 중키에 몸은 조금 뚱뚱한 편이고 얼굴은 둥근 듯하면서 안경을 쓰고 있어서 아무리 보아도 촌에 있는 보통학교 선생님처럼 보인다. 그러나 그 눈만은 어느 때든지 빛나고 있다. 그 안경 속에 있는 눈으로 사람을 쏘아보면 그만 상대편은 그 시력에 눌려 고개를 돌리지 않을 수 없다. 박 씨가 오늘날 조선에 없어서는 안 되는 인물이 된 것은 이 눈 하나가 그렇게 만든 것이 아닌가 한다.

8월 15일 직후 거리에는 '박헌영 동무 어서 나오라!'는 포스터가 나붙었다. 박 씨가 일본제국주의 탄압 밑에서 잡혔다가 놓여나오면 그 이튿날 그는 또 공산주의운동을 전개하고 그 지하적인 조직망은 놀랄 만큼 광대하여 한 번 사건이 벌어지면 줄잡아도 20~30명이요, 크게 잡으면 300~400명씩은 으레 잡히는데 그 주모자는 박헌영 씨였던 것이다.

일제 경찰은 눈에 불을 켜고 박 씨를 찾았다. 하나 박 씨는 찾을 수 없었다. 그래서 그들은 저희의 무능을 방지하기 위해 박 씨는 소련으로 달아났다고 떠든다. 그러나 박 씨는 유유히 또 다른 곳에서 지하운동을 지도하고 있는 것을 어쩌랴. 또 그 지하운동이 노출되어 적으면 20~30명 많으면 몇백 명 잡다 놓고 보면 역시 주모자는 박헌영 씨다. 이제야 박 씨가 외국으로 탈주하지 않고 조선에서 부단히 꾸준히 운동하고 있는 것을 알게 된다.

어찌어찌 하다가 박 씨의 소재처를 알고 형사대가 밤잠을 못 자고 박 씨가 있다는 집을 들이치면 그 전날이나 그러지 않으면 며칠 전에 어디로 갔는지 종적을 모른다고 한다. 형사대는 닭 쫓던 개 모양으로 그가 있던 방을 샅샅이 뒤진다. 하나 그곳에는 아무것도 없다.

박 씨는 어느 집에 가 있든지 돈은 필요 없고 먹여만 달라는 것으로 주인의 말에 의하면 어디서 그런 온순한 가정교사가 있겠느냐고 대호평이다. 박 씨는 돈 안 받는 가정교사로 유명하였고 돈 대신으로 의복이나 구두를 해주어도 새것을 입거나 신는 일이 없었다 한다. 주인이 이상해서 물어보면 '친구가 없어 하길래 주었다'고 한 말뿐이라 한다.

박 씨는 이만큼 돈이나 물질에 대하여 관념이 없던 것이다. 오직 조선민족을 해방하고 조선의 노동자 농민으로 하여금 잘 살 수 있게 할 수 있을까 하는 것이 자나깨나 그의 큰 소원인 것이다. 따라서 8월 15일 직후에도 만나는 동지는 만났으나 노동운동을 하는 사람은 박 씨가 아직도 나오지 않은 줄 알고 거리에다가 '박헌영 동무 어서 나오라!'는 포스터를 서투른 글씨로 써 붙였던 것이다.

조선은 작은 나라건만 당파는 남에 못지않게 많았다. 박 씨가 화요회 신흥청년동맹을 지도할 때부터 같은 공산주의를 가지고 사회운동을 하던 '서울청년회'는 서로 맞서고 박 씨와 합류하려 하지 않았다. 박 씨가 화요회를 필두로 하여 북풍회, 노동당 등 4단체를 합동하여 조선의 사회운동을 내리밀어도 이들 서울청년회는 그대로 고립행동을 해왔다.

그러던 것이 그 후 엠엘당, 기타 공산주의자 그룹이 변함에 따라 유일의 지하운동체는 박 씨가 지도하는 그것뿐이었고 옛날 서울청년회 계통으로 그 소위 장안파라는 것이 생겼으나 역시 박 씨와 합류하는 데 이르러 조선공산당은 재건파가 승리를 하고 법통이 이곳에서 조선에 있어 가장 큰 정당으로 확고부동하게 자리 잡게 되었다.

여기에는 박 씨의 도시담이란 노력이 주효한 것으로 박 씨는 결코 북쪽으로 가서 편안히 공산주의운동을 하려고 하지 않고 역시 서울에서 노동자·농민운동을 일으키는 한편, 정치운동에 조금도 게으르지 않아 그의 산하에 들어온 조직체는 전국노동조합평의회를 비롯해 노총, 농총, 청총, 부총婦總 등 조직대 중 600여 만이란 것을 깔고 있다.

그런데 박 씨에게는 박 씨를 싸고도는 좋은 동지가 많은 것과 공산주의라는 시대적인 조류가 박 씨로 하여금 그렇게 되게 한 것이지만 그보다도 박 씨는 누구보다도 욕심이 없는 것이다. 박 씨는 지금에 누구보다도 돈의 욕심을 부린다면 몇백만 원쯤은 그의 수중에 있다 하나 그는 무일푼의 가난한 서생이다. 그는 결코 돈에 대하여 조금도 애착을 갖고 있는 사람이 아닌 것이다. 또 물건에 대해서도 조금도 애착을 갖는 일이 없다.

비록 오늘 새로 한 양복이라도 친구가 빼어 입고 나가면 '허어, 그 사람!' 하고 웃고 만다. 결코 내가 입을 것이니 거기 두라고 하지 않는다. 그래서 그에게는 새 양복 새 구두는 별로 없다. 친구가 새것을 입고 나가면 그는 도로 헌것을 꺼내 입는다 하나 박 씨는 어느 때든지 그렇게 여유가 있게 양복이 두 벌, 세 벌이 되는 일이 없다. 있다면 단 한 벌이다. 또 구두도 그렇다.

세상에는 입으로는 공산주의를 운위하면서도 내심으로는 공산주의를 꺼리는 일도 많고 그 생활은 귀족적인 취미에 흐르고 있어 그 누구 하는 공산주의자의 집에 가보면 호화롭기 귀족 부럽지 않은 사람이 더러 있으나 우리 박 씨는 옛날이나 이제나 방 한 칸이다. 옛날과 이제가 다른 것은 옛날에는 변성명하고 다니는 가정교사였으나 지금은 친구의 집에서 얻어먹는 신세인 것이다. 그 부인 주세죽 씨는 러시아에 건너가 아직도 돌아오지 아니하였으니 그가 결코 가정을 갖는 일이 있지는 않을 것이다.

『인민』 1946년 3월호, 「박헌영론」, 박달환

충남 예산에서 양반가문과 주막집 주모 사이의 서자로 태어나 경성고보 재학 중 3·1운동을 계기로 항일운동에 뛰어든 박헌영은 뛰어난 두뇌와 원칙에 깐깐하면서도 온후한 성품으로 절대다수 공산주의자들로부터 줄곧 지도자로 옹립됩니다.

이 글에 나오듯이 집은 물론 개인 소지품조차 거의 갖지 않은 철저한 무산자로 감옥이나 다름없는 일제하 조선 땅과 소련, 중국을 넘나들며 혁명운동에 헌신한 그는 해방된 조국에서 반발의 여지가 없이 조선공산당 지도자로 선출됩니다.

그러나 극도로 혼란한 남한 땅에서 겨우 1년을 버틴 끝에 미군정 경찰의 수배를 받아 북한 땅으로 넘어가게 됩니다. 북한에 올라간 후에는 지도자로서의 지위를 상실한 채 소련 스탈린의 천거를 받은 김일성 밑에서 부수상, 외무상 등을 전전하다가 한국전쟁이 종료될 무렵 미제의 간첩이란 명목으로 체포되어 3년 뒤 처형되고 맙니다.

이후 반세기가 훨씬 지난 지금까지도 북한의 재판기록만을 토대로 그를 간첩이라고 생각하는 이들도 있고 북한의 선전을 믿지 않는 사람들조차도 그가 우익기회주의와 좌익모험주의를 오간 무능한 지도자였다고 비판하기도 합니다. 해방 직후에는 미국을 호의적으로 보고 부르주아 민주주의를 주장했다가 1년 만에 격렬한 반미투쟁을 선도했다는 것이 그 이유입니다.

하지만 박헌영에 대한 대개의 비판들은 역사적 배경에 무지한 오해이거나, 아니면 해방 직후 세계적인 정세 변화에 대한 구체적인 내용을 무시한 채 외부에 드러난 결과 혹은 그를 죽인 북한의 고의적인 비방만을 그대로 맹신한 것에 지나지 않습니다.

물론 박헌영의 오류도 결코 적지는 않습니다. 스탈린식 조직노선을 무비판적으로 받아들여 자신과 생각이 일치하는 이들 이외에는 모두 적으로 돌려 배척한다든지, 북한에 올라가서도 김일성 우상화 등 문제점들을 비판하지 않은 채 전쟁의 공범이 되는 등 치명적인 잘못을 범하게 됩니다. 그리고 바로 자신의 노선의 결과로 비참한 죽음을 맞게 됩니다.

# 조국엔 언제나 감옥이 있었다

내가* 처음 반일혁명투쟁에 첫걸음을 들여놓기는 광주학생 사건이 발발하여 전국이 들끓던 1929년경이다. 그 전년 나는 일본 동경고등사범학교를 졸업하고 동덕여학교에 와 있었는데 나는 본래 공산주의자는 아니었다.

동경고사에 들어간 것도 청년교육을 통하여 민족을 각성시켜보자는 이상에서 들어갔고 또 이민족과 접촉해가는 동안에 얻은 정신적 영향도 역시 민족주의의 강화였다. 말하자면 일종의 이상적인 민족주의자라고 말할 수가 있었다. 그러므로 그때 나의 생각은 우리 민족을 위해서 도움이 되는 일이라면 경중대소를 막론하고 그 일에 열성을 바치자는 일념뿐이었다.

그때 당시 동경서 내가 맑스주의에 접근해 간 것도 이러한 약소민족 청년의 독자적 견지에서 그리한 것이요, 그것을 연구하여 우리 민족 현실에 알맞은 길을 발견하자는 것이 진정한 목적이었다.

* 이 글의 필자인 이관술.

귀국하여 교사 노릇을 하면서도 나의 이 생각은 변함이 없었다. 그러나 광주학생 사건이 일어나서 경향이 물 끓듯 하고 학생 가운데 서는 계속 희생자가 나며 그래도 뒤를 이어 운동은 요원의 불처럼 확대되어갈 때 나에게는 두 가지 깊이 감명된 바가 있었다.

첫째는 학생들이 일본제국주의에 대하여 불같이 열렬한 데 비하여 교사들은 일반으로 냉담하고 비겁하다는 것, 둘째는 그때 학교 내나 사회를 막론하고 소위 민족주의자라고 하는 사람들이 도무지 반일투쟁적이 아니었다는 것, 이 두 가지 사실은 반일적이 아닌 민족주의라는 것이 얼마나 무의미하다는 것을 깨닫게 했으며 또 대부분 일제와 타협해야만 이익을 보장할 수 있는 유산자층이 반일적이지 못하다는 것도 당연한 일이라는 것을 명백히 알게 되었다.

동시에 민족주의자란 결국 이러한 층이 자기 위장을 하기 위한 정치사상이라는 것도 알게 되었다. 그리하여 일찍이 내가 전공하던 역사 연구의 한 방법론에 지나지 않던 유물사관이 조선에 있어서는 민족해방투쟁에 있어서 유일한 지침으로 내 앞에 실천노선으로 나타나게 되었다.

이 방향은 그때 전국학생운동이 걸어가고 있던 공통한 길이었고 나는 우선 내가 가르치던 동덕여학생들을 지도하여 1931년에 학생의 교내에서 경찰침입 반대, 교육자의 무성의한 몇 사건을 가지고 동맹휴학을 할 수 있는 단계에까지 들어갔다. 이것이 내가 반일적인 실천운동으로 들어간 제일보요 민족해방의 실천에 있어 공산주의만이 유일한 지침이라는 것은 자명한 일이다.

이때 동덕여학교에는 일제의 모욕적인 창씨개명에 반항하여 자살

해버린 신명균* 선생이 있었다. 그는
일생을 양심적 민족주의자로서 마쳤
거니와 또 내가 안 단 하나의 철저한
반일적 민족주의자이었다 해도 과언
이 아니다. 맹휴투쟁에 있어서 신 선
생은 사상의 차이를 조금도 느낄 수
없는 진정한 협동자였고 열렬한 반일
투쟁의 지도자였다.

_ 옥중의 이관술.

　그다음으로 내 반생 가운데 중요한 사건의 하나는 이재유** 동무
와의 연락이었다. 이재유 동무와 처음 만난 것은 1934년 가을인데
그것은 1932년 소위 '반제사건'으로 동대문서에 잡혀서 이순근(김도
화) 외 몇 사람의 일본 청년과 내 누이동생 순금이―뒤부터 내 동생
은 나와 내 동지들과 같이 옥중과 지하의 온갖 반일혁명투쟁의 고난
을 같이하였다―와 함께 송국되어 서대문 감옥에 2년을 있다가 보
석으로 나온 직후의 일이다.

　1934년 4월에 옥문을 나오니 때마침 이재유 사건이 벌어져 경향
에 검거선풍이 요란하고 이재유 동무 역시 피검되었는데 내가 나온
지 3～4일 후에 이재유 동무가 탈주했다는 소식이 들렸다. 그것은
당시 나에게는 큰 충동을 준 사실로 나는 한시라도 빨리 도로 운동

* 국어학자. 1921년 조선어연구회의 창립 동인으로 활동했으며, 출판사 중앙인서관을 경
영하면서 국어국문학의 연구와 자료의 보급에 힘썼다.
** 1930년대 국내 공산주의자. 조선공산당 재건을 위한 비타협적 운동을 전개함으로써,
일제의 치안 유지에 큰 타격을 주었다.

선상으로 들어가겠다, 그렇지 않으면 동지들이 있는 감옥에라도 다시 들어가고 싶은 일종 형용할 수 없는 초조한 심정이었다.

나와서 보니 내가 검거될 때 잔류해서 활동하던 동지들은 그간에 전부 잡혀 들어갔고 새로 활동하던 동지들 역시 이재유 사건으로 일망에 타진된 형세라 경성 중심의 운동은 전부 파괴되고 적막하기 짝이 없는 상태이었다. 동지가 그립고 일본놈들의 박해가 분하고 조직이 파괴된 것이 원통하고 참말 그때 격한 심정은 무엇이라고 형용할 수 없었다.

이러한 심리적 타격을 가슴에 안고 일단 나는 고향인 울산으로 내려갔었다. 그러나 고향에서 내가 마음을 다스릴 길이 없어 여름이 가자 이내 8월 하순께 다시 상경하여 갖은 고심 끝에 드디어 9월 중순경 고대하던 이재유 동무와의 연락이 붙은 것이다. 이 연락은 그때 출옥해서 서울에 있던 내 누이 순금의 헌신적인 노력에 의하여 달성된 것인데 장소는 장충단공원 뒤 약수터가 있었다. 역시 암호에 의해서 알아보고 손을 잡았는데 우리는 인사를 할 여유도 없이 곧 일에 관한 이야기로 들어갔다.

재유 동무는 탈주 후 벌써 약간의 학교에 연락을 부쳐 재출발의 단서를 가지고 있어 내게 그중 몇 학교에 지도를 맡으라고 했으나 나는 그때 결심한 바가 있었다. 그동안에 실제 투쟁의 경험에 비추어보아 나는 내가 가지고 있는 지식인으로서의 약점을 통감하고 있었고 또 그러기 때문에 이로부터는 명심코 전선에 일병졸로서 종군코자 마음먹은 것이었다.

그러나 재유 동무는 그러한 사고방법이 역시 일종의 지식인적인 생각이라는 것을 지적하고 나에게 좌우간 적당한 부서에 취역할 것을 권하였다. 그래서 재유 동무와 나와의 평생 잊을 수 없는 전우의 생활이 시작되었는데 그 동무의 첫인상은 논리가 명석한 것, 매사에 구체적이고 자세한 것, 그리고 대단히 사무적인 것이 특색이었다.

그해 12월에 재유 동무의 권고에 의하여 공판을 받게 되어 2년 후에 4년 집행유예를 받게 되었고 계속해서 각 학교 운동을 지도하여 상당한 성과를 거두고 있던 중 그 익년에 즉 1935년 1월 용산서에 한 동지가 잡히자 또다시 검거 선풍은 전 경성을 엄습하여 재유 동무는 삽을 메고 나는 괭이를 메고 농부로 가장하여 경계 삼엄한 경성을 탈출하는 데 성공하였다.

경기도경을 넘어 강원도 수성, 홍천, 춘천 등의 산중을 배회하기 약 2개월 신문 한 장 못 보고 경성 소식이 궁금하여 견딜 수가 없었다. 이 동안에 나는 재유 동무로부터 독특한 여러 가지 자세한 변장법과 생활 구실 즉 여관에 들어가서는 어떻게 자고 주막에 가서는 무슨 핑계를 하고 자고 밥집에 가서는 무엇이라고 하고 사 먹고 지하생활에 필요한 각종의 기술을 배웠다.

그리하여 다시 상경할 기회만 엿보고 있던 중 1935년 5월에 경성으로 들어와 창동 근처 공덕리라는 마을에 근거지를 정했다. 양인은 형제라 칭하여 촌인의 눈을 속이고 밭을 약 4,000평을 얻어서 채마 농사를 열심으로 시작했다.

그때는 일방 이재유 동무는 경성에 있는 변양용, 이종국 등의 동지와 연락하는 데 성공하고 나는 순전히 토막을 지키며『적기』라는 소잡지를 간행하면서 1년 농사를 맞추어 운동이 어느 정도 재건 도상에 오를 때 통원하게도 이재유 동무가 창동 부근에서 검거되어버리고 말았다.

이로 말미암아 나는 다시 그 길로 산속으로 난 길을 접어들어 단신 강원도로 들어갔고 일지사변* 이후 조선의 모든 반제운동이 괴멸된 뒤 최대한 혁명가의 일인이었던 재유 동무는 그 길로 옥중에서 영면하고 말았다.

박헌영 동무와 만난 것은 1939년 12월 12일인데 1936년 12월에 창동을 탈출하여 강원도, 경상도 등지를 전전한 지 실로 3년 만에 일이었다. 창동을 뛰어나와 이내 잡화 궤짝을 둘러메고 수염을 기르고 머리를 깎고 홍천, 인제 등지를 돌아다니다가 다시 이듬해 1937년 7월경에 상경하여 영등포에서 공장 노동자 조직에 착수하였다.

그런데 이때 생각나는 것은 지정상 직접 공장에 손을 대기가 어려워 순금의 출옥을 기다리고 있던 중 박진홍 동무의 알선으로 여의도 비행장 부근에서 순금을 만났었다. 그런데 때마침 한강 상류에서 폭우가 쏟아져 그만 건너갈 길이 막히고 말았다.

그래서 할 수 없이 비행장 쪽으로 나가 다리를 건너다가 순사에게 남매가 잡히고 말았는데 당시는 일지사변이 한참 진행 중이라 순사들이 나를 중국 스파이로 의심을 하게 되어 파출소 안에서 하룻밤을 자게 되었는데 순사들의 대화를 들으니, 기가 막힌 형편이었다. 그들의 말을 들으니 저것들이 일본말도 모르는 게 필시 중국 스파이 같으니 날이 밝거든 영등포 고등계로 넘기자는 것이다. 가슴이 서늘

* 중일전쟁.

하지 않을 수 없는 게 영등포서에는 그때 내 얼굴을 잘 아는 일본인 형사가 있으니 가기만 하면 틀림없이 잡히는 판이라, 할 수 없이 순금만 남겨두고 나는 도망하기로 작정을 했다.

어떻게 파출소에서 도망해 나오기는 나왔으나 물 건너갈 길이 큰 일이다. 다행히 그전에 수영을 좀 배워두었으므로 옷을 벗어 뚤뚤 묶어서 머리에 이고 물을 건넜다. 간신히 건너와 보니 머리에 이었던 옷은 몽땅 물에 떠내려가고 말았으니 그야말로 순 나체가 되었다. 그러나 방을 얻어가지고 있는 주인집에를 발가벗고 들어갈 수 없는 일이요. 그렇다고 밤중에 벌거숭이가 노상에 헤매일 수도 없는 일이고 하여 딱하기 짝이 없었다.

다행히 비가 몹시 오는 밤중이라 주인집 대문간에를 가만히 들어서 보니 인기척이 없기로 얼른 내 방으로 뛰어들어가 옷을 입고 다시 뛰어나와 날 밝기를 기다려 경성을 떠나 대전으로 갔다. 그때 경계가 철통같고 해서 여인숙에선 물론 잘 수 없고 다리 밑 내 바닥 걸인들 자는 틈에 끼어 자면서 내려가는데 걸인 자는 틈까지 경찰의 수사는 미쳐 혼자서 떨어져 자면서 대전까지 갔다.

여기서 한여름을 지내자 또 순금이가 경성서 검거되었다는 소식이 와서 다시 대구로 올라와 조그만 반찬가게를 경영하면서 반전반 제적인 소그룹 다수를 지도하고 있었다. 거기서 약 1년을 지내고 1938년 가을에 순금이 출옥했다는 소식을 듣고 수원 홍화문 앞에서 순금을 만난 다음 재회를 약속하고 다시 대구로 갔다가 39년 정월에 충북 청주로 가서 김삼룡 동무와 처음 만나 경성서 만나기를 상약을 하고 그 길로 상경하였다.

상경 후에는 지금 김삼룡 동무의 부인인 옥숙 동무를 통하여 이문
정 태창기물 공장에 콩그룹*을 만들기에 성공하여 5~6개의 공장세
포와 근 10개의 가두세포를 형성해가던 중 그해에 12월에 영등포
초입 비밀접선 장소에서 암호 표시에 의하여 박헌영 동무를 만났다.

첫눈에 그는 진실에 넘치고 접하는 사람에게 신뢰감을 주고 또 관
후한 포용력을 가진 것을 직감케 하였다. 박 동무와 같이 순금이 있
는 인천으로 내려가서 전반적 운동 전개에 대한 상의를 한 다음 나
는 다시 혼자 서울로 왔다.

서울에 오자마자 함북서 사람이 와서 박 동무를 함북으로 가라는
것이었다. 그러나 이곳 형편이 박 동무가 떠나기 어렵기 때문에 내
가 함북을 가게 되어 1939년 5월에 청진에 도착하여 장여명, 김형관
등 동지들과 함께 광산 조직에 착수하고 일방 흥남공장의 조직화에
손을 대면서 나는 산중 토막을 파고 '붉은 길'이라는 출판물을 간행
하기 시작했으며 그곳 산중에 숨어 있는 동무들과 더불어 무장 빨치
산 조직 준비를 계획하였으나 그 일은 여러 가지 관계로 성공하지
못하였다.

그해 연말에 다시 상경하니 예의 서대문 사건이 벌어졌다. 나는
사건의 수습을 위하여 원동 김태준 동무와 처음 만났고 그 뒤에 다
시 함북으로 떠나는 데 관한 몇 가지 대화를 하러 김태준 동무의 집
에를 다시 갔다가 숨어 있던 형사대에게 잡히고 말았다.

잡힌 뒤 경찰에 추궁당한 중심은 박헌영 동무를 내어놓으라는 것

* 조선공산당 재건을 위한 경성코뮤니스트 그룹.

이었으나 박 동무는 다행히 무사하였고 그 뒤에 옥중생활—소위 대동아전쟁 중의 참혹한 감옥 상태—을 겪은 뒤 집행정지로 나왔다가 다시 도망간 뒤 솥 땜쟁이 심부름꾼이 되어 전라도 산중으로 촌사람의 솥을 때워주며 댕기다가 8·15를 만났는데 그동안의 이야기도 많으나 다시 뒷기회로 미루고 이만 두기로 한다.

『현대일보』, 1946년 4월, 이관술

* * *

해방 직후 결성된 조선공산당 총무부장이던 이관술의 자필수기입니다.

이관술은 일제 강점하에서 신출귀몰한 반일조직 활동으로 신문에 여러 차례 대서특필된 인물로, 해방 직후 여론조사에서 장래 조선을 이끌 지도자 5위로 꼽히기도 하는 유명한 항일운동가였습니다.

그러나 소설가 이태준이 주간으로 있던 『현대일보』에 이 글을 실은 지 불과 3주 후에 위조지폐를 만들었다는 누명을 쓰고 체포되어 감옥살이를 하다가 6·25전쟁이 터진 직후 대전형무소에서 끌려나와 제1호로 총살되고 맙니다.

'조국엔 언제나 감옥이 있었다'라는 제목이 말해주듯, 당시 진정한 애국자들에게 조국 하면 감옥을 떠올려야만 했습니다. 그런데 해방된 조국에서도 또다시 감옥살이만 하다가 죽었으니 참으로 안타까운 일이 아닐 수 없습니다.

# 이주하론

"날씨가 추워야 사시사철 푸른 송백나무의 절개를 알 수 있다"라고!

8·15 이후 말썽거리 왜놈이 가고 나니 민주주의 지사, 지도자, 혁명가라는 이름을 들고 나와 세상을 속이고 이름을 훔치는 무리가 얼마나 많으냐? 이 사람들이 모두 인민을 위하여 자기를 희생하겠다는 혁명가라면 일본제국주의는커녕 그 몇백 배의 적이 온들 무슨 걱정이리오.

하지만 8·15 이전에는 정말 혁명가는 그리 많지 않았다. 만주사변이 일고 중일전쟁이 일면서 왜놈의 탄압이 가중되자, 무수한 동지들은 피투성이 싸움 끝에 검거되었거나 투항되었고, 이 무시무시한 백색 테러의 폭풍열우에 항거하기 위해 꾸준하게 10여 년 동안 8·15 전날까지 지하에서 인민의 이익을 위하여 싸운 분은 참 적었던 것이다.

그런 의미에서 남조선에 박헌영, 이관술 두 동무와 북조선에 이주하 동무는 조선 지하운동의 기록을 깨뜨리고 있던 것이다. 또 그런 의미에서 이 동지들은 일제 밑에서 우리가 취할 수 있는 기술문제를 집대성해서 최고도로 발휘한 사람들이다. 그러나 이것은 이 동지들의 애국적 정열과 계급적 투지에서의 발로 이외에 아무것도 아니다.

_이주하.

1937년 이주하 동지가 지도하는 원산 철도국 사건이 벌어지자 날로 강화되는 일제 탄압의 폭풍우를 뚫고서 흥남, 원산, 평양, 진남포의 공장지대로 갖가지 인물로 가장하고 다닌 분이 바로 이주하 씨다.

이주하라는 이름은 벌써 지하에 알려진 지 근 20년이다. 상기하건대 8·15 직전에 조선 내에 움직이고 있던 당시 지도자에 굶주린 혁명적 인텔리 청년들이 가장 애송하던 이름의 하나이다.

박헌영 동무가 어디 가서 계신지 알 수 없으니 원산 흥남지대에 가서 이주하 동무를 찾아낼 수 없을까? C, R 제군을 자주 접촉해 물으면 행여나 주하 동무의 거처를 알 수 있지 않을까, 몹시 모색해보았던 것이다.

왜놈이 가고 나니 뜻밖에도 주하 씨는 진남포에 나타났다. 인민의 벗, 민족의 영웅, 이주하 씨의 거대한 존재를 나는 연안 동지들께 소개했다. 귀국 후 곧 주하 씨를 서울 시내 어느 병원에서 만나게 되었다. 악독한 일제와 싸우면서 장구한 지하생활 속에서 굶주림과 헐벗음과 육체적 무리가 준 선물 '병마'의 포로가 되어 있었다.

그의 얼굴은 창백하나 이지롭고 선량해 보이는 불요불굴의 정신을 말하는 혁혁한 안광이 번쩍거리고 그 어세語勢와 풍도風度 속에는 왜놈의 철쇄망을 돌파하고 왜놈이 다 무엇이냐 하는 듯한 기백을 보이고 장구한 지하생활에 조금도 성격이 오물조물하게 되지 않고 하나도 풍우를 겪지 않고 늣늣하게 자란 초목처럼 유유히 누구든지 그 품안에 안길 수 있는 대★주하의 금도가 있었다.

그가 관후장자의 풍을 가졌으나, 그는 일찍 북청 어느 한촌에 악착하게 가난한 가정에 태어나서 시종 고학으로, 잠시 고학하러 일본에 갔다가 온 경험밖에 없고 늘 노동자와 함께 고생하고 노동자와 함께 싸워왔고 당년 42세의 대주하의 일생은 완전히 조선의 근로대중을 위해 바쳐왔다. 그는 아직도 결혼의 경험이 없으니 대주하는 아직도 청년이다.

나는 대주하를 몇 차례 만났으나 아직도 한가롭게 그의 생애를 물어볼 시간도 없었다. 내가 어떻게 얼마나 8·15 이전에 그 이름을 그리워했고, 뵈옵고자 했다는 이야기도 할 기회가 없었다. 나는 오직 믿는다. 주하 동지야말로 여하히 강대한 세력이 우리를 박해하고 탄압해도 조금도 굴함 없이 다수한 이익을 위해서 싸울 수 있는 영원한 인민의 벗이 될 수 있으리라고. 인민을 통치하려고 덤비는 영웅(?)은 많으되 민중 속에 들어가서 민중과 함께 울고 웃고 싸울 수 있는 인민의 '벗'으로서의 지도자는 참 적은 것이다.

『조선인민보』, 1946년 4월 17일자, 김태준

* * *

경성제대 교수직을 버리고 항일운동에 뛰어들었던 김태준이 쓴 이주하론입니다. 둘 다 1905년생으로 동갑이지만 김태준의 이주하에 대한 존경과 신뢰는 무한해 보입니다. 대大주하라는 극찬이 이를 잘 보여줍니다.

김태준뿐 아니라 이주하에 대한 사회주의 계열 항일운동가들의 존경심은 대단했습니다. 하지만 이 때문에 곤욕을 치르기도 합니다. 소련으로부터 북한의 지도자로 낙점받은 김일성이 국내에 들어왔을 때, 북한 지역의 사회주의자들의 대다수는 이주하의 영향력 아래 있었습니다. 이주하는 김일성이 독자적으로 조선공산당 북조선분국을 만들려는 데 반발합니다. 오기섭, 주영하 등 여러 사람이 그의 주장에 동조하는 바람에 김일성으로부터 종파주의자라고 맹비난을 받습니다. 이 때문에 이주하가 자신의 본거지인 북한을 떠나 남한으로 내려왔다는 설도 있습니다.

이주하는 박헌영을 비롯한 남한의 공산주의자들이 미군정과 우익의 탄압을 피해 월북한 후에도 서울에 남아 지하운동을 계속하다가 체포되어 6·25전쟁 발발 직후 처형되고 맙니다. 이 글을 쓴 김태준도 고향이 평안도였으나 북에 올라가지 않고 끝까지 이주하와 함께 남한에서 활동하다가 체포되어 처형당하지요.

김태준은 이 글에서 이주하가 미혼이라고 밝히는데, 얼마 후 결혼해 남자아이를 낳습니다. 이주하는 1950년 봄 사형 언도를 받는데 최후 진술의 자리에서 자신의 아들에게는 정치를 시키지 않겠다는 말을 남깁니다. 남과 북 어디에도 정착할 수 없었던 진정한 혁명가의 마음을 표현한 것인지도 모르겠습니다.

# 신판 임꺽정

그 이튿날 어젯밤 약속한 새벽 네 시를 대어 노 동무와 내가* 동리 어구에 갔더니 때마침 수동면 순검 둘과 경방대원 하나가 어제 같이 내려온 우리 동지 두 명을 검속하려는 판이다. 그렇지 않아도 우리가 지금 징용 기피자 사냥을 나온 참인데 너희놈들 아주 잘 걸렸다는 것이다.

그놈들은 덮어놓고 따귀를 때렸다. 또한 발길로 마구 차댔다. 그러다간 우리가 나타나니 꺼냈던 포승줄로 그들을 채 얽지도 못하고 그중의 왜놈 수석순검 한 놈이 왜말로 '너희놈들 모두 잘 걸렸다. 징용 걸린 놈들이 모두들 은신골로 몰려든다더니 그게 헛소문이 아니로구나' 하고 다짜고짜 몽둥이를 곧추 들고 '에잇!' 하며 나에게로 냅다 대들었다.

필시 그 표독한 왜놈은 저희 나라 칼 쓰는 법을 나한테 한 번 써서 심심풀이와 화풀이를 한꺼번에 채워보자는 것이다. 우리 같은 것 한

* 이 글의 필자인 하준수.

두 놈 골이 쪼개져서 죽더라도 그놈들에게는 얼마든지 구실이 설 수 있기 때문이다.

찰나에 나의 입에서도 같은 기합이 한 마디 응하듯이 나오자 그놈은 어느 결엔지 들었던 몽둥이를 내던지고 '엑크!' 하며 벌떡 뒤로 곤두러졌다.

몽둥이를 가진 것은 그놈뿐이 아니었고 우리들 역시 밤길을 걷는지라 산

_본명보다 빨치산 '남도부'라는 이름으로 더 잘 알려진 하준수.

에서 내려올 때 참나무로 탄탄한 놈으로 하나씩 다 들고 내려왔다. 또 왜놈들 칼 쓰는 법으로 말하더라도 그렇다. 칼은 저만 쓸 줄 아는 게 아니라, 나도 중학 3년에 벌써 유단자의 자격을 가졌고 중학시절부터 오늘에 이르기까지 공수도를 하는 한편으로 유도, 검도, 권투 등을 모조리 수련해 오던 터이라 그놈이 몽둥이로 대하기에 나도 한 번 몽둥이로 응한 데 지나지 않았다. 더군다나 그때의 순사부장놈은 어디서 처먹었는지 제 몸을 제가 가누지 못할 지경이어서 그런 놈은 여나문 살 먹은 아해라 하여도 몽둥이 하나만 먹이면 능히 처치하였을 것인데.

이렇게 우리는 그놈들을 몽둥이로 한 번씩 두들겨서 걷지만 못하게 할 정도로 만들어 놓고는 쌀을 지고 산으로 올라왔다. 이것이 내가 이생에서 남에게 손찌검을 해본 그 시초였다.

## 돼지막

이러한 일이 있은 다음 필시 그놈들이 그냥 있을 리 없을 것이므로 우리는 그놈들이 분풀이를 하러 이곳까지 올라올 것을 예상하고 제반 준비를 갖춰가고 있었다.

준비란 별다른 게 아니었다. 우리들로서는 그놈들한테 대항할 의사는 조금도 없었고 만약에 그놈들이 우리를 잡으러 오면 하는 수 없이 다른 데로 피해 가자는 그것이었다. 우리는 될 수 있는 대로 그놈들을 해코자 하지 않았다. 먼저 일만 하여도 예사 때 잡혔으면 우리는 그냥 피하여 도망했을 것이다. 그러나 그때는 우리가 등에 쌀을 지고 있어서 도망가지 못하고 어쩔 수 없이 그러한 일을 저질렀었다.

우리가 이렇게 마음의 차비를 차리고 그놈들 오기를 기다렸는데 열흘이 지나도 오지를 않았고 한 달이 지나도 별일이 없었다. 한편으로 미뤄 생각하건대 그놈들이 아무리 분이 머리끝까지 치올랐다 하더라도 한 번 이곳까지 쳐들어오려면 순검 몇 명으로 될 수 있는 일이 아닐 것이다. 오히려 우리의 생각이 너무 조급했던 건지 알 수 없었다.

그러는 중에 봄도 가고 여름이 되었다. 우리가 심은 감자는 어느덧 무성하여 검은 잎사귀들이 비스듬한 산언덕에서 바람이 일 때마다 움직였고 여름 햇볕이 짙어 갈수록 감자 잎사귀는 더욱 검게 되었다. 흙속에서는 지금 감자 알맹이가 나타날 때다. 이와 같이 비와 바람과 햇빛이 감자를 길렀고 또 흙은 안 가슴에 품어서 알덩이를 키웠다.

우리는 또 참외와 수박도 심었다. 우리는 김도 매고 낮잠도 잤다. 한잠씩 늘어지게 자고 나서는 마음 내키는 대로 참외도 따먹고 수박도 먹었다. 틈나는 대로 순이한테 언문도 가르쳐주었다.

감자알이 커질 때쯤 되면 산돼지란 놈이 밤마다 나와서 감자밭을 뒤집어놓고 가는 바람에 우리는 돼지막을 지어놓고 번갈아가며 일어나 밤을 새웠다. 달 없는 그믐밤 희미한 별빛 밑에서 우리는 화롯불을 놓고 밤새껏 떠들었고 그러한 때 순이가 섞이면 우리들의 이야기가 한층 시끄러워졌다. 그중에서 능청맞고 익살 잘 떠는 박 동무가,

"순이는 어떤 신랑한테로 시집갈 테냐?"

"시집은 벌써 무슨 시집야 망칙스럽게!"

"벌써가 무슨 벌써야. 너의 아주머니는 열일곱인데 작년에 벌써 시집을 왔으니까 너도 올핸 시집갈 나이야. 그런데 순이야 나 같은 총각은 네 마음에 어떠하냐?"

"아이구, 저런 늙은 총각이 어디 있담? 능글맞게시리!"

"올해 서른 살이 늙었어? 너희 아저씨는 몇 살인데 그러니? 올 가을에 너와 나와 혼인하면 내 나이가 너의 아저씨 나이가 되고 또 네 나이는 꼭 아주머니 나이가 되거든? 이것이 천생연분이 아니고 무엇이냐 말이다."

"듣기 싫어요. 나는 죽어도 박 서방 같은 능글맞은 사람한텐 시집 안 갈 테니깐!"

"오올치! 그럼 정 도령 같은 신랑이 꼭 마음에 든단 말이지?"

"정 도령!"

하고 순이는 한참 동안 내 얼굴을 뚫어지게 바라보다가

"정 도령 같은 여자상도 나는 싫더라."

한마디 이렇게 뚝 잘라 말하곤 순이는 벌떡 일어나서 산막으로 내려가버렸다. 한참 있더니 '휘이이―' 하고 돼지 쫓는 시늉을 하고는 자지러지게 웃어대는 순이의 앳된 웃음소리가 깊은 숙면을 흔들면서 한참 동안 들려왔다.


## 지리산으로

가을철에 들어서자 또 징용 기피자 셋이 입산하였는데 그들의 이야기를 들으니 요즈음 은신골에 징용 기피자들이 몰려들어서 현재 수십 명에 달한다는 등 동리에서는 이곳 소문이 자자하다고 한다. 그러고 판구라는 수동면 수석 경찰놈이 일전의 화풀이 겸 함양읍 경찰서에 응원을 청하여 순사 십여 명과 경방단원 수십 명을 동원하여 미구에 은신골 토벌을 간다고 한참 허세를 부린다는 것이었다.

이런 일이 있은 지 보름이 지난 후의 어떤 날 점심 먹을 즈음하야 그 전날 새벽에 읍으로 정보 보러 갔던 김태봉이 숨이 턱에 닿게 달려와선 정 도령 어서 빨리 피하시라고 하였고 또 뒤미처 지금 함양읍으로부터 순검과 경방단원 오륙십여 명이 풀려서 이곳 은신골로 향해 오는 중인데 순검들은 어깨에 총까지 메었다는 것이다. 미구에 이런 일이 있을 것을 짐작한 우리는 미리부터 꾸려두었던 바랑들을 제각기 지고 부랴부랴 은신골을 떠났다.

순이는 주먹밥과 감자를 삶아가지고 어디까지든지 따라왔다. 우리가 그만 돌아가라도 그는 들은 척 만 척 하고 한 십 리가량을 따라왔다. 우리는 오늘 같은 순이의 모습을 보지 못했다. 얼굴은 벌겋게 상기된 채 울상이 되어 맨발바람으로 어디까지고 따라오는 순이의 모양은 차마 우리들은 애석해서 볼 수가 없었다.

얼마를 가다가 할 수 없이 우리가 감자보퉁이를 뺏다시피 해서 돌려보내려니까 그는 그냥 그 자리에 주저앉아 울어버렸다. 단 반년 동안에 무슨 정이 이다지도 깊이 들었을까. 우리는 이를 수 없는 뉘우침에 사로잡혔다. 우리는 앉아 우는 순이를 그냥 떨쳐놓고 인제부터 우리가 가려는 지리산을 향해서 냅다 걸었다.

그즈음 지리산에는 징병과 징용을 거부한 동류들이 군데군데 수삼백 명이나 모여서 집단생활을 하며 간악한 총독정치와 싸우고 있었다. 그들은 모두가 이십대의 혈기왕성한 청년들이어서 징용을 피하여 입산하는 동류들도 살림에 얽매이지 않는 젊은 총각들이었다. 그래서 그들이 당면한 가장 큰 곤란은 식량문제 해결에 있었는데 한창 먹을 때인 그네들이라 당장 죽으라면 겁을 내지 않았으나 하루에 세끼 안 먹고는 견디기 어려웠다.

그동안 우리들은 은신골을 나와서 지리산으로 왔었는데 처음에는 벽송사에서 절에 가는 사람이라 일컫고 사흘 동안 묵었고 그다음 또 어느 산막에 가서 하루를 묵는 동안에 이곳 동무들과도 연락을 취하였다.

우리는 당분간 그들한테 얹혀 있다가 은신골서 배운 솜씨로 사흘 만에 산막 하나를 지어 들었다. 그러는 동안에 겨울은 박도하여 우리들의 식량은 극도로 결핍하여졌다. 그즈음 우리 쪽에 붙은 인원수가 나까지 쳐서 모두 열일곱 명이 되었는데 우리는 거의 기아상태에 빠져 있었다.

우리들은 이 곡경을 이겨나가려고 여러 가지 대책을 다하였다. 우리는 엽총 세 자루를 구해가지고 전원이 출동하여 노루와 산돼지 등을 잡는 한편, 한 달에 일인당 쌀 석 되에다 무, 감자, 칡뿌리, 도토리, 깐치발(일명 황정인데 그냥은 먹을 수 없고 아홉 번 씻고 말린 다음에야 먹게 된다) 등속을 섞어서 대용식을 삼았다.

우리가 이렇게 기아와 싸우고 있을 때 소위 기피자들을 잡으려고 지리산 각 고을에서 무장경관대 이백여 명을 소집하여 지리산을 포위, 공격해왔다. 그러나 그해 겨울에는 유난히 눈이 많이 쌓여서 그놈들은 길에 차는 눈에 저해되어 중복까지도 올라오지 못하고 우리를 대신으로 그놈들은 산발치의 인가들을 공격하여 닭, 꿀 등을 소위 공정가로 약탈하여 갔다.

## 보광당

그 사건이 있은 후 우리들은 또 지리산을 뒤로하였다. 그리하여 전라북도 장산산으로 가서 전라도 동무들을 만나 함께 한 달을 지낸 다음 다시 경상남도 백운산으로 옮겨가서 그해 겨울을 그곳에서 났다.

작년 겨울에 집을 나온 다음 약 한 해 동안을 객지에서 지냈는데 그동안 우리들의 얼굴에는 비바람도 젖었고 눈보라도 세우찼다. 그럴수록 우리들의 품은 뜻은 더욱 굳어지고 우리들의 심보는 더욱 크게 자라났다.

그리하여 쫓기면 굶주린 이리떼 모양으로 단지 피해 다니는 게 이때까지 우리들이 취한 행동의 전부였는데 이렇게 한 해를 쫓겨만 다니는 가운데 애초에 우리들이 품었던 뜻은 어느덧 우리들도 의식하지 못하는 틈에 어떠한 생장을 하였으니 이것은 혼돈에서 유형으로 무의식에서 의식으로 생장하는 만유생성의 근본원리에서 벗어나지 않는 일개 ○○에 꿈일는지 모르나 하여튼 희안한 일이 아닐 수 없었다.

백운산에서 겨울을 난 우리는 1945년 3월에 ○관산으로 가서 그곳에 큰 집을 짓고 화전을 시작하는 한편 동지 칠십삼 명으로 보광당을 조직하고 일본이 전쟁을 계속하지 못하도록 될 수 있는 대로 방해할 것과 당원을 조련하여 연합군 남선 상륙 시(연합군이 남선에 상륙한다는 것을 전제)에 응할 수 있도록 제반 태세를 갖추자는 것이 우리들의 행동목적이었다.

그리하여 우리들은 화전을 일궈서 우리의 식량문제를 해결하고자 일을 하는 시간 외에는 나머지 시간을 전부 군사훈련에 충당시켰다. 우리는 무기를 매입하였고 일방으로 엽초, 황, ○○ 등으로 화약 제조도 하였다. 무기매입이라 하여도 엽총 따위였고 우리들은 간혹 아랫 동리로 몸 날쌘 당원들로 작패하여가지고 내려가서 주재소를 습격하였다. 그놈들이 가진 총을 뺏자는 것이었다.

그럴 때는 몸 날쌘 두세 명의 당원이 몽둥이를 하나씩 가지고 하산하여 밤을 타서 마을로 들어간다. 그리하여 그중에서 한 당원만 주재소 안으로 들어가고 나머지는 만일을 위하여 경계하고 밖에서 기다린다. 그러면 으레 오 분 이내에 들어갔던 동무는 무사히 총을 빼앗아 가지고 나올 수 있었다.

그래서 얻은 총이 대여섯 자루는 되었는데 7월 말에 들어서 산청 군 경관대 십여 명이 ○관산으로 추격을 왔다가 우리들의 우세함과 산길이 험해서 저희들 숫자로는 도저히 우리를 감당할 수 없음을 깨 닫고 산속에는 발 한 발자국 들여놓지 못한 채 아랫마을에서 애꿎은 이 처사만 묶어가지고 그대로 돌아갔다.

그런데 이 처사는 왜 묶어갔는고 하니 이 처사란 이가 나이 쉰이 나 되었으되 조금 지능이 적게 발달해서 주책없이 그놈들이 묻는 말 에 먼저 나서서 아는 말 모르는 말 함께 섞어 떠들어 놓았기 때문이 라고 한다. 이것은 빈손으로 돌아가기 멋쩍은 그놈들이 언제든지 저 지르는 수작이기도 하였고 거기에 지각없이 걸려든 것은 이 처사의 횡액이라 하겠지만 그 반면에 이 처사가 우리의 내막을 아는 것이 무슨 자랑이나 되듯이 실제로 알지도 못하는 것을 철없이 떠들어댄 그의 허튼수작으로 미루어서 우리들의 소문이 민간들 측에 퍼진 정 도와 또 그 끼친 정도를 짐작할 수 있었다.

「신천지」 1946년 5월호, 「신판 임꺽정」, 하준수

*　*　*

1921년생인 하준수는 경남 함양군에서 부유한 면장의 아들로 태어나 일본 유학까지 갔으나 일제 말기 징용을 거부하고 지리산 일대에 들어가 학병 기피자를 규합, 보광당을 조직해 유명해진 인물입니다.

보광당의 활약상은 지서에서 총 몇 정을 뺏는 정도로 미미했으나 일제

말기 국내에서 항일운동을 계속한 드문 조직으로 의미가 있다고 하겠습니다. 그러나 더 의미심장한 것은 이를 주도한 하준수가 훗날 남도부라는 이름으로 경상남도 일대 빨치산을 지휘하게 된다는 사실입니다.

하준수는 여러 무술에 통달한 인물로 맨손으로 맥주병 목을 쳐낼 정도로 강인했다고 합니다. 사회주의자라기보다 열혈 민족주의자였던 그는 해방 후 친일파들이 판을 치는 남한의 실정에 분노해 월북했다가 1950년 한국전쟁 발발과 동시에 무장 게릴라를 이끌고 동해안으로 상륙, 전쟁이 끝나기까지 3년 동안 신불산을 중심으로 한 경상남도 동부산악지대에 주둔하면서 부산 일대를 공격합니다. 그의 부대는 소수 병력으로 치고 빠지는 유격전의 전범을 잘 보여주어 수차례 부산 시내까지 진입해 임시수도를 소란스럽게 만들기도 합니다.

휴전이 성립되면서 대구로 하산했던 하준수는 체포되어 수사를 받는 과정에서 북한 정권이 남한 출신들을 대거 숙청하고 남한지역 유격대들의 전략적 오류를 비판하는 데 반발해 잡지에 항의성 논문을 발표하기도 합니다. 그러나 끝까지 전향을 하거나 북한을 배신하지는 않은 채 사형을 선고받아 총살됩니다.

하준수의 생가는 아직도 경남 함양군에 남아 있으며 아무도 살지 않는 폐허가 되어 있습니다. 불행했던 역사의 흔적을 찾아 한번쯤 가볼 만합니다.

## 제6장

한 민족이 국권을 잃었다고 해서 모든 사람이 독립운동만을 할 수는 없습니다. 사업을 하는 사람도 있고 문화예술을 하는 이도 있고 교육을 하는 사람도 있기 마련입니다.

문제는 이들이 각 분야에서 무엇을 어떻게 하느냐입니다. 독립운동을 한다면 독립운동답게 하고 사업을 하더라도 이익을 독립운동에 쓰고, 문화예술과 교육도 독립을 지향하는 내용을 담는다면 그 모든 것이 애국이라 할 수 있을 것입니다.

그러나 실제 우리 역사는 그렇지 못했던 게 사실입니다. 대표적인 독립운동가로 추앙되어 해방 후 초대 대통령이 되는 이승만은 안전한 미국의 휴양지 하와이에서 교포들의 피땀 어린 돈을 긁어 미국 정부 관리들과의 로비에 탕진합니다. 자칭 민족신문이라는 『조선일보』 사장 방응모는 항일적인 기자들을 해고시키고 일제에 충성해 부를 축적한 인물입니다. 일제하 대표적인 여성지식인이라 하여 이화여대 총장을 지낸 김활란은 엉터리 논문과 친일 행각으로 점철된 인물입니다. 이들은 해방 후에도 남한의 정치권력과 언론, 교육계를 장악해 오욕의 역사를 만드는 역할을 합니다.

이태준이나 홍명희처럼 지조를 지키고 조선 민중을 사랑하는 글을 쓴 작가도 있지만 일본과 조선이 하나의 민족이 되기를 바라는 마음으로 집에서도 일본 옷을 입고 아이들에게도 일본어만 쓰게 한 이광수 같은 인물도 있습니다. 그런데도 이광수는 오늘날까지도 일제시대 최고의 작가로 모셔지고 있습니다.

우리나라 역사가 바로 세워지는 길은 여전히 멀고도 험난합니다.

# 김활란의 사기극

김활란 씨가 미국에 가서 박사학위를 얻고 금의환향하였다. 그리하여 부르주아 신문이나 잡지들은 우선 그 논문 내용을 접하기 전에 씨의 명예로운 박사호博士號를 향해 백배 존경하였다. 그리고 씨의 환영회가 열려 많은 신사숙녀가 참석하는 영광을 얻었다. 필자는 그 소위 박사논문 내용이 어떤 것일까 궁금히 생각하던 차에 우연히 손쉽게 얻을 수가 있었다.

물론 씨의 역량을 과신하지 않은 필자로서는 어떤 인간 이상의 일을 성취하였으리라고 예기하였던 것은 아니다만 그래도 조선에서 다년간 여성교육에 당무해왔고 조선의 대표라는 공허한 명목을 가지고 각국에 다니는 동안 외국 교육계의 실지 시찰도 많이 한 씨인 만큼 미국에 가서 조선농촌교육에 대한 논문을 제출하였던 것이다. 논문의 제목만 보아도 퍽 훌륭하였다. 조선의 재건과 농촌교육을 씨는 어떻게 보는가? 이것이 표제를 보면서 일어나는 호기심이었다.

우선 씨가 참고한 책이 무엇이었던가를 한 번 훑어보았다. 외국교육에 대한 것은 필자가 그 방면의 문외한인 만큼 알 수가 없으나 조선교육에 대한 참고서를 나열한 것 중에는 실로 별 우스운 것이 다 많았다. 안자산 씨의 『조선문명사』 같은 것이나 주요섭 씨의 『조선교육의 결계缺階』(이것도 통계의 적시와 나열에 불과했다) 등이 참고서로 열거된 것쯤은 이상할 것도 없지만 그 전부가 총독부 출판의 소위 선정광고 어용서를 제일

_김활란.

많이 참고하였으며 그것으로써 중요 근거를 삼은 것이다. 씨는 총독부란 말을 'Government General'이라고 쓰지 않고 직접 정부라고 즉 'Government'라고 썼으니 그것이 더 조선 사람으로서 명예스럽게 생각했던 모양이다.

그리고는 기독교단 내에서 별로 세상에도 알려지지 않고 야매같이 나오는 수종의 서적 즉, 신흥우 씨 저서, 홍병선 씨 저서, 『기독신보』 그리고 조선 인식이 부족한 재조선 서양인들의 저서, 그 외에 많은 잡지 중에 『동광』이 영예에 뽑혔으며 세 신문 중에는 특히 『동아일보』가 관을 썼다. 그리고 요절할 노릇은 최남선 씨의 책까지 농촌교육 참고서에 등장하였다. 하기야 조선에 어떤 방면 서적이 없어서 씨의 참고에 공급할 수 없는 것도 사실이지만 역시 이상에 열거한 것이 과연 참고서가 될지도 의문일 것이다.

그리고 논문에서는 먼저 조선의 인구와 농민수를 들어 82%라는 절대다수의 농민을 가진 농업국의 면목을 보여주려 하였고 조선은 옛날부터 농업에 주력했다는 증거를 보여주려고 단군이 농업을 권

장한 이야기가 수행되고 기자가 비전법非田法을 썼다는 이야기가 수행된다. 일반으로 한 제목 아래 쓰여진 논지의 양이 빈약했다는 것이 퍽 유감이다. 그리고 농촌의 파멸된 현상에 대하여 그 궁색한 형상에는 특히 위대한 천재(?) 홍병선 씨의 말을 번역해 풀어놓았다.

원고 마감 시간 관계로 수십 분의 단시간을 할애해 이 글을 쓰는 필자로서는 철저히 그 전체에 대하여 소개하고 비평할 수는 없다. 다만 간단히 총평만 하고 만다면 이 논문은 말이 농촌 운운이지 기실 부르주아지와 제국주의를 위한 개선을 논한 외에 자본주의와 제국주의에 대한 일말의 항의도 없으며 또 교육의 근본문제의 귀결을 규정할 생각도 못한 극히 평범한 논문이다.

씨의 논문이 만일 조선에서 발표되었다면 저널리즘에 합류해서 그날의 휴지가 되고 말 것으로서 아무런 문제나 파동이 없을 것이다. 무슨 이상론을 포함한 것도 아니고 단순히 소개서로서 우리는 신문잡지에서 그만한 통계쯤은 매일 주워 볼 수 있다. 씨가 그 논문을 조선 사정에 어둡고 호기심을 가질 만한 미국으로 들고 가서 발표했다는 것이 훌륭한 처세술이라고 감탄한다면 할는지?

그리고 미국 사람에게 조선의 궁색한 상황을 드러내 애원한 공은 있을지 모르나 그 논문의 내용은 보통 조선에서 발표되는 논문들에 비해 훨씬 수준이 낮은 편이며 일정한 수준에 미치지 못한다. 누구나 박사를 하고 싶으면 미국에 가서 영어 공부만 할 필요가 있다. '춘향전 연구'만 써도 훌륭한 박사가 될 것이다.

『비판』, 1932년, 「김활란 씨의 박사논문 촌살」, 무언생

*** 

조선공산당 중앙위원이던 김약수가 발행하던 시기의 잡지 『비판』에 실린 촌평입니다. 아직도 많은 사람들이 이화여대 총장 김활란이 다소 친일은 했으나 시대 사정으로 보아 어쩔 수 없는 일이었으며, 여성 교육에 큰 공을 세운 전문가라고 생각합니다. 그러나 그의 비전문성과 친일적인 성향은 이미 1930년대 초에도 명백히 드러나고 있습니다.

# '혁명가의 아내'와 이광수

춘원 이광수 작 『혁명가의 아내』는 일찍이 동아일보 지상에 연재되었던 것을 삼천리 사에서 단행본으로 출간한 지 벌써 4년 전인 1930년 10월이었다. 그러나 필자*는 아직까지 이름만 듣고 있다가 근자에야 읽어볼 기회를 얻었다.

이광수 군이 조선 청년에게 새삼스레 봉건도덕인 '중용지도'를 강의하고, 인도의 간디와 톨스토이를 숭배, 예찬하면서 홀로 신비경에 빠져 산보하다가 별안간 이와 같은 혁명적 작품(?)을 내놓은 것이 소위 '혁명가의 아내'란 것이다.

그러면 작가는 이 걸작(?)에서 무엇을 어떻게 썼는가? 필자는 읽기를 다 하고, 아니 읽는 중간에 몇 번이나 책을 내던지고 싶은 것을 억지로 참아가며 읽었다.

이 소설에는 요부와 같은 여류혁명가라는 여주인공 방정희가 있고 알부랑자 비슷한 혁명가 공산이라는 부주인공이 있는데 이야기

* 소설가 이기영.

_이기영(왼쪽)과
이광수.

의 줄거리를 추려보면 이 소설의 제목과는 놀랄 만치 엉뚱하게 그저
추잡한 치정관계를 추악하게 그린 것뿐이다.

　방정희라는 모 여자고보를 졸업한 신여성이 학비를 보조받던 강
의사(그때는 전문학생이었다)와 연애를 하다가 삼방약수터에서 공산을
처음 만나가지고 그의 혁명가적(?) 인물에 홀딱 반해서 공과 연애
를 하게 되었다. 그래서 동거까지 하게 되었는데 공의 사상에 감화
가 되어서 자기도 첨단적 여류혁명가가 되었다 한다.

　그런데 공산의 지병인 폐결핵이 점점 심해져서 방정희는 성욕을
더 참을 수가 없어서 다 죽어가는 병든 남자를 어서 죽으라고 날마
다 구박을 하는데 하루는 그가 간신히 미음물이나마 두어 숟가락씩
떠먹게 하는 구미 당길 약병을 발길로 차서 엎질러버렸다. 그래서
또 풍파가 났다.

　그때 마침 날마다 공산에게 정맥주사를 놓아주러 오는 그 이웃에
살고 있던 의학생 권오성을 그전부터 욕심내고 있던 방정희는 그날

_1930년 1월 1일부터 2월 4일까지 『동아일보』에 연재된 이광수의 소설 『혁명가의 아내』.

밤에 병든 남편의 옆에서 자다가 남편이 낮에 싸움을 한 탓으로 피를 많이 쏟고 병세가 악화되어 마취약을 먹고 혼절한 틈을 타 미리 자기의 금침을 펴놓고 의학생을 재워둔 건넌방으로 살짝 건너가 겨울의 긴긴밤이 일 분과 같이 짧도록 간통의 단꿈을 꾸었다.

그 후로 남편의 병세는 더한 데다가 정희는 의학생 권오성에게 아주 정신이 빠져서 허둥지둥하는 바람에 남편의 간호도 부주의하였고 따라서 공산이도 정희와 권오성과의 불순한 관계를 눈치 채게 되자 중병에 상심까지 더하게 된 공산은 마침내 그 이듬해 정초에 죽어버리고 말았다.

그런데 남편상을 당한 정희는 남편의 시체를 파묻고 오는 길로 바로 며칠 있다가 온양온천으로 권오성과 같이 미진한 육욕을 채우러 밀행을 하였는데 육적향락 일주일 만에 임신한 것을 알게 되자 정희는 고만 낙담실색해서 정부 권오성에게 폭행을 하다가 권이 발길로 차는 바람에 정희는 다량의 하혈을 하고 유산까지 하게 되었다. 이 꼴을 본 권오성은 대경실색하여 치료 약재를 사러 간다고 그 길로 도주해버렸다.

　그래서 정희는 할 수 없이 공산의 동지인 여북풍(여는 공산이가 죽기 전에 서대문형무소에서 출옥하는 길로 바로 공산이를 찾아와서 정희와 권오성과의 추한 관계를 듣고 공산이가 그들을 죽이고 싶다는 것을 만류하는 동시에 두 사람을 공산이의 눈앞에서 면박을 주는 사람이다)의 구호로 다시 서울로 올라와서 치료를 받게 된다. 그런데 정희를 치료해준 의사는 옛날 정희에게 학비를 대주었던 첫 애인이었다. 그래서 그에게 지성껏 치료를 받았지만 정희도 또한 그 길로 죽고 말았다는 것이 이 소설의 종말이다.

　독자제군! 이것이 무슨 혁명가의 아내란 말이냐? 이 소설에서 혁명가적 행동이라거나 사건은 도무지 약에 쓸려도 구할 수가 없다. 자초지종이 모두 추악한 치정관계뿐이다. 그래도 작가는 역시 이 작품을 장편소설 『군상』 중의 일부라 해서 혁명가적 공산이와 방정희의 공적인 생활은 과거로 파묻고 오직 그의 병중의 사생활만 취급했기 때문에 그렇다 할지는 모른다. 그러나 설령 그렇더라도 그들의 언행 중에는 반드시 혁명가다운 무엇이 있어야 할 것 아닌가?

　우선 작가가 혁명가의 가명을 '공산'이라고 지은 심사부터 야릇

하다. 대체 공산이란 무슨 의미냐? 공산의 본명은 공진호라고 뚜렷하게 문패까지 붙여놓았다는데도 불구하고 작가는 왜 하필 이런 가명을 붙였는가? 보아라, 이 혁명가의 성명은 신기하게도 '共産'과 음이 같지 않은가? 그렇다면 이게 무슨 뜻인가? 즉, 작가가 쓴 혁명가는 바로 공산주의자인데 이 혁명가들은 모두 그렇다는 말이다. 혁명가는 모두 공산이와 같고 방정희와 같다는 말이다. 이게 무슨 뼈뚤어진 증상이냐?

방정희는 공산이와 결혼하기 전까지는 아직 뉘 집 안방에서나 볼 수 있는 여학생이었으나 공산과 동거하는 동안 공산의 감화를 받아 아주 첨단을 걷는 혁명가적 신여성이 되었다는데도 불구하고 그는 오랫동안(장장 1년이나!) 남편의 폐병으로 성적 불만이 있다 하여 매일같이 그 남편을 학대하였다. 그와 같은 요부였다.

"여보 당신이 무엇으로 남편이요? 의식을 못 주어 성의 만족을 못 주어, 무엇으로 남편이란 말이오? 남편이면 남편인가? 남편 노릇을 해야 남편이지!"

독자대중제군! 이게 여류혁명가의 말이냐? 제군도 잘 알다시피 이것은 요녀 타입의 남의 두세째 첩년들이 할 말인지는 몰라도 아무리 의식이 없는 여자일망정 자기 남편이 금방 폐병으로 다 죽어 가는데 이따위 말을 할 여자는 없을 줄 안다.

그리고 아무리 성욕에 환장한 년이라 하더라도 금방 제 남편과 싸움을 하고 나서 아주 기절하기까지 한 것—가짜 기절 같기는 하지만—을 의학생 권오성이가 안아다 건넌방에 뉘고 응급치료를 한 결과 신통한 효력을 발휘하여 불과 2분 만에 정신이 돌아오는데 그때

바로 권의 목덜미를 껴안고 성욕을 참지 못해서 발광을 했다는, 그 야말로 백 퍼센트의 색정광이 아니면 안 되겠다. 서양 어느 음탕한 부르주아 영화에나 이런 악마 같은 요부가 있을는지?

현실 사회에 이런 음녀가 아주 없다는 것은 아니다. 그러나 그를 혁명가라는 것은 망발이다. 아니면 작자는 이런 음탕한 추행을 성적 혁명으로 보았던가. 그래 그들을 혁명가로 보는 것인가? 그렇다면 할 말이 없지마는 그들의 혁명가적 활동은 씨도 없이 빼놓고 다만 그들의 음탕한 추한 장면만 묘사해 놓고서 혁명가니 혁명가의 아내 니 하는 것은 개수작이다. 소위 혁명가라는 것들이 툭하면 개싸움을 하는데 작자는 이것을 그들이 혁명가적이라서 그렇다 한다. 더러운 혁명가들 다 보겠다.

"둘이 다 혁명가적 정신이 넘치는 사람이라 직접 행동에 들어가 서 성미 급한 공의 주먹이 종알거리는 정희의 어깨나 볼기짝을 두드 리게 되고."

그런데 이런 싸움을 혁명가인 공산이가 처음에는 그의 아내 정희 가 자기를 숭배하던 것을 여류혁명가가 된 뒤로부터는 '내외 간의 절대평등'을 주장한 데 대해서 "대등의 동지로 존경하지 않고 매양 '제까짓 것'이 하는 태도를 보였다"는 것이 원인되었다는 것이다. 그러나 또 일장풍파를 치르고 나서도 공이 저보다도 큰 아내를 어린 아이같이 번쩍 들어 힘껏 껴안고 입을 맞추고 등을 두들겨주고 달래 주면 정희는 금시로 또 '더할 수 없는 만족을 느낀다'는 알뜰한 변태 성욕자라는 것이다.

작자는 이와 같은, 다만 성적 권태와 불만에서 나오는 성적 갈등을―개싸움을―

"그것은 계급투쟁의 미움도 아니요, 주의가 달라서 생기는 미움도 아니요 그야말로 인성에서 오는 물질적 이해관계를 초월한 미움으로, 두 혁명가의 가슴은 터지도록 찼다."

하였다. 그것이 보통 사람의 내외싸움이 아니라, 일류 혁명가들의 내외싸움이라 그렇다는 말이다.

이 작자는 도무지 혁명가를 어떻게 생각하는 모양인가? 그래 소위 혁명가라는 것들이 계급투쟁도 아니요 주의가 다른 것도 아닌데 이렇게 생명을 내걸고 추잡한 치정관계의 해괴망측한 풍파를 날마다 반복하고 또한 그것으로 종사하고 시종할 것이냐? 생식기 성화교 맹신자라면 몰라도!

정희가 그날 밤에 각혈을 몹시 한 병든 남편의 옆에서 누워 자다가 미리 건넌방에 재워둔 정부를 욕심내는 나머지

"흥! 정조, 의리, 남편을 섬김? 흥! 봉건사상! 노예도덕! 흥!"

이라고 한 독백이 얼마나 천만부당한 불순한 자기행동의 합리화냐? 그래 혁명가의 정조란 모두 봉건사상이요 노예도덕이 될 것인가? 이에 작자도 겸연한 바가 있었던지 그로 하여금 다시 이렇게 정신착란의 생각을 하게 하였다.

"정희는 어떤 것이 진실로 봉건적이요 부르주아 근성인지는 분명히 모른다. 그러나 한 가지 큰 원리 큰 공식을 안다. 그것은 가치의 전도라는 것이다. 무엇이든지 재래에 옳다고 여겨온 것은 모두 봉건적이요, 부르주아 근성이라 하는 것이다. 재래에 옳지 않다고 하는 것은 대개 옳은 것이요 변증법적이요 민중적인 것이다."

그러면 이렇게 무지한 여자를 어떻게 일류 혁명가라 했는가? 이게 참으로 변증법이냐? 작자는 변증법을 어떻게 생각하는가? 변증법은 모순의 논리학이라니까 이 작자는 그저 철저한 모순이면 다 변증법적으로 아는 모양이냐? 그래서 혁명가에 있어서도 이와 같은 몰의식한 행위를 모순이라 하야 변증법적이라고 생각하는 모양이다. 그래서 그는 다시 '정조, 자기희생 모두 다 부르주아 이데올로기야. 부르주아!' 하고 외치는 모양인가? 그러나 이게 무슨 얼간망둥이 같은 여류혁명가란 말인가?

정희는 공산과 사이에 초산한 여아를 '한 번도 안아주지도 아니하고 젖도 아니 먹이고 한 번 귀여워하는 모양을 아니 보인 것'도 이 원리(변증법적 원리란 말이냐?)를 적용한 것이라고 한다. '이를테면 그의 주의에 충실하자는 것'이라니, 이 무슨 악마주의란 말이냐? 참말로 그는 맑스주의자가 아니라 백 퍼센트 이상 악마주의자라 하겠다. 요녀다! 음녀다! 천하잡년이다! 자, 독자제군! 아닌가 보아라!

"그러다가 봉건적이요 부르주아의 유물인 그 어린 딸은 백날이 못하여 그 어머니의 주의에 희생이 되어서 가버리고 말았다."

그래 공산이가 아이의 시체를 안고 우는 것을 보고 그를 비혁명가적이라 비웃고 나가버렸다 하니 세상에 이런 악귀와 같은 혁명가도 있을 것인가? 이런 지옥불에 타 죽어도 죄가 남을 짐승 같은 년을 혁명가로 보느냐?

(검열로 9줄 삭제)

참으로 언어도단이다. 금수도 제 새끼를 사랑하거늘 하물며 사람이!

최후로 작자는 공산의 동지인 여북풍이라는, 서대문형무소에서 갓 출옥한 이가 제○차 공산당 사건의 준책임비서격으로 일하던 주요인물로서 어떻게 예심면소가 되어서 나오는 길에 즉시 공산을 방문하여 공이 의학생과 자기 아내와의 추한 관계를 호소하며 그들을 죽이고 싶다 할 때 공을 만류하였다는 것과 공이 그 뒤 죽을 때에 '연애니 질투니 하는 것은 모두 유한계급이나 할 것이니 우리는 오직 일을 해야 한다'는 회개 비슷한 유언을 한 것과 또한 정희도 죽을 때에 '이번에 일어나면 나는 공의 뒤를 이어서 혁명가가 될 터어요' 하는 것은 모두 다 관념적으로 얼토당토 않게 붙여놓은 것에 불과하다. 방정희가 동지인 병든 남편과 싸움을 할 때 '이 똥물에 튀길 혁명가'니 '개 같은 놈'이니 하는 따위의 갖은 욕설을 퍼부은 것은 이 무슨 행위냐? 행랑방 내외 싸움도 이 같지는 않겠다.

　　그리고 정희가 그날 낮에 남편과 싸우고 기절하였을 때 의학생이 건넌방으로 껴안고 가서 응급 치료한 결과 정희는 정욕의 불이 타서 그의 목덜미를 껴안고 얼토당토 않은 '따와리스취!'(동무)라고 부르짖는 것과 여북풍이가 그들의 추한 관계를 듣고 면박을 줄 때 의학생에게 '뽀스마뜨리!'(두고 보자) 하고 러시아 말을 썼다는 것. 또 여는 책임비서까지 된 중요 간부란 자가 출옥하는 길로 공을 찾아오는 길거리에서 공의 집 행랑어멈을 만나서 실없는 소리를 하다가 면박을 당했다던지, 그 길로 방에 들어갈 때 구두 신은 발을 뒷발길로 획획 내저어서 한 짝씩 공중거리를 해서 나가떨어지게 했다니 이 얼마나 황당한 작자냐? 그의 별명을 북풍*이라 한 것도 가증하기 짝이 없다. 도대체 이 작자는 일련의 맑스주의자—사실은 알부랑자 변태성

욕자 음남음녀—인 이면 비혁명가를 예술적으로 표현해서 그들의 추악한 행동을 독자대중에게 폭로하여 그들로 하여금 (공산)주의자와 이간시키자는 음험한 이간책을 쓰자는 것이었다.

그러나 그것은 정반대의 효과를 보여서 결국 자기 자신의 타락한 소부르주아 생활의 비열한 자기 모습을 그린 것뿐이니 애석한 일이다. 제 칼로 제 목을 찌른 셈이 되었다.

마지막으로 한 마디를 던져두자!

쥐는 쥐인 척하는 것이 오히려 제 격에 들어맞는 법이다. 작자는 여실하게 부르주아 연애소설이나 쓰든지 그렇지 않으면 그들의 비위에 맞는 강담소설**이나 쓸 것이지 이 같은 무모한 경거망동의 만용은 부릴 것이 아니다. 아무리 관념론자이기로 이만한 이해관계는 구별할 만한 두뇌가 있어야 할 것 아닌가?

『신계단』, 1934년, 「'혁명가의 아내'와 이광수」, 이기영

\* \* \*

일제시대 대표적인 소설가이자 신문학의 상징으로 알려진 이광수는 일제 말기에 적극적인 친일 행위를 한 것으로 유명합니다. 제국주의 시대에 조선이 살기 위해서는 일본과 합쳐 일본과 같은 등급의 민족이 되어야 한다는 내선일체론을 내세우며 일본과 조선의 영원한 통일을 주장하고, 조선의

---

* 북풍은 북쪽에서 불어온 혁명의 바람을 의미한다. 실제 사회주의 조직 중에 북풍회가 있었다.
** 강의 같은 소설. 설교조의 계몽소설을 쓰는 이광수를 비웃는 듯하다.

청년들에게 일본군에 지원할 것을 호소합니다.

이에 대해 사람들은 보통 이광수가 일제의 압박을 이기지 못해 억지로 잠시 친일한 것으로 생각합니다. 그러나 이광수는 이미 1920년대부터 지속적으로 반일운동을 거부하고 일본과 협조해 조선을 개조해야만 살 수 있으며 궁극적으로는 일본에 완전 동화되어야 한다고 생각합니다. 그는 실제로 집에서도 일본 옷만 입었으며 아이들에게도 일본 옷만 입히고 일본어만 쓰게 했습니다.

이 글은 또 다른 대표적 작가인 『두만강』의 이기영이 이광수의 장편소설 『혁명가의 아내』에 대해 비평한 글입니다.

이광수는 자신의 민족개조론에 가장 반대편에 선 사회주의운동에 대해 사무치는 적개심을 가진 듯합니다. 공산이니 북풍이니 하는 등장인물 이름은 물론이요, 권오성이라는 이름 역시 당대 저명한 사회주의자이던 권오설, 권오직, 권오상 등을 연상케 합니다. 고의적인 이름 짓기라는 혐의를 벗을 수 없습니다. 오죽하면 점잖은 선비형이던 이기영이 이런 평가지 썼을까 이해가 됩니다.

# 조선일보 사장 방응모 방문기

대학 창설의 웅대한 그림을 머릿속에 그리는 방응모 씨. 화려하면서도 간결하게 꾸미어진 조선일보 사장 응접실에서 방 사장을 기다린 지 몇 분 후에 여급 아이에게 안내를 받아 사장실의 도어를 열고 들어섰다.

이 사장실 안에 들어서며 내 눈에 띄는 것 역시 아까 응접실에서 느끼든 것처럼 새틋하고 화려한 듯하면서도 무슨 장식이라고는 별로 얻어 볼 수 없는 간결함이었다. 신문사의 사장실로나 응접실로는 어떠한 신문사에 그것보담 빼어난 점이 엿보이는 훌륭한 방이었다. 그러나 유명한 이들의 필액이나 산수화 하나 어느 한구석 벽 위에서도 얻어 볼 수 없음은 이 집 주인어른의 기질을 약간이나마 짐작할 수 있는 듯하다. 다만 한편 쪽 유리장의 합 속에 들여다보이는 꽃무늬를 놓은 은컵 두 개와 한편 구석에는 단 한 개의 화분이 놓여 있을 뿐이다.

나는 사무에 바쁘시다는 방 씨와 대좌하여 그이의 '일상생활'이며 '인생관'이며 '황금관'을 차례로 듣기로 하고 그가 뒤적이던 서류에

_방응모.

서 시선이 떨어지기를 기다려 곧 말을 건넸다.

"선생은 퍽 질소한 생활을 하신다는데 어떠십니까? 세상에서는 말하기를 1년을 통하여 양복을 단 두 벌을 가지고 지나신다고들 하는데 정말 그러십니까?"

"조선 사람 생활이라는 게 자연 그렇지요. 어데 화려한 생활을 할 수가 있습니까? 내가 지금 입은 이 양복도 벌써 올까지 8년째 되는 걸요. 여름에는 여름양복을 입게 되고 가을, 봄에는 춘추양복을 입게 되고 겨울에는 겨울양복을 입게 되니까 일 년을 입는대야 양복 한 벌로 수삼 개월밖에 더 입나요? 허니 자연히 오래 입을 수밖에 없지요. 이 양복도 아직은 2년이나 더 입겠지요. 그렇게 되니 자연 질소하거나 검박하자 해서 그런 것이 아니고 해어지지 않으니 오래 입을 수밖에는 없지요."

"그러나 어데 돈 많은 이들이 다 그렇게 합니까? 대개들 보면 해마다 철을 따라서 100원 이상의 훌륭한 양복을 새로 척척 맞춰 입게 되지 않습니까?"

"그야 돈 많은 사람들 중에 혹 그런 사람들도 더러는 있기야 하겠지요. 그러나 내야 어데 돈이 있나요. 그러고 돈이 있어도 나의 성미로는 그렇게 몸을 꾸미거나 버젓하게 차리기를 원치 않아요."

"선생이 오락으로 그중 즐겨 하시는 것은 무엇입니까?"

"오락이요? 오락이라고는 아무것도 모르지요. 소위 지금 사람들이 많이들 하는 여러 가지 오락이 많지마는 아무것도 모르지요. 송학이다 명월이다 하는 화투 할 줄도 모르지요."

"하— 그러면 취미로는 어떤 것을 그중 즐기십니까?"

"취미도 역시 별반 없지요. 원체 내가 젊은 시절을 한 10년 동안이나 공생하는 몸으로 지냈으니까 뭐 배울 사이도 없었지요만."

"운동도 골프나 승마 같은 것을 안 하십니까?"

"그런 운동할 시간도 어데 있어야지요. 승마는 좀 위험한 운동이지요. 매일 아침 일찍 일어나 아침 산보도 어떤 때는 시간이 없어서 못하는 형편인데요."

"골프는 요새 몇몇 명사 어른들이 동대문 밖 골프장에서들 자주하는 모양인데 선생도 그 축에 더러 끼우시지 않습니까?"

"아마 박영철 씨나 민대식 씨나 그 외의 여러분들이 자주 모여서 골프들을 하는 모양인데 나는 할 줄도 모르고 할 시간도 없으니까 아예 생념도 안 내지요."

"그러시면 독서할 시간은 있습니까?"

"독서할 시간도 없어요. 독서는 틈만 있으면 하려고야 하지요. 그러나 이것도 맘대로 되지 않아요. 겨우 몇 가지 신문하고 서울이나 동경서 나는 잡지를 뒤져볼 뿐이지 그 외에는 더 손댈 사이가 도무지 없어요."

## 영흥 산림을 자금 삼아 대학을 창설할 생각

"선생은 작년엔가 함경남도 영흥에 있는 국유 산림 몇만 정보를 불하한 일이 있지 않습니까?"

"네. 있지요."

"그 영흥 산림에 대하여 요즘 세간에서 어떤 사람들이 하는 말을 들으면 그 산림에다 잘 식목한 뒤에 그것을 기본 삼아 대학을 창설할 자금으로 삼으실 작정이라고들 말하는데 어떻게 생각하십니까?"

"네. 그렇게 생각은 하고 있지요. 우리 집안사람들이나 혹 친한 사람을 만나서 이야기하게 되면 그런 말을 하지요. 허나 그게 언제 실현되겠어요? 그 산에다 식목을 하여서 자랄 때까지 되자면 금후 30년은 되어야 하겠으니 어데 그때까지 내가 살겠는지도 모를 일이지요."

"한 30년이야 더 못 사시겠습니까?"

"아이구. 이제 30을 더 살면 80을 넘겨야 하겠으니 어데 80세를 넘기는 사람이 많은가요?"

"그러나 선생은 조선에 대학이 창설되기 위하여서도 기어이 80세는 살아 계셔야겠습니다, 그려."

"하하하 글쎄요. 그렇게 살아 있었으면야 속마음으로는 그러고 싶지만 어데 마음대로 하는 일인가요. 하여간 영흥 산림이 잘 식목만 되면 그만한 자금은 될 것 같아서 요즈음은 크게 용기가 납니다."


## 수원 농장의 오천 석 추수 토지로는 중학교를 경영

"그리고 또 한 가지 물을 말씀은 세간에 전하는 말을 들으면 수원에 있는 간석지를 개간하여 상당한 수익을 얻게 되면 그것을 자금으로 중학교를 경영하실 생각을 전부터 가지고 있다는데 거기에 대해선 세상 소문이 허풍이 아니오리까?"

"수원에 토지로는 중학교를 하나 해볼 생각을 전부터 가지고 있었지요. 그리고 우리 집안사람끼리 모이면 늘 서로 의논도 하여오든 일이지요. 하여간 이것만은 확실한 계획입니다. 이제 수원의 간석지도 돈을 퍽 많이 들여서 토지가 상당한 수확을 내게끔 되었지요. 지금 수원 농장에서 나는 것만 하여도 1년에 한 오천 석 추수는 되니 이것만으로도 넉넉히 중학교 하나야 해나갈 수 있겠지요."

"그러십니까? 참으로 장하십니다."

### 황금관은 어떤가?

"돈을 어떻게 보십니까?"

"물론 귀한 것이라고 생각하지요. 그러나 귀한 것이라고 그냥 자기의 궤 속에다 그냥 넣어둔다면 무어 귀할 것 있습니까? 귀한 것이면 귀하게 온천하가 빛나게 써야 하지요."

"선생은 그러시면 이 뒤부터도 지금 하는 신문사 같은 사업 이외에도 더 쓰실 작정입니까?"

"물론 자기의 먹을 만한 것이나 남겨두고는 전부 사회사업에나 문화사업에 바치겠습니다. 바쳐서 내 족속을 위하겠습니다. 내 사회에 봉사하겠습니다."

"그러시면 자손에게 유산은 안 하시고 전부 사회를 위하여 바치겠습니까?"

"그야 자손이 생활하여 갈 만한 정도의 재산이야 조금 주어야지요. 영 안 줄 수야 있어요? 준대야 조선 사람의 생활 정도에 뭐 많은 돈이 들겠어요. 그러고는 전부 어떠한 문화사업에 바치겠어요. 자기의 돈을 전부 자손에게 그냥 유전하는 것이 매우 좋지 못한 일이에요. 사람이란 독자적으로 살아나갈 만한 자립적 정신을 가져야 하지요. 그런 의미로 보아서도 자손에게 재산을 물려주는 것은 도리어 해가 될 걸요."

"남들은 이러쿵저러쿵 하는데 대체 선생의 재산은 전부 얼마나 되십니까?"

"내가 지금 무슨 돈이 있어요? 이 신문사 하노라고 다 내놓고 지금은 비었지요. 없어요."

"그럴 리야 있겠어요? 아까 말씀하신 영흥 산림이나 수원 농장이며 또는 그 외에도 여러 곳에 광산을 많이 가지고 계시다는데요."

"영흥 산림이야 아직 재산으로 볼 수는 없고 수원 농장도 들인 돈을 생각하면 아직 별로 이렇다 할 만한 것이 못 되고 광산은 몇 군데 가지고 있지요."

"수백만 원이라 하는 그 큰 돈 모으실 때의 고생하든 말씀을 좀 해주십시오."

"고생이야 나면서부터지요. 20세 전까지는 그래도 부모나 계시니 그리 고생이라고는 할 수 없었지마는 20세가 지나서 약 10년 동안을 고생한 셈이지요."

"농사일을 더러 하여 보셨습니까?"

"네. 농사일이야 많이 했었지요. 어려서부터 촌에서 자랐으니 거기에 대해서는 지금도 어떠한 농학사보다도 이론으로는 몰라도 실제상으로는 낫겠지요. 그러다가 얼마 후에야 농군을 집어치우고 금광으로 돌아섰지요."

"돈은 어떤 이들이래야 모을 수 있다고 보십니까?"

"물론 그 사람의 운이라는 것도 있기는 하겠지마는 역시 근면하고 착실한 사람이래야 될 줄로 압니다. 그렇다고 아무나 쉽게 모아지는 것도 아니지만요."

"두루두루 쳐서 현재 한 500만 원은 가지고 계시겠구만."

"500만 원이요? 그렇게 많은 돈을 정말 가지고 있으면야 오죽 좋겠어요."

"돈을 더 모으고 싶지는 않으십니까?"

"싫지만도 그렇게 마음대로 되나요. 돈을 더 모으려고도 안 합니다. 요사이도 어떤 친구들이 와서 금광을 하자고 하는 것을 거절하였어요. 지금부터는 영리사업은 일절 안 할랍니다. 일절로 손을 끊을랍니다. 기왕 가지고 있는 것을 어쩔 수 없이 하겠지만."

테이블 한편에 놓인 초인종을 누르니 어느 사이에 아까 그 여급사아이가 하얀 백가지 잔에 홍차를 가져다준다. 내가 여기까지 이야기하는 동안 영업국인지 총무국에 있는 사원들이 수차례 서류를 가지고 와서 결재를 맡아갔다.

씨가 '카이다' 한 대 피워 물기를 기다려 끝으로 한 마디만 더 묻기로 하였다. 이에 급사 한 사람이 들어오더니 응접실에 손님이 찾아오셨다는 말을 전한다. 나는 오늘의 용무를 끝마쳤으니 곧 자리를 일어서 나와 신축의 위관을 자랑하는 조선일보 사옥을 다시 한 번

픽 돌아다보며 이 문화사업가의 장수를 빌면서 가벼운 발자국을 옮겨 광화문 아스팔트 위로 뚜벅뚜벅 걸어왔다. 높은 하늘과 가을바람이 어쩐지 기운과 용기를 주는 듯하다.

『삼천리』 제7권 제9호, 1935년 10월 1일, 「백만장자의 백만원관」, 추엽객

*　*　*

오늘날 국내 최대 신문사이자 극우보수 논조로 오명이 높은 조선일보사의 초대 대자본가인 방응모 인터뷰입니다.

본래 조선일보는 3·1운동의 여력을 몰아 여러 뜻있는 유지들에 의해 세워진 민족신문이었으나 경영이 악화되자 광산재벌이던 방응모에게 넘어갑니다. 다수가 주인이던 1920년대 조선일보는 반일적이고 진보적인 논조로 널리 지지를 받았으나 방응모가 인수한 뒤로는 반일적인 기자들을 대부분 해고하고 친일적인 논조로 넘어가고 맙니다.

방응모의 말을 듣고 있으면 그 나름대로 양심적이고 계몽적인 자본가처럼 보입니다. 그러나 그의 말들은 허위에 지나지 않습니다. 말끝마다 '내가 돈이 어디 있느냐?'며 재산을 후손에게 물려주지 않겠다고 하는데, 오늘날 방 씨 일가의 막대한 재산과 권력을 생각하면 어처구니가 없습니다. 서울의 집 한 채가 1,000원 수준이던 당시 일반인들은 상상도 하기 어려운 재산인 500만 원이라는 거금을 갖고서도 자기가 돈이 어디 있느냐고 부인하는 철면피는 놀랍기만 합니다. 부자들이 입만 열면 하는 말이기도 하지요.

# 마라톤 왕 손기정

7월 15일, 찌는 듯한 무시무시한 더위가 바야흐로 물러갈 듯 말 듯한 오후 5시경, 기자는 적선정* 자택으로 손기정 씨를 방문하였다. 마침 나는 외출하신 그를 위하여 약 반 시간가량 기다리지 않으면 안 되었다.

기자의 눈에 비친 그는 겸손과 온순 그것이었다. 운동선수란 전제하에서 그의 인상을 상상해본 기자의 상상이 아주 어그러진 데 기자는 적이 의외로 생각하지 않을 수 없었다. 그의 권함에 따라서 의자에 걸터앉은 기자는 그의 테이블 위에 각종의 서적이 질서 있게 놓여 있는 것을 보고 그가 규율을 존중하는 사람이란 것을 알게 되었다.

"이 더운 날 바쁘심에도 불구하고 찾아와 주시니 죄송합니다."

라고 하는 주인의 말에 답례를 드리고 나서 기자는 바야흐로 생각해 가지고온 질문을 발하였다.

* 현 종로구 적선동.

**기자** 이번에 멀리 백림*까지 가서 세계를 제패하시기까지 얼마나 골몰하였나요?

**손** 천만에 말씀이올시다. 아무것도 모르는 것이 사방으로 다니면서 말썽만 부리지요.

**기자** 그것은 겸손이시지요. 이 땅의 의기를 형의 분투와 노력으로 널리 온 세계에 선양하게 되었으니 우리로서 형의 기흥을 잊을 수 없는 바이외다.

**손** 천만에요. 모두 여러분의 열렬하신 원조로 말미암아 세계적 선수의 대열에 참여하야 서게 된 것이지요. 그뿐 아니라 더욱이 저한 사람으로 말미암아 『동아』, 『중앙』 양대 신문이 문을 닫게 되었으니 저로서 미안하기 짝이 없는 일이외다.** 그리고 사방에서 약을 보냈느니 신발을 기워 보냈다느니 더욱이 또 축하금을 보내주시느니 하야 일반 사회에서는 여론이 분분하니 자기의 못난 것을 스스로 돌아보아서 죄송하게 생각하지 않을 수 없습니다.

**기자** 말씀이 났으니 말이외다마는 이번에 각 신문을 보든지 평화

---

* 제11회 올림픽대회가 열린 베를린.

** 1936년 일어난 일장기 말소 사건을 말함. 1936년 8월 1일 독일의 베를린올림픽 대회에 참가한 한국의 손기정이 마라톤에서 우승하자, 국내 신문들도 호외를 발행하여 이 사실을 보도했다. 8월 13일자 『조선중앙일보』는 손기정의 우승을 알리는 기사에서 인쇄의 품질이 좋지 않은 점을 이용하여 손기정의 옷에 새겨진 일장기를 잘 보이지 않게 만든 다음 사진을 올렸으며, 조선총독부는 인쇄 상태가 좋지 않은 것으로 판명하여 검열에서 통과시켰다. 그러나 8월 25일자 『동아일보』에 다시 한 번 손기정의 옷에 새겨진 일장기를 완전히 지운 사진이 게재되었고 이 기사는 조선총독부의 검열을 통과하지 못했다. 조선총독부는 전에 게재된 『조선중앙일보』의 기사도 함께 문제 삼아, 결국 『조선중앙일보』는 사장이었던 여운형의 사퇴와 더불어 폐간되었으며, 『동아일보』는 무기 정간 조치를 받는다.

당 약방 책임자의 말을 듣던지 백보환을 백림으로 보내어 조선인 선수 제씨들은 이 약을 복용하시고 원기백배케 되었으며 더욱 손 형께서는 백보환의 효력으로 세계적 제패까지 하게 되었다는 광고를 보았는데 과연 그다지 신효가 있던가요?

_올림픽에서 결승선을 통과하는 손기정.

손    글쎄요. 조선에 돌아와 보니 백림서는 이름도 듣지 못하고 모형도 보지 못하던 백보환이란 것이 별안간 나타나서 손기정이가 백보환으로 제패를 하였다느니 남승룡이가 어쩌니 하고 신문지상에다가 광고를 굉장히 낸 듯합니다마는 나로서는 금시초문이며 따라서 의혹감을 마지않습니다. 혹 모르겠습니다. 백림 출장 선수가 우리 조선에서도 내 한 사람만이 아니고 6명이나 되었으니 어떤 다른 선수에게 보냈는지 혹 그 선수가 먹고 원기가 백배나 되었는지도 모르겠지요. 허허허허…… (이때에 손 씨는 일장폭소를 금치 못하는 듯 사내답게 한참 웃더니 다시 말을 계속하였다.) 그러나 만일 백보환이 왔다면 내가 모를 리가 있겠습니까? 평화당에서 백보환을 백림으로 발송한다면 우리가 이기기 전에 보내야 그것을 그동안 먹고 힘이 나서 뛸 터인데 혹 그 후에 도착되었는지도 모르지요. 또 백림까지 사람이 가도 약 2주일이나 시일이 걸리는데 평화당 백보환이 비록 신통을 하였드래도 12일 내에는 백림까지 못 올 것입니다. 하하하…….

**기자**　그러면『동아일보』지난해 8월 14일 조간과『중앙일보』에 게재된 광고에 보면 당시 백림으로 발송한 소포의 사진까지 시베리아 경유라고 확실히 기록되어 있으니 그러면 이것도 약효 보았다고 감사장 왔다는 그런 감사장과 같이 ○○일까요? 그리고『중앙일보』의 작년 8월 11일 석간에 보면 백보환뿐 아니라 평화당에서는 현금으로 축하금 100원과 인삼도 보낸 것 같던데요?

**손**　글쎄 저는 전연 모르는 사실이올시다. 오직 평화당뿐이겠습니까? 도대체 언론기관이나 광고주나 다 같은 수준이라 생각합니다.

**기자**　그것은 어떻게 하시는 말씀입니까?

**손**　손기정이란 나를 무슨 쇼윈도우에 세워놓은 고무인형처럼 광고화하여 내세워놓고 한편은 얼마라는 금액을 주어 광고를 내고 한편은 그 금액을 받고 광고를 내고……. 그뿐이겠습니까? 되지 못한 사진까지 내어 광고를 하니 지금 생각하면 손기정이는 다만 두 다리 덕으로 약장수 혹은 다른 방면에 광고 재료가 된 셈이외다. 이것도 우리 조선이 아니면 보지 못할 일이며 손기정이가 아니면 못 당할 일이지요. 이것이 모두 다리 덕분이라 생각합니다. (약간 쓴웃음을 웃으며) 말을 하자면 그뿐이겠습니까?『삼천리』잡지에던가 어느 신문에던가는 자세히 모르겠습니다마는 이러한 기사가 있었던 듯합니다. 그것도 이제 와서는 저녁 바람에 날아간 꼴이 되고 만 듯합니다마는 '손기정이 만일 돌아오면 어떠한 것으로써 그를 지도할 것인가' 하는 문제로써 여러 선생네들께서 모여서 이야기하신 것이 체육관 설립 문제인 듯한데 혹은 그간 무슨 사정이 있어서 중단되었는지 모르겠습니다만, 지금에 와서는 일언반구가 없으니 이것도 나를 다만 광고하자는 호의였는지 모르지요. 이러한 광고만도 신문이나 잡지 한 권도 못 사보는 이 사람으로서는 오직 다리 덕으로 생각합니다.

기자    생활에 큰 지장은 없으시나요?

손    다른 동무들은 흔히 나를 어쩐지 부자되었다고 합디다. 마치 생활이면이 퍽 여유가 있는 듯이 말하지요. 그러나 사실 말하면 기막히는 때가 많습니다. 저는 원래 빈곤한 사람입니다.

기자    한동안 신문을 보면 각 방면에서 형에게 동정이 쇄도하는 것 같았으니 부자 되었다고 오해하는 건 무리가 아니지요.

손    정말 그렇습니다. 사회에서 나를 거지로 만들어 준 것이 가장 분합니다. 아무라도 손기정이를 모르는 사람이 이번에 발표된 것을 본다면 평소에 손기정이는 양복도 못 입고 구두도 못 신고 이발도 못 하는 사람으로 알 것이외다. 서울 와서 전문학교라도 다니면서 이런 방 한 칸이라도 빌려 하숙생활이라고 하는 것도 내 처지에 과한 일이라고 생각할 것입니다.

기자    신문지상에 발표된 것을 보면 사방에서 축하의 성의를 표하는 물품이 신문사를 통하야 형씨에게 운집한 모양이던데요? 예를 들면 한경선양화점에서는 형의 일평생 구두를 기워드리겠다고 하였는데 그간 구두는 그곳에서 기워오나요?

손    글쎄요. 다른 물품은 물론 모두 모르는 일이고, 더욱 한 씨 댁은 내가 평소에 잘 아는 집인데 그 신문기사를 본 뒤에 일절 가지도 않습니다. 손기정이가 한경선양화점에서 평소에 구두를 기워 신었으니까 그런 말이 났는지도 모르지요마는 『○○일보』 기자가 한 씨 양화점을 방문하고 하는 말이 『○○일보』에는 손기정에 대한 축하금이 매일 많이 오는데 우리 신문에는 아직 축하금이 잘 들어오지 않으니 댁에서 손 군의 구두를 평생토록 기워주겠다고 승낙하여 달라고 하여서 한 씨 댁에서 승낙하였다는 말이 들려온 적이 있습니다. 모든 것이 이따위이지요. 그네들이 우리에 대한 무슨 지극한 축하의 성의가 있었겠습니까?

**기자**　그리고 제일양화점에서 구두를 기어와서 손, 남 양군에게 보내달라는 청이 중앙일보사를 통하여 있은 듯한데 그것도 모르십니까?

**손**　글쎄요. 모든 것이 허위인 모양이외다. 저의 인격이야 어떻게 되었던지 저는 이미 광고품이 되었으니 그 덕으로 내 광고도 많이 된 셈이외다. 여하간 이 기회에 광고주 여러분들이 모두 갑부나 되면 오죽 좋겠습니까? 뭐 저이들의 환경에야 어떠한 큰 영향이 있던지 다만 저로서는 사회의 선배들의 지도를 받을 따름이니까 그들이 우리 같은 후배들을 광고대에 올리는 지도 외에 다른 지도가 없다면 저도 이것으로도 만족히 생각할 따름이지요.

**기자**　두 양화점에서 구두를 기워가지고 가도 형이 아니 받으셔서 할 수 없이 도루 가져갔다고 하든데요?

**손**　나는 모르는 일이외다.

**기자**　학과 이외에 애독하시는 서적은 있습니까?

**손**　잡지 한 권도 못 사보는 사람이 무슨 애독하는 책이 있겠습니까? 그러나 혹 이렇게 책을 보내주는 일이 있으면 봅니다(영문잡지를 내어 보였다).

**기자**　그 외에 조선일보사와 중앙일보사에 답지한 유지들의 축하금은 손 형에게 도착되었습니까?

**손**　글쎄요. 중앙일보사에 보내었다는 것은 더욱 알 수가 없습니다.

**기자**　육영회에서 학비 보조한다는 것은 매월 나옵니까?

**손**　네. 매월 35원씩 지급됩니다.

**기자**　35원이라는 금액으로는 학용이 부족하지 않습니까?

**손**　부족 여부가 있습니까? 그러나 저의 현황 생활에 있어서는 그것도 오직 제 다리 덕택이지요.

**기자**　그 외에 다른 데서 보조되는 것이 없습니까?

**손**　그 외에 다른 것은 없습니다만 이제는 모두가 금전이 있어야 사람이 사람 되는 듯합니다. 그러므로 나는 지금이라도 땅이라도 파서 돈이 나올 것 같으면 매일 쉬지 않고 땅을 파겠습니다. 그리고 남의 덕분으로 전문학교라고 들어갔습니다마는 본래 장난만 좋아하는 놈이고 뛰는 일만 좋아하는 놈이니 남의 돈만 소비할 뿐이지요. 차라리 나 같은 놈이 많이 있다면 다른 분들이라도 한 분 더 보조하셨을 것을. 그리고 육영회의 본 규칙이 성적이 양호한 분에 한하여 학자금을 보급하여 주는 모양인데 저 같은 것이 공부도 할 줄도 모르고 힘내어 배운 것을 10분지 1도 모르니 어찌 창피한 일이 아니겠습니까?

**기자**　천만의 말씀이올시다.

　그 외에 다른 몇 가지 잡담 좀 하다 보니 문득 낙조가 서산에 비끼는 것을 깨달았다. 서늘한 바람은 문 앞 옥수수나무를 흔든다.

"너무 오랫동안 실례하였습니다."

이 말을 남기고 기자는 물러나왔다. 손기정 씨는 대문 밖까지 나와서 작별하여 주었다.

『비판』, 1938년 9월호, 「마라톤 왕 손기정 군을 둘러싼 상인배들의 죄악」, K기자

***

베를린올림픽 마라톤 우승자인 손기정을 두고 언론과 자본이 벌이는 허황된 사기극이 꼭 오늘의 기업들과 언론을 보는 기분입니다.

신문사들에 답지하는 손기정 후원금은 하나도 본인에게 전달되지 않고, 구경도 못한 온갖 약들을 손기정에게 보냈다고 허위광고를 내고, 체육관을 지어주겠다느니 평생 신발을 기워주겠다느니 거짓말들을 하는 사람들의 진상이 가관입니다.

돈이 나온다면 하루 종일 땅이라도 파겠다거나, 공부를 못하고 달리기만 잘할 뿐이라는 손기정 선수의 소탈하고도 솔직한 표현들이 인상적입니다.

# 이태준을 찾아서

## 작가와 생활

장편작가 방문이 두 번째 계속됩니다. 제2회로 이번엔 우리의 친애를 받는 작가 이태준 씨를 찾기로 했습니다.

　씨가 문장사를 새로 꾸미고 출판 준비에 분망하시다는 소문을 들은 나는 씨가 한껏 한가할 듯한 때를 살펴서 오후 여섯 시 가까이 씨의 사무실을 찾았습니다마는 씨는 전혀 한가롭지 못하고—조용한 자세를 갖춰야 격을 이루는 씨임에도 불구하고—의자에 오래 안정할 수 없이 전화에 접객에 몹시 바빠하셨습니다. 그러하나 찾은 뜻을 버려둘 수는 없지 않습니까.

　"바쁘신데 미안하지만 이 시간은 저를 위해서 말씀해주십시오."

　"그렇게 하십시오. 늘 바쁘니까요."

　"조용한 틈을 타느라고 이렇게 늦게 왔는데 그저 바쁘시군요."

　"대개 문장사 일은 요때 보게 돼서 그래요. 학교에서 돌아오든 길에 들르게 되니까요. 오늘은 학교에 안 나가는 날이 돼서 아침부터 좀 써보려고 했는데 하루 종일 원고지를 펴놓기만 했지 석 줄밖에 못 썼군요."

"소설입니까?"

"네. 단편 하나를 벌써 시작은 해놓고 날마다 가방에 넣어만 가지고 다니면서 아직 못 썼습니다. 누구 할 것 없이 죄다 이런 형편이니 문장업을 한다 할 수 있습니까? 어서들 다른 직업을 집어치우고 글만 써야 할 텐데."

"글만 써서 먹고살 수 있어야지요?"

"그러기에 말입니다. 원고료가 푹푹 나와서 글만 쓰고도 생활할 수 있다면 다른 직업을 가질 게 없죠. 문학을 위해서 출자하는 좋은 친구들이 많이 나오기 전에야 거저 늘 이 모양으로 글다운 글도 못 쓰고 분주하기만 할 걸 생각하면 한심합니다."

"최소한도 얼마가량이면 생활해나갈 수 있을까요?"

"200자 원고지 1매에 1원씩만 주더라도 굳이 다른 직업을 가지려고들 들지 않겠더군요. 그리고 잡지사 같은 데서나 출판사에서 매월 정해놓고 단 20~30원씩의 지정고료라도 있게 된다면 그럭저럭 살아갈 것 같애요."

"그래도 선생님 같으신 분은 고료로 생활할 수 있을 것 같은데요?"

"웬걸요. 신문소설을 쓰면 괜찮은 편이나 그거 어디 늘 쓸 수 있는 겁니까? 어쩌다가 한 번 차례가 돌아서 쓰게 되니까요."

## 장편과 단편

"그래도 선생님은 장편을 많이 쓰신 편이 아닌가요?"

_이태준.

"한 7, 8편가량 되나 봅니다. '영원의 여상', '법은 그렇지만', '코스모스 피는 정원', '제2의 운명', '불혹의 함성', '성모', '황진이', '화관' 등인데 그중에 '코스모스 피는 정원'은 잡지에 연재했던 것으로 장편이라고 할 것까지 못되나 거저 그대로 장편으로 해두지요."

"그중에서 가장 자신 있는 작품이 어느 것입니까?"

"글쎄요. 아직 대가가 아니어서 자신 있는 작품이 없기도 하려니와 그 말씀은 집에 아이들 중에 어느 아이가 제일 낫냐고 묻는 거나 마찬가지이므로 대답하기가 곤란합니다."

"그러니까 다 좋다는 말씀이군요?"

"아닙니다. 우리가 지금까지 장편을 써온 것은 신문연재 소설인데 이건 날마다 한 회씩 써서 신문사에 보내게 되는 때문에 좋은 소설을 쓰자는 마음보다 바쁘게 되면 어떻게 그날 하루치를 이럭저럭 얽어서 보내는 일이 많습니다. 그래서 자신 없는 대목이 수두룩하고 보니 어디 이게 잘되고 저게 못됐다고 대답할 수 있습니까? 못돼도 우연, 잘돼도 우연, 거저 되어지는 대로 쓰게 되니까요."

"그럼 단편 중엔 자신을 가진 것이 많으시겠군요?"

"네. 자신이랄 것까진 없고요. 장편과는 달라서 잘됐든 못됐든 써

놓고 나면 뭘 하나 만들어놓았다는, 다시 말하면 창조의 기쁨을 가지게 되죠."

"그렇다면 장편이란 건 도무지 쓰지 말아야 할 것이 아니겠습니까?"

"왜요, 그렇지두 않지요. 장편두 마음대루 쓰자면 다 써서 신문에나 잡지에 실으면 마찬가지겠지요, 오히려 큰일을 성취한 기쁨이 한층 더 할 수 있을 것이 아니겠습니까? 어쨌든 한 작품을 다 끝내지 않고 매일 한 회씩 써주는 건 그건 완전한 창작태도가 아니죠. 말하자면 그건 문필노동인 셈이니까요. 그렇기에 작중인물도 처음 30~40회까지는 작가 마음대로 요리를 하지만 그다음부터는 작중인물을 작가 자신이 따라가게 되니까요."

"앞으로 장편을 쓰시겠습니까? 단편을 쓰시겠습니까?"

"별로 이렇다 할 계획이 없습니다마는 시간의 여유만 있으면 좀 큼직한 것을 하나 만들어보려는 생각입니다."

## 어떤 것을 취재할 것인가?

"어떤 소설을 쓰고 싶으십니까?"

"지금 소설 쓰기가 참 거북합니다. 탐정소설이거나 역사소설 아니면 쓸 수가 없어요. 우리 생활이 너무 평면적이거든요. 천서강성* 씨 같은 이는 일본 내지의 생활도 소설로 구성하기에 너무 비입체적이라고 했는데 우린 그들보다 더구나 행동적인 인물을 찾을 수 없으

---

* 가와바타 야스나리(1899~1972).

니. 그렇다고 우리가 이상하지도 않은 인물―금광을 한다든지 주식을 한다든지 또 그밖에 무슨 투기업 하는 사람을 등장시킬 수는 없잖아요? 그러니까 결국 역사소설이나 쓸 수밖에요."

## 소설 황진이에 관하여

"그래서 황진이를 쓰셨습니다."

"그건 그래서 쓴 건 아닙니다. 중앙일보에 있다가 객원으로 나앉게 될 때 주필 이관영 씨가 황진이를 퍽 좋아해서 절더러 중앙지에 황진이를 쓰라고 하기 때문에 썼습니다."

"전부터 쓰시려고 벼르던 겁니까?"

"그렇지도 않아요. 객원으로 나앉자 곧 쓰라는 부탁이었으므로 미리 준비도 없었지요. 쓰면서 여기저기 다니며 조사했는데 황진이의 역사는 도무지 똑똑히 적혀 있지 않아 퍽 곤란했습니다."

"대개 어떤 데서 참고를 하셨나요?"

"조선시대 신윤복의 풍속화에서도 몇 가지 참고하고 또 오세창 씨한테도 들었습니다. 그리고 개성 내려가서 서화담의 서사정을 구경하긴 했지만 그래도 황진이는 끝에 가서 무리가 많았어요. 3분지 1은 신문에 싣고 그 나머지는 신문이 나오지 못하게 되어서 쓰지 않고 있다가 서점에서 출판한다기에 끝을 막느라구 무리가 많았지요."

"무리라니요? 역사와 아주 동떨어진 사실로 꾸몄다는 말씀입니까?"

"그것과는 달라요. 오히려 난 역사소설이라고 해서 그 문헌에 붙잡히는 건 좋지 못하다구 생각하니까요. 일본 내지의 어느 역사가도 말하기를 역사가는 기록을 떠나서 못 살지만 창작한다는 예술가들은 왜 그 문헌에만 사로잡히는지 알 수 없다고 이런 말을 보드래도 역사소설이라고 꼭 역사에 따라 쓸 건 아니라고 봅니다."

## 최대의 이상

"선생님의 이상을 말씀해 주십시오."

"이상이요? 그저 분주하지 않고 좋은 서재에 들어 엎드려서 글이나 썼으면 하는 것입니다."

"그 밖에 다른 생각은 없으십니까?"

"없을 리야 있겠습니까? 뭣도 하구 하구 싶은 것이 수두룩하지만 그중에서 가장 하고 싶은 것이라면 지금 말씀한 것 같은 것입니다."

"그다음에 원하시는 건요?"

"뭘 들으려고 그러십니까? 연애하고 싶다는 말이래두 들으려고 그러십니까? 하하."

"아니에요. 또 다른 이상이 많으실 것 같아서요."

"실상 연애 말이 나왔으니 말입니다마는 우리가 연애란 걸 너무 저속하게 생각들 해왔어요. 거저 신문 3면 기사에서 보는 치정관계를 연애로 알아오는 사람들이 많아요. 지금 내가 이렇게 연애문제를 이야기한다고 욕할 사람들이 있을지두 몰라요. 그러나 정말은 연애처럼 세상에 아름다운 것이 없다고 난 생각합니다. 연애하는 마음이란 그건 하느님에 가까운 마음입니다. 연애하는 사람에겐 하느님이 필요치 않아요. 그만큼, 그들은 연애로 말미암아 높아지고 깊어지고 아름다워지는 겁니다. 이렇게 높아지고 깊어지고 아름다워질 수 있는 연애를 하는 사람이라면 그는 나라를 위해서나 인류를 위해서 능히 몸을 바칠 수 있습니다. 완전한 인간이 아니면 연애를 바로 못하는 것입니다. 이렇게 세상에서 무엇보다도 아름답고 귀한 것을 우리가 천대해서야 되겠습니까? 사랑을 하는 까닭에 사업에나 예술에 그 정열을 바친다면 그 사업이 그 예술이 얼마나 훌륭한 성과를 나타낼 것입니까. 서양 작가들은 작품을 쓸 때 누구 한 사람을 생각하고 쓴 것이 많습니다. 내 생각엔 그들의 작품은 그래서 더 위대하다고 생각합니다. 우리도 누구에게 바치겠다는 마음을 갖고 글을 쓸 정도가 됐으면 싶습니다."

"선생은 결혼과 연애를 분리를 시킬 것이라고 생각하십니까?"

"그렇게 생각지 않습니다. 사랑하면 결혼하는 것입니다."

"그러면 결혼은 연애의 무덤이라는 격언을 문질러 놓으십니다그려."

"결혼이 연애의 무덤이라는 것도 일리가 있는 말이죠, 발달되지 않은 감정과 감정의 결합이면 그럴 수가 있거든요. 다시 말하면 맹목적으로 사랑하다가 결혼하면 결혼 후에 온갖 허물이 피차에 보여서 권태를 일으키게 되는 것이죠마는 다 성숙된 감정과 감정이라면 도저히 그럴 리가 없습니다. 발달되지 않은 감정의 결합으로 파탄되는 거야 어쩌는 수가 있습니까? 억지로라도 얽어매어 놓아야 별수 없지요. 내 생각엔 서로 맞지 않는, 다시 말씀하면 성숙된 감정이 아닌 감정의 결합을 법률로 도덕으로 얽어매 놓고 싶진 않아요. 그건 위정자에게 있어서나 매우 긴요한 논리일지 모르지만."

## 오락과 취미

"영화 구경을 많이 하십니까?"

"잘 갑니다. 공부가 되니까요. 다른 사람들은 사진을 오락으로 생각하지만 난 문학과 영화를 늘 연결시켜서 보게 됩니다."

"오락은 무엇입니까?"

"오락이 별로 없습니다. 장기나 바둑을 안 두고 마작을 못하고 책 읽는 것이나 오락이 될는지요? 그래도 인생을 재미있게 살아가고 싶은 마음은 있어요."

"선생님은 골동품을 좋아하신다고요?"

"네, 매우 좋아합니다. 좋은 골동품 서화가 있다는 데는 다 찾아가보고 싶습니다."

"전엔 그런 것들을 가지고 동경 가셔서 전람회도 여시였다면요?"

"전엔 그랬습니다만 지금은 그만뒀습니다."

## 신진 작가에 대하여

"선생님 이야기는 많이 들려주셨으니 이제 신진 작가에 대해서 말씀해주십시오. 선생님은 신진 작가 중에 누구를 기대하십니까?"

"현덕 씨라는 분이 퍽 재주 있다고 생각합니다. '남생이'나 그 이후로 나온 작품들이 모두 몹시 애쓴 흔적이 있더군요. 처음 나온 작가지만 그 문장을 보아서 전부터 많이 준비했다는 걸 알 수 있습니다."

"그다음엔 없습니까?"

"김동리 씨 이분도 유망하다고 봅니다. 지금 어느 절간에 가 있다는 말을 들었는데 공부도 할 뿐 아니라 역량이 있습니다. 정비석 씨 같은 분은 처음 작품 '성황당'은 좋았으나 그 뒤의 것을 보아서 그렇게 재주 있는 분이라고는 생각하지 않습니다."

『삼천리』 제11권 제1호, 1939년 1월 1일, 「장편작가 방문기, 이상을 말하는 이태준 씨」

\* \* \*

일제시대 최고의 단편작가라 불리던 이태준과의 대담기입니다. 이 대담에서는 정치와 사회에 대한 본심을 드러내지 않았으나 가난한 농민과 노동자들, 서민대중에 대한 주옥같은 단편들이 매우 뛰어난 소설가였습니다.

해방 후 이태준은 본격적으로 사회운동에 뛰어들어 여러 좌익 문예단체와 신문, 잡지에서 책임을 맡고 이것이 문제가 되어 남한에서 살지 못하고 결국 가족을 이끌고 월북까지 하게 됩니다.

이태준은 예술가로는 드물게 강단 있는 인물이었던 것으로 보입니다. 일제 말기 대다수의 국내 문인들이 일제의 압박에 굴복해 친일 작품이나 발언을 할 때도 그는 끝까지 이를 거부하고 시골에 들어가 어렵게 삽니다. 월북한 후에도 함께 올라간 한설야, 이기영, 홍명희 등 다른 동료 작가들은 북한의 새 체제 건설에 조응해 김일성이 축지법을 쓴다거나, 모든 항일운동을 김일성이 한 것처럼 과장하는 글들을 써서 살아남았지만 그는 끝내 이를 거부합니다.

# 이승만 박사 방문기

맑고 개인 날이었다. 이른 봄날과 같이 따스한 엷은 햇빛이 등에 숨어든다. 깨끗이 청소된 돈암장 요소요소에는 무장한 광복군의 젊은 용사들이 경계하고 있다.

산을 등지고 자연과의 조화에 가진 각도로서 머리를 쓰고 세밀한 주의 아래 세워진 서양식 건물들은 묵묵히 세기적 혁명사의 엄연한 전당이 되려 했었다.

보드랍게 젖은 산길을 걸어 오르면 맞은편의 연못과 바위 사이에 아직도 생생히 클로바와 난초들이 위대한 우리 민족의 불굴한 의지와 굳세인 투쟁적 승리를 축하하는 듯하다.

12월 7일 오전 10시 8·15출옥혁명동지회를 대표한 우리 일행 네 명은 그동안의 침묵을 깨뜨리고 여기 이승만 박사를 찾았다.

매일 수십 명의 방문객이 있다 하며 이날도 벌써 20명에 가까운 경향 인사들이 기다리고 있었다. 약 30분 후 우리는 넓은 조선식 방에서 하이얀 백발에 가벼운 회색 두루마기에 흰 버선을 신으신 박사를 모시고 앉았다.

"오랜 세월 해외에서 많은 고초를 겪으시며 우리 민족과 조국해방을 위해서 싸워주신 데 진심으로 감사와 경의를 표하는 바입니다. 찾아와 뵙고 싶었습니다만 선생님께서 몹시 바쁘신 듯해서."

"바쁘실 텐데 여러분이 이와 같이 찾아와주니 매우 고맙소. 그런데 여러분들은 무슨 일을 하고 있소?"

_이승만.

"저희는 이번 8월 15일의 해방에 감옥에서 나온 출옥 동지들끼리 뭉쳐서 8·15출옥혁명동지회라는 모임을 통하여 미력이나마 건국에 초석이 되었으면 하고 힘쓰고 있습니다. 회원은 1,399명입니다."

"나 그 회원에 하나 넣어주오. 나도 7년 동안 감옥에서 고생해봤소. 그러나 당신들은 19년, 15년 또는 6, 7년씩이나 고생하였다니."

"황송합니다."

"지금 내가 어떻게 하면 좋을까 날마다 여러분들과 만나는데 좋은 안이 있으면 일러주오."

"선생님께서 우리를 지시해주십시오. 우리는 과거에도 선생님을 우리 조선의 지도자로 믿어왔고 장래에도 또한 지도자로 추대하려고 합니다. 선생님! 오늘날 가장 급하고 필요한 것은 민족적 통일전선 결성입니다. 우리 인민이 원하고 바라는 게 무엇인가를 참작하셔서 이 산란한 민심과 정국을 수습해주시기 바랍니다."

"어떠시오? 여러분의 생각으로는 통일이 될 것 같소?"

"반드시 되리라고 믿습니다. 그리고 또 되지 않으면 안 될 것입니다. 과거의 전통으로 보더라도 해외와 국내의 혁명적 투사들이 굳은 결속이 되면 꼭 되리라고 믿습니다. 사리사욕을 버리고 초당파적 양심적 우국지사들일 것 같으면 통일되지 않을 리 없다고 믿습니다."

"내가 속한 당이 우리 조선보다 더 크오?"

박사께서는 두 손과 상체를 말씀하실 때마다 움직이시면서 가끔 왼쪽 눈이 경련으로 감겨지고 입술도 떨리곤 하신다. 그러나 아직도 그 두텁고 억센 손과 웃으실 때마다 이가 하나도 빠지지 않게 건강하심을 볼 때 스스로 머리가 수그러짐을 느꼈다.

이 박사는 말했다.

"내가 이미 환국할 때 독립촉성중앙협의회를 조직해서 하루바삐 우리 3,000만이 한덩어리로 뭉쳐서 하루라도 속히 우리의 강토를 찾아보자고 지금까지 주장해왔소. 그러나 조금도 진전이 없고 정체되는 원인을 아시오?"

"말씀하십시오."

"이때까지 통일이 안 되는 것은 모두들 내 당에 하나라도 더 집어넣어서 내 당의 주의주장을 관철시키자는 데 있습니다."

"선생님! 그 통일되지 않는 최대의 원인은 우리 독립의 가장 큰 장애물인 친일파 및 민족반역자의 악질의 책동이 있기 때문입니다. 이러한 친일파 및 민족반역자의 숙청이 없고는 절대로 통일전선의 결성이란 어려울 줄로 믿습니다.

제국주의! 일찍이 인류사에서 그 유례를 찾아보지 못한 강도인 왜적에서 해방되어 건국이란 이 성스런 일에 그들을 참여시키고 심지어는 갖은 책술로서 민족통일전선을 결렬시키려는 놈들을 그대로 용서할 수는 없습니다.

8월 15일! 해방되기 전까지는 갖은 아첨과 사기로서 우리의 선량한 인민을 황민화시키기에 전력을 다하고 자기 개인의 영달과 지위 보존에만 애쓰던 그놈들이었습니다. 그리고 타도 미영美英을 부르짖던 그놈들이 8월 15일부터 돌변하여 가장 애국자요 가장 친미파인 척 과거의 제 죄상을 은폐하려고 각 정당 단체에 출몰하며 우리의 거룩한 건국의 성스런 업무를 더럽히며 민족분열을 꾀하여, 될 수 있으면 현재의 군정이 오래 계속됨으로써 그들 생명을 유지하며 일본제국주의 시대의 매국노적 지위 권세를 잡으려 하고 있습니다.

그뿐 아니라 우리나라를 국제신탁으로 해서 나라와 민족은 어떻게 되든 제1당 일신의 영달만 꾀하고 있습니다. 우리는 독립촉성중앙협의회가 지지하게 진전되지 않는 원인이 선생님께 있다고 보지 않습니다. 다만 선생님을 싸고도는 모 정당과 그들 불순한 친일파 민족반역자의 그릇된 진언과 악질한 책술에 있다고 믿습니다."

"나는 조선의 실정을 잘 모르기 때문에 누가 친일파였고 누가 민족반역자인가를 모르니 여러분들이 공정한 민중의 여론을 나에게 가르쳐주오."

"조선에는 더구나 이 서울 시내에만 해도 여러 단체에서 그러한 조사를 하고 있을 것입니다."

"여러분들은 과거에도 우리나라와 민족을 사랑했고 또 싸우고 고생한 분들이니 역시 앞으로도 또한 힘써 줄 것으로 믿소. 어디 여러분들의 동지회에서 엄정히 세밀한 조사를 해서 서면으로 보고 좀 해

줄 수 없겠어요?"

"고맙습니다. 힘껏 해보겠습니다. 아까 말씀드린 바와 같이 친일파 민족반역자를 제외한 혁명투사 각 정당, 문화, 전농, 전평, 부녀 단체 기타 각종 각계를 망라한 인민을 토대로 한 인민의 정권을 세워야 할 것입니다."

"친일파 민족반역자를 숙청하지 않으면 안 된다는 것은 나도 잘 알고 있지만 대체 어떠한 방법으로 숙청하겠소?"

"그들을 감옥에 가두어 놓고 우리의 이 성스러운 건국에 참여하지 못하게 하며 모든 언론기관을 동원시켜서 사회적 매장도 해야 할 것입니다. 그리고 건국 후 인민재판에서 처단해야 할 것입니다."

"8월 15일 이후의 건국 즉 우리나라의 독립을 방해하는 자도 알려주오. 그러나 어디까지나 공정한 여론에 입각한 비난이라야 되고 조사라야 하오. 공산당에 대해서는 어떻게 생각하고 있소?"

"글쎄올시다. 저희들 보기에는 조선과 조선 민족을 사랑하고 아끼는 것이며 조선의 민주주의 국가를 건설하는 데에는 조금도 다른 주의자들과 다름이 없다고 생각합니다."

"여운형 씨와 박헌영 씨에 대해서는 어떻게 생각하오?"

"잔악무도한 일본제국주의 밑에서 갖은 악형과 압박을 받으면서도 진실로 우리 민족과 같이 국내에서 민족해방을 위해 싸워주신 선배요 지도자라고 생각합니다."

"그래 신민주주의인지 진보적 민주주의인지를 다수가 찬성하고 있소?"

"그렇습니다."

"여러분은 좌익 계통의 당과 우익 계통의 당이 합동될 것 같소?"

"합동될 것입니다. 다만 기술문제라고 생각합니다."

"만일 그중에서 공산극좌분자는 어떻게 하나?"

"극좌분자 역시 그도 조선 사람입니다. 조선이 완전한 자주독립한다는 데는 조금도 이의가 없을 것입니다."

"조선도 찾기 전에 아니 조선이 38도를 중심으로 남한과 북한으로 이분되어 있는 이때 시국을 수습해서 통일을 하느냐? 민족을 공산화시키느냐 정말 개탄할 일이오."

"선생님, 금번 대전은 민주주의의 연합국의 승리로써 세계 약소민족이 해방된 것입니다. 특히 우리 조선은 해외와 국내의 여러 선배와 선생님의 노력으로 조선이 해방된 것입니다. 조선의 8할을 넘는 노동대중의 해방이 없이는, 즉 그들의 이익이 없이는 조선의 완전통일은 없을 것입니다. 여기에 있어 그들의 이익을 대표하며 그들을 옹호하는 것이 공산주의자들의 사명이고 바라는 바라고 보고 있습니다."

"나 역시 다 같이 우리 조선 사람들끼리 행복스럽게 사는 것을 바라며 좋아하오."

여기서 박사께서는 청년보다도 더 쾌활히 웃으신다. 일생을 우리나라와 민족을 위하여 노력하신 위대한 박사의 아직도 건강하고 쾌활한 웃음을 보았다. 그리고 끊임없이 박사께서 우리의 진실한 정세와 여론을 파악하사 하루바삐 민족통일전선을 결성하시길 빌었다.

"그런데 내가 말하고 싶은 것은 정당을 인정치 않고 개인으로서 집결시켜서 중앙협의회를 대표적 기관으로 통일운동을 하려고 전형위원 일곱 명을 뽑아서 제1차 회의를 하려고 했소그려. 그래서 그 일곱 의원을 불렀더니 여운형 씨가 문을 열고 들어와서는 다섯 사람이나 한국민주당*에서 나왔다고 돌아가기에 비로소 물어보니 송진우 씨가 네 사람이 민주당에서 나왔다고 합디다. 나는 정당의 대표자보다도 개인으로서 모여서 통일해보자고 했는데 결국에 가서는 자기 당이 많이 참가하느냐 적게 참가하느냐 하는 셈이 되고 말았단 말이야."

"선생님, 그것은 그렇지가 않습니다. 당의 대표적 의사를 갖고 대표 자격으로 투쟁하기 때문입니다."

"나라를 찾겠다는데도 당이 있을까?"

"정치가가 정당을 떠나서는 일할 수 없지 않을까요? 선생님 자신이 정당에 적을 두고 있다고 하시면서."

"내가 어느 당에 적을 두었소?"

"독립당의 당원의 한 사람이라고 요전 방송에 말씀하셨습니다."

이 박사께서는 바른손을 세트 위에 놓으시며 명랑히 웃으신다.

"옳아. 그렇지. 나도 독립당의 한 사람이지. 그런데 사람이라는 것보다 조선을 독립한다는데 당을 갖지 못한다는 것은 아무리 생각해도 우습지 않소? 그래서 이번에는 제2차로 전형위원을 공산당이나 민주당…… 여기서 문젯거리가 인원배치인데 반수 반수로 정해야 될지 어떻소? 반수 반수면 될 것 같소?"

"글쎄올시다. 저희들 생각 같으면 해외·국내의 참다운 혁명투사

---

* 광복 직후인 1945년 9월 우익 인사들이 결성한 대표적인 보수 정당.

와 각 정당의 혁명투사 그리고 각계각층의 문화단체·부녀단체에서
진실로 양심적이요 애국적인 투사만을 뽑아 결속시킨다면 통일은
문제없으리라고 생각합니다."

　이때 박사께서는 면회객이 많이 기다리니까 하면서 일어나셨다.
우리 일행은 박사께 인사를 올리고 산길을 걸어 내려오며 묵묵히 말
이 없었다.

『혁명』 창간호, 1946년 1월


＊＊＊


해방 당시 감옥에 수감되어 있다가 석방된 독립운동가들이 결성한 혁명동
지회란 단체에서 기관지 『혁명』에 싣기 위해 이승만을 면담한 내용입니다.

　이승만에 대한 존경과 기대감으로 가득 찬 면담자들은 친일파, 민족반
역자들이 이승만의 판단을 그르치고 있다고 걱정합니다. 안전한 미국에서
30여 년이나 살아온 이승만은 도대체 누가 친일반역자이고 누가 애국자인
지조차 구별하지 못하겠다고 고백합니다.

　하지만 이승만이 바보가 아닌 이상 친일반역자를 구별 못할 이유는 없습
니다. 그는 처음부터 공산주의 세력을 막기 위해서는 누구와도 손을 잡을 수
있다고 생각합니다. 또한 정치를 위해서는 막대한 돈이 필요하고, 이것을 대
줄 수 있는 자들은 하나같이 친일 세력들이란 것을 잘 알고 있었습니다.

　이 무렵 이승만을 면담한 사람 중에는 일제의 고문으로 하반신 불구가
된 민족주의자 김창숙과 만주항일투쟁의 지도자였던 이동하가 있습니다.
두 사람이 이승만에게 정치운동을 하겠다고 말하자 이승만은 돈이 얼마나

있는가 묻고 돈이 없으면 그만두라는 식으로 말해서 크게 분노를 삽니다.

일제시대 저명한 항일 변호사였던 허헌과 그의 딸 허정숙이 세계여행을 하는 길에 하와이의 이승만에게 들르자, 돈이 없다고 하소연하여 여행객인 허헌이 돈을 몽땅 털어주었다고 합니다. 역시 저명한 사회주의자였던 이강국이 하와이에 갔을 때도 돈타령만 하여 다 털어주었다고 합니다. 이승만은 안전하고 편안한 미국 땅에서 미국 관리들에게 로비를 하며 만나는 조선인들마다 돈을 내라고 하여 악명이 높았던 사람입니다. 해방된 조국에 돌아와서도 돈으로 사람을 움직이는 버릇을 버리지 못하고 돈타령만 한 것이죠.

자신의 고집만 내세우고 권력을 차지하기 위해 금권 매수를 제일의 수단으로 생각해온 이승만에게 돈 많은 친일매국노들이야말로 제일의 벗이었던 것입니다. 그들에게 둘러싸여 판단력이 흐려진 것이 아니라 이승만이 그들을 이용해 권력을 잡으려 한 것뿐이지요. 대한민국 수립 후에 친일파 청산을 위해 만든 반민특위를 대통령인 이승만 자신이 가장 싫어하고 앞장서 없앴다는 사실이 진실을 웅변합니다.

이 글을 쓴 혁명동지회 회원들의 순박한 마음과 달리 이승만은 실제로는 남북통일도, 남한 내의 통일도 원치 않았던 사람입니다. 오직 대통령이 되려는 욕심밖에 없던 이승만은 이날의 면회가 있은 지 반년도 지나지 않아서 공개적으로 남한만의 단독정부를 수립하자고 떠들고 다닙니다.

당시 시대 상황으로 보아 남북의 독자적인 정부수립은 불가피한 일이었다고 볼 수 있습니다. 그러나 그에 앞장선 이승만은 그의 개인적 야망과 탐욕은 별개로 두고라도 우리 역사에서 가장 염치 없는 지도자의 한 사람으로 기록되어야만 할 것입니다.

# 벽초 홍명희를 만나다

벽초 선생, 거리로 나오긴 나왔어도 역시 있는 곳을 알리고 싶지 않음인가? 문간에 그럼직한 간판도 화살표도 없다. 조선일보 빌딩을 뒤로 돌아간 곳에 있다는 것을 미리 듣고 왔으나 어느 '노선'을 택해야 할지 몰라 잠시 어리둥절했다. 뒷문턱에서 목을 길게 빼 휘휘 둘러보니 이건! 문 뒤 아무도 눈에 안 띔직한 곳에 '민주통일당* 사무실은 2층'이라는 손바닥만 한 종잇조각이 은신하고 있지 않은가? 문간에서부터 겸허할 셈인지 모르거니와 좀 악취미다.

2층 방 입구에야 비로소 멋진 필치의 '민주통일당' 패쪽이 둘씩이나 문짝에 기다랗게 붙어 있다. 응접실에도 사람이 많고 사무실에도 사람이 많고…… 옳거니, 오늘이 바로 5당대표 공동성명을 발표한 후 정말 통일당을 만들기 위하여 여기 각 대표들이 모여 구체적 토의를 하기로 된 날이었던 모양이다.

---

* 홍명희가 중심이 되어 과거 신간회 서울지부 인사들과 학계·언론계·실업계 인사를 중심으로 결성한 정당. 좌익 3당 합당에서 배제되거나 좌우익 어디에도 쉽게 포섭되지 않는 진보적 중도파 민족주의자들이 구성원으로 모였다. 이후 민주독립당으로 재편된다.

_벽초 홍명희.

회장실을 들여다보니까 모두 점잖으신 어른들이 여기저기 앉아서 담론이 풍발. 그 속에서 몹시 시원 깨끗하게 된 분이 하나 또닥 또닥 이쪽으로 걸어 나오신다. 이분이 홍명희 씨다.

응접실이라기보다는 정차장 대기실 같은 느낌의 어수선한 방 한 모퉁이에 자리를 정하고 대기. 기자는 우선 완전무결한 홍 선생 대머리에 경의를 표하기로 했다. 사장*은 안경을 벗어 책상머리에 놓고

"신당의 당수가 되신다고요?"

하고 뚜껑을 열었다.

"아냐. 준비위원회장격이지. 당수가 무슨"

"법리적으로 따지면야 그렇지만. 하여간 이번은 벼락감투가 아니라 정말로 감투를 쓰셨으니 좋은 소식이외다."

"아니래두 그래, 결당 사무실의 책임을 내가 졌다뿐이지 그런 게 아니라니깐"

그렇거니, 안 그렇거니 기자가 머리를 들고 방 안을 살피니까 두 분의 대담방청은 기자 한 사람만이 아니다.

"그런데 그 공동성명은 너무 막연해서 못쓰겠습니다. 도리어 어느 신문의 성명 우두머리 기사가 좀더 뚜렷하더군. 도대체 당의 뜻

* 새한민보사 사장 설의식.

이 무어죠?"

우리 선생은 성급히 신당의 성격을 규명해보겠다는 배짱이신 모양. 당수 선생께서는 서슴지 않고 현 단계의 조선에서는 이념의 차이라는 게 있을 수 없고 오직 독립의 전취에 모든 목적이 있는 거니 이 길을 나갈 뿐이라고 조용히 미소를 섞어가며 결의표명을 하신다.

어느 틈엔가 말쑥한 '럭키스트라이크'의 한 곽이 손에 들렸다. 가만히 파라핀 종이를 들치고 담배를 꺼내어 권하거니 자시거니 썩 비쌀 듯한 상아 파이프 모락모락 푸른 연기가 향불처럼 서려 올라가고.

"역시 민통당의 입각점을 지켜내는가요?"

"그렇게는 안 되고 요새말로 이를테면 발전적 해소가 되는 셈이지요."

"세상에서는 '신선당'이니 '선비당'이니 하던데 그 무슨 뜻입니까?"

벽초 선생은 더부룩하게 내리덮은 윗수염을 들고 흰 이를 드러내 보인다. 상식미를 느끼게 하는 가벼운 미소다.

"그건 세상 사람들이 하는 소리지 어디 내가 지은 건가?"

사장은 시치미를 떼고 '선비당'이라는 말이 결코 나쁠 게 없다고 한바탕 실증적으로 역설을 했다. 말을 이어서

"앞으로의 정치는 무엇보다 과학이라야 하는데 그런 의미에서 선비라는 것은 과학과 통할 수도 있고."

"그건 소오*의 호의적인 해석이고."

"아니지요. 진정한 선비라야 정치를 할 수 있다고 봅니다."

소오가 굳이 우겨도 벽초는 그대로 넘어가지 않는다.

"아니야! 선비라는 게 원체 봉건적인데 과학하고 통할 수 있다? 거리가 먼걸? 그거 다 욕하는 소리지요. 호의라면 동정이구."

선비라는 어감이 그닥 좋게 느껴지지 않는 모양인가, 그러나 벽초 홍 선생의 차림차림은 선비 그대로이다. 눈길같이 새하얀 조선옷에 조끼를 입으시고 옥색 대님을 얌전하게 매시고 기자의 얼굴이 비칠까 싶게 빛나는 갸름한 구두까지 한 쌍 고요히 테이블 밑에서 기자를 감시하는 듯 쳐다본다.

우리 사장은 체면이 없다. 불쑥 고개를 내밀고 홍 선생의 저고리를 유심히 들여다보며 '그게 조선 무명이군요?' 하고 물었다. 벽초 선생은 대번에 '유자신상의, 자모수중봉이라'고 읊조리는 것이다.

물론 동문서답은 아닐 텐데 무슨 소리인가 하고 눈을 휘둥그레 떴다. 밖에서는 전차, 자동차의 소음이 쉴 새 없이 귀청을 쑤시듯 방 안으로 엄습하고, 방에서는 때 아닌 한시가 나오고, 기자는 아닌 게 아니라 좀 얼떨떨했다. 이윽고 벽초 선생은 주를 단다.

"우리 어머니가 손수 짜신 무명이오. 놀고먹는 자식의 옷을 손수 짜셨으니까 '유자상의 자모수중봉' 遊子上衣 慈母手中縫이 아니오?"

하고 또 더부룩한 윗수염을 들고 흰 이를 드러내 보였다. 아직도 홍 선생 자당께서 생존해 계시다는 것은 희귀한 노릇이오, 희귀한 소식이다.

"고향이 어디지요?"

* 설의식의 호.

"충청도 괴산."

"괴산 황엽초라고 담배 명산지군요."

"충주가 명산지지. 괴산도 한쪽 보지만."

"그런데 그 단추 좋군요!"

사장의 눈이 카메라처럼 이번에는 조끼 단추로 이동했다. 그제야 기자도 주의해 보니까 좀 검은 기운이 있는 호박색인데 장마당에서 구르는 따위의 단추가 결코 아니다. 이 씨가 남양서 선물로 가져왔다는 '대모'玳瑁다. 그러니까 눈에 띄일밖에.

홍 위원장은 담배를 또 하나 내물었다. 그리고 정당론을 말한다. 정당이란 건 본래 그 사회의 성숙 여하에 달려서 선진국처럼 자본주의가 발달한 사회에서는 노동당과 자본가당들만이 있을 수도 있지만 조선과 같은 곳은 그렇지 못하여 여러가지 정당이 속출하는 형편이라는 것. 공산주의자의 궁극의 목적은 무산계급사회 건설에 있는 것이지만 현 단계의 조선 현실을 무시하고 이들이 맹진하는 것은 비과학적이라는 것. 그러므로 민통당은 중립당이라고는 하되 조선 민족의 지금 순간에서 취할 바 정당한 길을 걸어가려는 것 등. 벽초 위원장의 긴 문장을 그대로 연상케 하는 능란하고도 풍성한 말솜씨가 연달아 한참 계속되었다.

듣는 이는 지체 않고 일침을 넣었다.

"물론 어느 정도의 계산이야 있겠지만 민전 계열을 무시하고 나가서는 안 될걸요. 서로 문호가 열려야지."

"그야 민전이건 독촉이건 독립에 이로울 일이라면야."

협력하겠다는 눈치인가? 우리 선생은

"좌는 좀더 양심적으로 나갔으면 좋겠고 우는 좀더 진보적으로 나갔으면 좋겠습니다. 좌우를 물론하고 진보적이고 양심적이라면 벌써 좌우의 문제가 없어지고 말 것 아닙니까?"

그러니까 신당만은 진보 및 양심적이 되어달라는 부탁인 모양.

"지금쯤 임꺽정이가 나왔으면 좋겠는데 그래 임꺽정이는 아주 쑥 들어가고 말았소?"

사장의 질문에 기자도 동감이다.

"지금쯤 나왔으면 파쇼게?"

하는 민통당 홍 위원장의 대답은 빛나는 기지가 아닐 수 없다. 그러고 보니 홍명희 씨는 아무래도 정당 당수이기보다는 소설가 벽초가 십상 알맞은 규격이 아닐까?

"사실 말이지 60평생에 내 남긴 업적이라곤 『임꺽정』밖에 아무것도 없는 게 사실이긴 한데."

역시 미련이 계시긴 한 모양이다. 미련은 소오도 매한가지다.

"내 평소에 조선 『삼국지』가 꼭 하나 쓰여지기를 바라는데 이걸 쓸 사람은 선생밖에 없다고 생각해왔는데 기대했던 춘원도 안 쓰고 상허는 작고하고."

"『삼국지』 없어 낭패될 거 없지."

그러면 이 정당만은 없어선 크게 낭패될 것이 분명하다.

"그래도 꺽정이 하나만은 완성시켜야."

"미완성 교향악이야!"

설마 홍 선생이 슈베르트를 모르기야 하겠나.

"하기는 조선 정조를 잃어버리는 의도 아래서 착수해본 것이었는데 그래서 용어 선택도 조심해서 하고 했지."

『새한민보』, 1947년 9월, 대담: 설의식, 기록: S기자

\* \* \*

장편 역사소설 『임꺽정』의 작가 홍명희와 새한민보 사장 설의식과의 대담
기록입니다. 1888년생인 홍명희는 소설로도 유명했지만 두 차례 감옥살이
와 여러 국내 항일단체의 일원으로도 활동한 인물입니다. 다만 일제 후반
기에는 장기간 칩거하며 『임꺽정』만 집필했고 해방된 후에는 조선공산당에
합류하지 않고 이 글에 나오듯 민주통일당이라는 애매한 중도정당의 당수
가 됩니다.

남한 내부의 통합은 물론 남북통일을 위해 애쓰던 홍명희는 1948년 평
양에서 열린 남북연석회의에 참석한 후 북한에 남아 북한정권의 부수상이
됩니다. 위에 나오듯이 선비형인 그는 김일성의 정책에 대해 일절 관여하
거나 비판하지 않은 데다 남한에 있을 때도 조선공산당 주류와는 거리를
두었던 결과, 남한 출신들의 대규모 숙청 때도 무사히 살아남아 1968년까
지 북한의 요직을 두루 거치고 자연사합니다.

## 제7장

일제하 항일운동, 그중에서도 사회주의 독립운동가들의 이야기 속에는 여성들을 빼놓을 수 없습니다. 봉건적 의식을 기반으로 한 민족주의운동에 여성이 거의 없던 반면, 남녀평등을 주장하던 사회주의 계열의 항일운동에는 많은 여성들이 직간접적으로 참여했습니다.

정칠성, 정종명, 김명시, 주세죽, 허정숙, 박진홍, 이순금 등 많은 여성들이 공개적인 사회단체나 노동운동, 지하 조직운동의 지도자로서 남성들과 나란히 맹렬한 활약상을 보여줍니다. 그들 중에는 김명시나 박진홍처럼 남성들보다도 더 투쟁적인 삶을 산 이들도 있습니다.

하지만 호적제도에 공식적으로 양반과 평민, 상민이 남아 있던 반봉건시대의 여성들은 여성 자신의 해방과 조국의 해방이라는 두 가지 과제를 함께 해결해야 했습니다. 항일운동에 뛰어들었던 많은 여성들은 결혼으로 아이를 가지면 어쩔 수 없이 가정에 매이는 경우가 많았고 여성들만의 단체가 아닌 일반 조직에서 지도자를 맡은 경우는 거의 없었습니다.

사회주의 계열이 아니면서 여성으로서 특출한 재능을 가지고 개인적으로 사회활동에 진출한 경우는 뭇 남성들의 질시와 편견 속에 상처를 입은 채 비참한 종말을 맞은 경우도 여럿 있었습니다. 나혜석, 윤심덕, 최영숙, 김명순 등이 그렇습니다.

이러한 악조건 속에서도 하나의 인간으로서 자신의 이상을 위해 꿋꿋이 투쟁한 여성들의 존재는 참으로 소중합니다.

# 여성의 성과 혁명

**기자**　세계의 평론계와 사상계를 그렇게도 몹시 흔들어 놓았던 러시아의 콜론타이 여사의 소설 『붉은 연애』와 기타 여러 가지 성에 대한 새로운 도덕문제에 대하여 조선의 여류사상가들은 너무도 안타깝게 침묵을 지키고 있기에 오늘은 분개하여 그 비판을 들으려고 왔습니다. 우선 콜론타이 자신이 이런 말을 한 일이 있지 않습니까? 즉 오늘날 모든 성인 여성들의 할 일이란 결코 밥을 짓고 옷을 빨고 또 육아하는 등의 가정적 의무만을 다하는 데 있지 않고 오히려 그것보다도 더 중하게 더 급하게 가난하게 사는 여러 사람들과 같이하여야 할 그 사회적 의무가 크다고요. 그러니까 일상생활에 있어서도 가정적 의무와 그 사회적 의무가 많이 충돌이 될 터인데 만일 그런 경우이면 조선 여성들은 어느 쪽 의무를 더 따라야 옳겠습니까? 또 칠성 씨 자신은 어느 쪽에 기울어지겠다고 생각하십니까?

**정칠성**　그야 여자란 병풍 속에 그린 닭같이 인형의 집 안에 고요히 들어앉아서 밥이나 먹고 잠이나 자던 옛 시대에는 가정 이외에 또 남편 이외에 더 소중한 것이 없어서 여성 의무란 것이 그 가정적 의무를 다하는 것이 전부였겠지요. 그러나 급격한 호흡을 쉬고 있는 현대 같은 어느 과정에 선 사회에서는 여자의 동원을 절실히 요구하고 있습니다. 큰일에 나와 달라고, 희생하여 달라고 요청하고 있습니다. 우리들이 어떻게 이 청을 물리칠 수가 있겠습니까? 그것이 떳떳한 의무인데요. 어쨌든 가정은 작은 것이외다. 사회는 큰 것이외다. 그러니까 으레 우리 신여성이 나갈 길은 분명하지 않습니까?

**기자**　　　만약 집안일을 아니 본다고 남편이 이혼이나 덜커덕 해버린다면? 즉 쫓아내버린다면?

**정**　　　딴은 그렇더라도 사회의 의무를 더 중하게 여겨야 옳을 터이나 조선의 형편에 그렇게 되면 여성들이 당장 의식주 할 곳이 없게 될 터이니까 되도록 남편에게 배반을 아니 받을 정도로 사회 일을 하여 나가야 할 것인 줄로 압니다. 또 평소의 수양 여하로 반드시 가정적 의무와 사회적 의무가 충돌이 아니 되고라도 조화되어 나갈 수 있을 줄로 압니다.

**기자**　　　그래도 남편이 '너는 시끄럽게 사회 일을 다니지 말어라' 하고 제한한다면?

**정**　　　그렇다면 그 가정을 뛰어나와야 하겠지요. 남편보다 일과 동지가 더 중하니까요.

**기자**　　　네, 좋은 말씀을 들었습니다. 그러면 콜론타이가 '연애와 성욕은 별개 문제이다. 연애라는 것은 굉장히 시간이 드는 일인데 오늘날 우리들과 같이 사회운동을 하려네, 공부를 하려네, 투쟁을 하려네 하느라 한가한 틈이 없는 사람에게 무슨 연애를 할 수 있으랴. 그저 생리적 충동을 위하여 성욕의 만족을 잠깐 잠깐 얻을 길을 구하는 것이 더 필요한 일이다!'라고 부르짖었는데 그 말이 옳습니까?

**정**       현실을 잘 본 말이외다. 성욕과 연애는 갈라야 하겠지요. 그리고 결혼의 자유, 이혼의 자유가 아주 완전하게 없는 곳에서는 그렇게밖에 더 어떻게 하겠습니까?

**기자**       그러면 여자의 정조 개념 즉 순결성이란 아주 무시하는 결과가 되지 않겠습니까?

**정**       (한참 생각하다가 머리를 숙이며) 모르겠어요. 그러나 너무 정조를 과중 평가할 필요까지야 없겠지요.

**기자**       그러면 연애는 개인적 일이라 어쨌든지 좋다는 소위 연애 개인사설에 대해서는?

**정**       그럴 수가 없겠지요. 연애 그 물건은 개인 관계의 일일는지 모르겠지마는 연애라는 현상이 일어나기 때문에 사회에 영향을 끼쳐놓는 일이 많지요. 즉 우리 근우회를 말할지라도 그렇게들 잘하든 투사가 한 번 결혼하여 가정에 들어가버린 뒤는 여성운동이 그만 뒷전이 되어버립니다. 이것은 순전히 개인의 연애생활이 계급투쟁력을 미약하게 해놓는 실례외다.

아까 말한 가정적 의무에 눌려 사회적 의무를 그만 등한시하는 것입니다. 그러니까 개인의 연애는 결코 개인적인 일이 아니 되겠지요. 사회는 그 개인의 연애를 감시도 하고 간섭도 하고 비판도 하여야겠지요. 적어도 특수한 어느 공인들에 대해서는.

**기자**       네, 알았습니다. 그러면 만일 결혼생활을 하다가 연애가 사라질 때는 단연히 헤어져야 하겠습니다?

**정**       헤어져야 하겠지요. 사상도 다르고 사랑도 없는 허위와

기만의 생활을 어서 깨뜨려야 하겠지요.

**기자**　　그런 때의 이혼은 독신주의를 위해서요?

**정**　　아녀요. 새로운 결혼생활에 들어갈 준비로요.

**기자**　　만일 이혼하는 그때에 소설 『붉은 연애』와 같이 여자가 수태나 하였다면 아비 없는 자식과 또 생활이 어려운 관계로 그 뱃속의 어린 것은 낙태하여버리는 일이 옳지 않을까요?

**정**　　아녀요. 그것은 큰 죄악이지요. 남녀결합의 원칙이 성적 충동에도 있겠지만 종족 보존에도 그 목적이 있는 이상 왜 낳을 자식을 없애겠습니까? 오직 잘 키울 도리를 하여야 하겠지요. 그 왓시릿샤같이 조금도 슬퍼하는 빛이 없이 육아원을 설치하여 제 자식이고 남의 자식이고 잘 길러내야 하겠지요. 또 왓시릿샤의 신세대적 모성애라고 하는 것은 제 아들만 위하여 육아원을 설치하는 것이 아니라 모든 천하의 아이들을 위하여 그리하는 점이외다. 얼마나 빛나는 일입니까?

**기자**　　그러면 『붉은 연애』의 비판을 더 계속합시다. 첫머리에 왓시릿샤가 벌써 '나는 처녀가 아니에요, 키스를 말아주세요' 하고 그 애인의 사랑을 물리치는 마당이 있는데 사내는 그때에 설혹 그대에게 옛날의 애인이 있었다 할지라도 그는 벌써 지나간 과거의 일이라 과거는 어쨌든지 좋다 하고 끝끝내 결혼하여버리지 않습니까? 즉 이와 같이 순결성을 우리들은 별로 문제 삼지 말아야 할까요?

**정**　　대답하기 좀 거북합니다. 말을 한대야 아직 우리 조선사회가 용납하여 주지 않을 터이니까요.

**기자**　　그러면 그다음으로 또 넘어갑시다. 그래서 그 사람의 아내가 된 왓시릿샤가 별거하다가 몇 달 만에 돌아오니 남편 방에 간호부의 웃옷이 걸려 있었다. 그것은 남편과 간호부의 성적 관계를 설명하는 것인데 그때 왓시릿샤는 종래의 부인들과 같이 울고 불며 질투하지 않고 오냐 남편은 성적 고민으로 그리한 것이리라, 만일 내가 별거 아니 하였던들 남편은 그런 죄를 범하지 않았으리라 하여 아주 용서해주는 일이 있는데 이것은 어떠합니까?

**정**　역시 제 말은 조선사회가 허락하지 않을 터이니 차라리 입을 닫겠습니다.

**기자**　또 남편이 값비싼 비단 옷감을 아내에게 사주는 것을 왓시릿샤는 우리 여공들에게 그것보다 무명옷이 더 좋다고 받지 않는 대목이 있는데 그것은?

**정**　물론 그래야 하겠지요. 분리는 인종주의자나 할 것이니까요. 프롤레타리아의 세계에는 분리라는 이름이 없습니다. 좌우간 우리들이 새로운 양성관계를 세우려면 무엇무엇하여도 경제적 독립부터 얻지 않으면 다 헛일입니다. 그러나 어떻게 하면 이 남성 중심의 가족제도를 뛰어넘어서 경제적 독립을 얻을까 하면 이 자본주의 사회에서는 매우 곤란한 일입니다. 그러기에 우리들의 최후의 말은 언제든지 무산자의 해방이 없이는 부인의 해방이 없다는 말 한 마디가 있을 뿐입니다.

**기자**　옛날에 『인형의 집』의 노라가 해방되었다는 것과 『붉은 연애』 속 왓시릿샤의 해방이 되었다는 것이 어떻게 다릅니까?

**정**　노라는 개인주의적 자각이었지요. 그래서 그는 개성에는 눈을 떠서 눈보라 치는 날 밤에 남편인 변호사의 집을 뛰어나오지요. 그러나 그는 어디 가서 무얼 하고 살아갑니까? 가두에 나가 굶어 죽고 얼어 죽는 해방은 해방이 아니겠지요. 그러니 경제적으로 해방을 얻지 못하면 다 소용 없는 일입니다. 노라 같은 여성은 공상적 여성이 아니면 해방이 조금도 되지 못한 여성이지요. 그 대신 왓시릿샤는 이상에 말한 바와 같이 모든 것에 철저하게 자유스럽게 되지 않았습니까?

『삼천리』 제2호, 1929년 9월 1일, 「붉은 연애 비판, 콜론타이의 성도덕에 대하여」,

대담자: 정칠성

＊＊＊

정칠성은 1920년대 대구의 기생 출신으로 뛰어난 미모와 노래 솜씨로 서울까지 진출해 유명해진 여성입니다. 기생으로 있으면서 공산주의운동에 뛰어들어 여성동우회, 삼월회, 근우회 등 여러 여성단체를 결성하고 활동하는데 1931년에는 전국적 항일계몽 조직이던 신간회의 중앙집행위원을 맡습니다. 이 대담을 할 무렵 이미 조선의 여성운동계의 대모처럼 널리 활동하고 있습니다.

콜론타이는 러시아의 여성혁명가로, 극좌적인 여성해방주의로 유명한 인물입니다. 이론대로라면 사회주의 사회에서는 여성의 일자리가 보장되고 아동의 공동육아가 가능해지므로 자유로운 연애와 결혼은 물론 성관계에도 완전한 자유가 보장될 수 있습니다. 그런데 콜론타이나 일부 사회주의 여성운동가들은 이에 한 걸음 더 나가서 여성의 성이란 몸의 다른 부분과 마찬가지로 물질적인 것에 불과하다고 보고 여기에 도덕이니 정조니 하는 관념을 씌우는 것은 여성을 남성에 복종하는 소유물로 만들려는 것이라고 비판합니다.

이러한 성의 자유사상을 수입한 조선의 일부 진보적 여성들은 성을 생리현상으로만 간주하고 누구하고나 원하는 대로 자유로운 성관계를 맺을 수 있다고 주장합니다. 신여성 화가인 나혜석은 성관계란 밥 먹고 배설하는 것처럼 자연스러운 현상으로, 아무하고나 잘 수 있다고 주장하고, 여성 사회주의자 허정숙은 세 남자로부터 성이 다른 세 아이를 낳아 자신이 키웁니다. 그러나 봉건적 도덕의식과 여성에게 일자리가 주어지지 않는 남녀 간 불평등한 관계가 공존하는 자본주의 시대에 이러한 자유로운 성애관은 비난의 표적이 됩니다.

이 대담에서도 정칠성은 사회적 인식을 의식해 이런 부분에 매우 조심스러워합니다. 하지만 정칠성 자신은 연애와 성에 매우 용감했던 듯합니다. 조직 활동 때문에 우연히 한 남자 운동가와 같은 방에서 자게 되었는데, 남자 운동가가 어색하고 수줍어서 구석에 쭈그려 눕자 정칠성이 '무슨 남자가 이리 숫기가 없냐'고 야단치며 남자를 자기 이불 속으로 끌어당겨 동침했다는 이야기는 유명합니다.

# 가난과의 투쟁

빈궁과 고독과 학대로 다져진 인생의 최하층에서 나는* 태어나서 소녀시대, 청년시대를 모조리 보냈다. 낳기는 36년 전 서울 남산정이었으니 지금의 장충단 있는 그 부근이 되리라. 부친은 20년 가까운 옛날에 벌써 러시아로 가신다고 떠난 뒤 이내 생사를 모르겠고, 오직 어머니 한 분의 손으로 나는 간신히 인생의 길을 걸어오기 시작하였으니 그 걸음이 순탄하였을 리 없다.

열한 살 되는 해에 배화여학교에 들어가서 4년을 다니다가 학자금과 기타 관계로 다시 뛰어나와 17세 되는 해에는 그때 대한병원 통역관으로 있던 박이라는 분께 시집을 갔다. 물론 시대가 시대니만치 부모들의 결정에만 좇아서.

그래서 박 씨 집 가정에서 인형노릇을 한 지 3년. 그사이에 우리의 사이는 좋지 못하였다. 이를테면 당사자의 의사와 개성을 무시하고 기적 위에 올라선 우리의 결혼은 조금도 행복스러운 것이 되지

* 여성 사회주의 운동가 정종명.

_정종명.

못하였다.

　이에 나는 인습을 깨뜨려버리고 모든 비난을 무릅쓰고서 이혼해버릴 생각을 가지고 기회를 엿보고 있었다. 지금 생각하여도 꽤 대담한 결심이었다. 그랬더니 그만 남편 되는 분이 신병으로 얼마 동안 병석에 누워 계시더니 미구에 돌아가시고 말았다. 나는 이에 친정으로 곧 돌아왔다. 어쨌든 부부생활에서 나는 아이 하나를 얻게 되었으니 그가 즉 지금의 나의 아들 홍제이다.

　세상에 청상이란 말이 있다면 열아홉에 혼자 난 나도 그 속에 끼우리라. 그러나 남들이 경험한다는 청상의 고독과 비애에 한갓 울고 있을 때가 아니란 생각으로 21세 때에 기독교에 뛰어들어갔다. 이것은 나의 생활의 한 전기였다. 그리하여 그제부터는 맹렬히 성경을 옆에 끼고 다니면서 가정과 가두에서 전도를 하였다. 실로 시대정신의 관계도 있었겠지만 아소교*에 대하여는 일신을 바쳤다.

　그러다가 차츰 사회사상에 대한 세례를 받게 되매 전도부인이란 그 우상적인 직업을 발길로 차버리고 여성의 경제독립을 위하야 간호부가 될 작정으로 남대문 밖 세브란스 병원 간호부학교로 뛰어들어갔다.

　거기에서 병리와 간호방법의 학과와 매일 싸우며 있다가 대우개

---

* 기독교.

선 문제를 들고 학생 20명을 선동시켜 동맹휴학을 일으켰다. 그때 맹휴란 지금같이 흔한 것이 아니고 실로 파격적인 일이라 할 것이다.

그러다가 저 놀라운 기미운동이 일어나자 그때 마침 세브란스 병원에 입원가료 중이던 이갑성 씨의 모 중대서류를 간호부인 내가 맡아두었다는 혐의로 나는 경찰서에 잡히어 단단히 고생을 하였다. 또 그 뒤에 대동단 일파의 전협사건에 관계하였다는 혐의로 몸이 괴롭게 될 것 같은 때에 실로 기질이 여장부라 할 나의 어머니 박정선 씨께서 나서서 이럭저럭 하시면서 3년의 징역을 하시고 말았다.

이와 같이 됨에 나는 생활의 표준을 이 현실적 투쟁 사실에서 얻어 세우게 되었으니 그것은 즉 몸을 자유자재로 가지기 위하야 즉 가정의 번잡한 관계를 피하기 위하여 절대로 독신으로 지낼 일과 또한 가지는 불합리한 현실과 싸우는 큰일에 몸을 던지자 함이었다.

이 결심은 서른여섯 살 먹는 오늘까지 변한 바 없다. 어쨌든 이러한 관계로 인생의 화원에 비기는 그 로맨틱한 청춘의 생활은 나에게 없었다 하여도 될 것이다. 오직 젊은 때의 희망과 행복이 있었다면 큰일에 몸을 던졌다는 그 자족심과 건강과 학문연구뿐이리라.

그 뒤에 혼자 생각하여 보니 독신으로 살자면 우선 경제적으로 독립을 얻어야 하리라. 배운 것이 도적질밖에 없다는 속담 모양으로 나는 그 뒤에 부득이 관수동에 있는 김용채 씨 병원에 간호부로 들어갔다. 그래서 병자 간호에 한편 귀한 시간을 도적하여 총독부 의원 속에 있는 산파강습소를 다니면서 얼마 안 있어 산파의 면허를 얻게 되자 간판을 안국동에 거는 동시에 김 씨 병원을 뛰어나왔다.

그제부터는 아주 사회운동에 발을 벗고 나섰으니 처음에 지금은 러시아에 가 있는 이덕성 군과 더불어 여자 고학생 상조회를 만들었고 그 뒤에 한 걸음을 더 나아가 조선 여성의 해방을 위하여 동지들과 같이 여성동우회를 창립한 뒤 널리 지방순회까지 다녔다. 그러다가 근우회 창설에 제 딴에는 애를 쓰느라 하였고 작년에는 외람히 중앙위원장의 자리까지 더럽히게 되었다.

　나는 이 뒤에 내가 어찌될 것을 모른다. 그러나 이 한 가지 사실만은 정확한 것이리다. 평안하게 누워서 인생을 보내지는 못하리라고, 아니하리라고.

『삼천리』 제2호, 1929년 9월 1일, 「빈곤, 투쟁, 고독의 반생」, 정종명

* * *

평안하게 누워서 인생을 보내지 않으리라는 말이 인상적인, 시대의 여걸 중 한 명이던 정종명의 간략한 수기입니다.

　서울의 가난한 집에서 태어나 공산주의 사상의 감화를 받아 사회운동에 뛰어든 그녀는 기생 출신의 정칠성과 함께 줄곧 주요 여성단체의 책임자를 맡아 활동합니다. 정종명의 산파로서의 활동과 이후 행적은 다음 이야기 「붉은 연애의 주인공들」에 이어집니다.

# 붉은 연애의 주인공들

1924년 첫여름. 국경 압록강의 양양한 푸른 물결 위에 한가락의 구슬픈 '볼가강'의 뱃노래와 함께 망명객의 외로운 그림자가 물결을 따라 출렁일 때, 돌연 신의주경찰서의 손에 '조선공산당'이라는 지하의 방대한 조직이 발각되면서 김약수, 유진희, 권오설, 홍덕유, 김재봉, 박헌영, 임원근, 김경재 등 거두들이 잡힌 뒤를 이어서 또 6·10만세로 강달영, 계속하여 제2, 제3, 제4의 결사로 김준연, 이영, 박일병, 홍양명, 이병의, 차재정 등 이 땅 사상운동의 유명한 거인들이 다수 철창에 얽매이게 된 그 사실은 젊은 조선 사람이면 다 아는 일이라.

이렇게 일월회요 화요회요 서울계요 북풍계 운운하면서도 다 같은 방향을 위하여 불꽃을 가슴에서 뿜는 듯이 늘 작열하여 밤낮 땅 밑으로 돌아다니던 이 많은 투사의 신변에는 묘령의 꽃과 같은 아름다운 맑스 걸, 엥겔스 레이디들이 마치 그림자 모양으로 그 뒤를 따르면서 살풍경한 사상운동 선상에 한 떨기 꽃수를 놓아주었다.

언제 잡힐는지 모르는 한낮 생명들이매 번개같이 잠깐 잠깐 만나

_당대를 풍미했던 세 여성 사회주의자들이 청계천에서 망중한을 보내고 있다. 왼쪽부터 고명자, 주세죽, 허정숙.

는 그동안에 강철 같은 굳은 사랑의 전당이 둘의 사이에 쌓여지는 것이요 새 연애관 새 사회관을 가진 몸들이매 세상의 전통적 결혼 관념을 침 뱉고 짓밟아도 태연해 한다. 그를 이해할진대 우리들은 오히려 그를 떳떳하다 하여야 옳을 것 아닌가?

여기 이 거두들과 직접 간접 애욕의 불길 위에 뛰어든 10낭자가 있으니 우리는 '그 붉은 연애'의 실마리를 풀어보기로 하자. 다만 근대의 사상계에 용감하게도 놀대질하고 있던 이 여러 여류사상가를 정면으로 당당히 그 사상 그 지조를 소개하지 못하고 겨우 행낭 뒷골로 돌아가서 애욕의 프로필을 통하여 묘사하려는 이 부자유한 붓 끝을 독자제군은 용서하여주실 것을 예상하면서도 이러한 필독에 제 낭자들을 올림을 미안스럽게 아노라.

## 아메리카로 방랑의 한 많은 허정숙 여사

최초의 동아일보 여기자로 있으면서 유려한 필치로 그 당시 인도 국민회의 의장이자 유명한 여류시인이던 사로지니 나이두의 시가를 번역해내던 묘령 여성이 1923년대의 조선언론계의 일각에 존재하였던 것을 기억하리라. 그가 허정숙 여사였다.

그는 신호신학교를 마치고 상해에 이르러 수년간 유학하다가 귀국하여 부군과 함께 동아일보에 입사하였던 것이다. 그때 부군이란 임원근이었다. 그러다가 허 여사는 박헌영, 임원근, 조덕율 등 사원 14~15명이 일제히 동맹파업으로 퇴사할 때 함께 사표를 집어 뿌리고 전 사원이 모인 자리에서 맹렬한 간부 탄핵 연설까지 한 뒤 뛰어나와버렸다.

그 뒤 여성동우회와 근우회에서 무슨 선언이나 강령이 나오면 반드시 달필의 황신덕 씨와 허 씨의 손으로 합작이 되어나왔다. 그러고는 청총간부요 또 근우회의 직임을 맡고서 북으로는 함북·간도, 남으로는 전라도·경상도에 이르기까지 앉을 자리 따뜻할 사이가 없이 놀랍게도 끈기 있는 실천운동의 활약을 보였다.

그럴 때에 사랑하는 부군 임원근 씨가 제1차 공산당 관계로 감옥에 가게 되었다. 그는 울었다. 태화여자관의 우량아 선출대회 때 일등에 선택되어 플라스틱으로 만든 목욕통까지 상품으로 탄 세 살 먹은 그의 사랑하는 아이 표가 아빠 아빠를 부를 때 젊은 여인 허 여사는 단장의 모성애의 눈물에 몇 번 방바닥에 엎드려 울었던가?

그러나 허 여사는 너무나 정열적이고 너무나 풍만한 탄력을 가진

_허정숙.

여인이었다. 옥에 임을 보내고 얼마 있지 않아 이혼장을 써가지고 부군의 옥사를 찾아가는 얼음 같은 찬 일면의 여성이 되었다.

그 뒤 그는 아버지의 성이 다른 둘째 아이를 낳았다. 그의 집에는 온후하던 아버지 허헌*을 비롯하여 싸늘하고 무거운 공기가 떠도는 것을 어쩔 길이 없었다. 그러다가 허헌을 따라 허 여사는 아메리카로 건너갔다. 거기서 1년 남짓 있는 동안에 그는 정신상의 모든 엉킨 실타래를 청산하고 새사람이 되어 귀국하였다. 미국 있을 때는 국제적 무슨 단체에 미국의 여류 지도자 모 씨를 만나 미국 사회운동사를 많이 연구하였다고 한다.

아직 나이 30 이전에 애인을 세 번 가졌고 가질 적마다 옥동자를 얻었다. 그러나 이것이 눈물의 씨가 되는지 웃음의 씨가 되는지 아무도 아는 이가 없다. 아버지를 잃은 동복아 3형제는 지금 그 할머니 손에 길러지고 있다. 허정숙은 광주학생사건으로 1년 징역을 받고 해산 때문에 일시 보석되었다가 또다시 약 한 달 전에 감옥에 들어가고 없으니까.

그는 최근에 미국여행기를 쓰기 위해 아버지 허헌이 그 당시 『삼천

* 독립운동가·공산주의 운동가. 보성전문학교 교장을 지냈고, 해방 후 남조선노동당 초대 위원장을 역임했다.

리』에 집필하였던 구미여행기의 부분 부분을 빌려다 놓고 열심히 보고 있었는데 경찰은 아마 이 집필의 여유도 주지 않고 데려간 듯하다.

'연애는 개인적인 일이다!' 이 명제 아래에서는 여사를 공격할 아무 근거가 없다. 그에게서 처음부터 부군을 떼어놓지 않았다면 그의 신변에 이렇듯 애석한 비극이 얽혀 있을 것인가? 또 그가 구한 것이 '올-가'*같이 성의 촉수였는지 연애였는지 만일 전자라면 인간 본능을 이해하는 한에서 오히려 동정할 일이리라. 아무튼 열의 있고 성실하고 미모 있고 그리고 체계 있는 사상을 기록할 수 있는 명석한 두뇌의 여성, 글 잘 쓰고 말 잘하는 여성 허정숙 여사는 조선 여류사상계의 첫 손가락에 꼽힐 빛나는 미래를 가진 여성이다. 함북 명천 출생. 금년이 29세.

## 신철 씨와 생사를 같이하는 정종명

'불행한 신부'로 시집 규방에서 수년을 울다가 '얌전한 청상과부'로 또 몇 해를 지내다가 연전에 사상적으로 신뢰할 동지 신철 씨를 만나 정종명 여사의 청춘에는 다시 봄빛이 무르녹으려 하던 중 돌연한 검거로 지금 예심 중에 있게 되었다. 사건은 근래에 자꾸 신문에 보도되는 저 재건당의 공작위원회 결사 관계이다.**

정 여사는 세브란스 병원 간호부로 있다가 여자 고학생 상조회를

* 콜론타이의 『붉은 연애』에 등장하는 여주인공.
** 조선공산당 재건 사건에 연루되었음을 뜻함.

만들었고 근우회를 창립한 이후 10년의 사회운동 중에 경찰 유치장에는 가끔 들어갔으나 감옥으로 들어가기는 이번이 처음이다. 최고 사랑하는 아들 박홍제를 그곳에 넣고 있던 그가 자신마저 들어간 것이다.

정 여사는 모든 사회운동자의 보모였다. 누구나 회관에서 안다 하면 산파를 하여 겨우 받은 1, 2원 돈을 쥐고 가서 약도 사다 다려주고 미음도 쑤어주고 누가 검거되었다면 총총한 걸음을 구류된 곳에 옮겨 의복이고 음식이고 차입하여 주기에 바쁘다. 세브란스 병원에서 죽은 러시아 극동대학 교수 채 그레고리 씨도 일면식도 없건만 친절히 찾아와주는 정 여사의 호의에 감격하여 운 사람 중 하나이다. 채 교수는 죽을 때 임종의 석상에서까지 정종명 씨를 불렀다.

그는 글 쓰는 사람은 아니다. 그러나 말을 잘하는 여인이었다. 더구나 누구와 논쟁할 때는 상대에게 여유를 주지 않고 번개같이 몰아세운다. 그 세가 맹렬하여 어지간한 남성들은 물러선다.

그는 의지의 사람이라기보다 정열의 여인이다. 보기에는 퍽이나 싸늘하건만 죽은 박원희 여사와 같이 다정다감한 편이었다. 얼마 전 애인 신철 씨가 보석이 되어 병석에 누웠을 때 그의 진실한 간호는 실로 눈물의 기록이었다. 중병 앓던 신철 씨의 회춘이 여사의 공에 의함이 많다고 할 것이다. 그에게는 성적인 동반자가 한둘 있었다. 그러나 그를 나무라는 이는 없다. 그만치 그의 경우는 동정을 끄니까. 경기도 출생. 올해 마흔하나인가.

## 유일, 최초의 여ㅇ원인 홍일점의 고명자

재작년 즉 1929년 가을 조선박람회 당시에 경기도 경찰부는 돌연 용산 도화동 근처에 여러 대의 자동차를 몰아 수십 명의 공산당원들을 체포하였다. 그 가운데 꽃과 같은 미모의 여성 고명자도 끼었다.

고명자는 애인이자 제1차와 제2차 공산당의 조직원인 김단야와 함께 모스크바로부터 들어와서 시외 인적이 드문 외딴 집에 세상을 꺼리는 조그마한 살림을 차리고 있으면서 당의 재건운동에 여성부 조직의 책임을 맡고 활약하였던 것이다.

고명자는 서울 배화학당 출신이다. 그 뒤 동우회에 입회하여 일하다가 모스크바로 가서 그곳 공산대학에 입학해 4년이나 있다가 여러 번의 검거에 조선공산당이 아주 소멸되자 당의 재건 밀령을 국제공산당으로 받고 들어왔던 것이다.

그는 재주 많은 아가씨라 학교에서도 항상 수재라는 칭찬을 받았고 반달형의 미모의 여성이라 그의 주위에는 항상 맑스, 엥겔스를 말하는 다혈질의 청년들이 많이 모였었다. 그 가운데 뛰어난 조직원 김단야가 있었다. 둘은 처음에는 사상에 공명하고 그다음에 성격에 공명하고 그다음에 아주 전부에 공명하였다.

생사를 같이하기로 약속한 열애의 동지가 된 뒤 손에 손을 맞잡고 해외·국내로 분주히 돌아다녔던 것이다. 고명자가 잡힐 때 김단야는 두 달 동안이나 서울에 잠복해 있다가 다시 몸을 해외로 피하였다. 조선의 많은 사상여성 중 직접 당원이 되어 활약한 이는 아직 이 고명자 한 사람뿐이 아닐까? 3년 형을 받았으니 아직 출옥할 날은 멀다. 나이는 25~26이나 되었을까?

## 동양적 고전미의 아름다운 여인 주세죽 씨

조선에 아직 당이라고 이름조차 못 듣던 1922년 겨울 모스크바를 떠나 북경, 상해를 거쳐 서울로 들어오던 일행 세 사람의 청춘이 있었으니 그들은 신의주에서 잡혀 모두 1년 반의 복역을 하고 있다. 이것이 뒷날 최초이든 제1차 공산당 조직원으로 만인을 놀라게 한 박헌영, 김단야, 임원근 세 사람이었다.

그때 임원근에게는 허정숙이, 김단야에게는 고명자가, 그리고 박헌영에게는 주세죽이라는 동양 고전화 속에서 고요히 빠져나온 듯한 우아하고 수려한 미인이 있었다.

주세죽은 상해에서 박헌영을 만났다. 유약한 여성의 몸으로 일찍 국경을 넘어 멀리 러시아의 거친 들판으로 고녀의 심신을 이끌던 주 여사는 상해에 이르러 동지이자 애인인 박을 만나 황포강 물결의 만년유구함을 빌고 또한 찬미하였다.

그때 평양 감옥에서 출옥하고 나온 부군 박헌영이 동아일보 정치부 기자로 임원근(김단야는 조선일보 기자), 조동우, 허정숙 등과 책상을 나란히 하고 일 보고 있을 때 주 여사는 조선에 나와 동우회의 조직부장으로 활약하는 한편, 서울 서대문 어느 동양인 상회에서 영문 타이핑을 해주며 생활비를 벌었다.

그러다가 부군이 신의주에서 조선공산청년회 최고책임자로서 또 잡히게 되자 여사도 역시 같이 체포되어 눈과 달이 어린 국경의 차

_주세죽, 박헌영 내외와 그의 딸 박 비비
안나.

가운 바람 속에 아름다운 얼굴을 상하기를 한두 날이 아니었다.

그 뒤 박헌영은 보석이 되었다. 병약한 부군을 안아서 주세죽 여
사는 여사의 고향인 함경도 함흥에 가서 치료를 하고 있다더니 이내
종적을 찾을 길 없게 되었다. 아마도 지금쯤은 먼 먼 하늘 아래서 고
국의 하늘에 뜬 별들을 두 분이 어깨를 나란히 하고 하나 둘, 하나
둘, 헤아리고 있지 않을까?

그때 서울에는 4미인이라 부르는 이가 있었다. 주세죽, 허정숙,
심은숙, 조원숙 네 분이다. 그 가운데도 주세죽 여사를 백미로 쳤다
고 한다.

그 네 가인 중의 한 사람이던 조원숙 씨는 고향이 강원도 울진이
다. 명문가의 따님으로 규방 깊이 묻혀 있던 처녀 시대에 부형들이
강제로 결혼을 정하여 놓은 것을 결혼식 바로 전날 야밤에 시집가기
싫다고 아무도 몰래 가마 타고 서울로 도주하여온 통쾌한 여성이다.
숙명여학교를 2년까지 다니다가 무슨 사정으로 경찰의 손을 피해
상해로 내닫자.그 뒤는 양명과 사랑하는 사이가 되었다. 양명마저

엠엘당 사건*으로 상해로 망명하자 조 여사 또한 그를 따라 상해까지 가더니 옥동자를 낳아가지고 한 달 전에 귀국했다. 지금은 사랑하는 아이를 안고 양명의 고향인 제주도 어촌에 들어가 자애 깊은 시부모의 사랑 속에서 지낸다던가? 항상 봄인 남해의 기러기 훠이훠이 뛰노는 푸른 물결, 이 물결 속에 해외, 국내로 풍상에 지친 여사의 심신이 다시 씻기울 날이 있으리라.

## 장안의 명기 정칠성 여사

우리는 이 붓을 막음에 이르러 근우회 중앙위원을 지내던 정칠성 여사의 빛나던 반생을 그림으로써 붉은 연애사의 색채를 완성하려고 한다.

정칠성 여사는 장안을 울리던 명기였다. 대구감영이라면 평양감영과 같이 반도의 남북에 장구 모양으로 벌어져 있어 모두 인물이 수려하기로 유명한 영남의 승지라 여사의 탄생지가 대구였다. 뒷날 서울에 올라오매 가무 잘하고 버들잎같이 갸름한 아름다운 얼굴은 3·1운동 당시까지 경국의 미모라는 소리를 들었다.

그때 정 여사와 절친한 명기 한 분이 있었다. 그는 아까 말한 현정건의 애인 현규옥 씨였다. 3·1 당시! 그때는 누구나 정치가였다. 노인들도 어린아이들도 누구든지 국가와 민족을 말하고 또한 흥분하여 열이 올랐었다. 백마를 타고 은편자를 말의 배에 호화롭게 치며

* 조선공산당 재건을 위한 사건의 하나.

장안 네거리 좁다 하고 돌아다니던 정 여사의 가슴속에도 정치의 불이 붙기 시작하였다. 그 호화롭던 생활을 일시에 헌신짝같이 차버리고 동경에 내달아 기예학교를 마치고 난 정칠성 여사의 비약은 실로 일세를 놀라게 하기에 충분한 존재였다.

그는 거기서 사회운동에 투신하였다. 그 뒤 소개의 붓을 기다릴 것 없이 10년 외로운 절개를 지키며 지금까지 근우회를 두 어깨에 짊어지고 반도 여성을 위하여 만장의 기염을 토하고 있다. 한때 C 씨와 서로 사랑하는 사이가 되었고 어쩌고 하는 말이 있었으나 잘 모르겠다.

『삼천리』, 1931년 7월 1일, 「붉은 연애의 주인공들」, 초사

\* \* \*

일제시대를 풍미했던 여성사회주의자들의 이야기입니다. 이때까지만 해도 이들의 삶은 비슷합니다. 연속되는 연행과 감옥살이로 고생은 해도 많은 사람들로부터 존경과 사랑을 받고 화젯거리가 됩니다. 하지만 해방 후 이들의 인생은 크게 갈라지고 맙니다.

임원근을 비롯해 여러 남자를 거느리고 살았던 여장부 허정숙은 해방 후 월북해 북한의 고위직을 두루 역임하다가 자연사합니다.

반면 절세의 미인이자 박헌영의 부인으로 유명했던 주세죽은 박헌영이 상해에서 체포된 후 그의 절친한 친구이자 고명자의 남편이던 김단야와 부부가 되어 소련으로 돌아갑니다. 그런데 몇 년 후 김단야가 스탈린의 대숙청이라는 광풍에 휘말려 일제의 간첩이라는 누명으로 처형되자, 주세죽은

그의 부인이라는 이유로 카자흐스탄의 오지로 유배되어 방직공장 직공으로 십여 년간 모진 고생을 하다가 폐병으로 사망합니다.

간호부 출신의 정종명과 기생 출신인 정칠성은 일제하 여성운동의 최고 명망가로 널리 활동하는데 해방 후 남한의 공산당 탄압을 못 이기고 둘 다 월북합니다. 정종명은 북조선민주여성동맹 간부를 지낸 후 이후 소식이 알려진 바 없어 언젠가 숙청된 것으로 보이고, 정칠성은 외아들 이동수가 지리산 빨치산으로 파견되었다가 죽었다는 소식을 듣고 실성하여 헤매다가 숙청되었다고 전해집니다.

김단야의 아내였던 고명자는 그와 헤어진 후 운동에서 이탈해 이후 소식은 알려지지 않았습니다.

# 무서운 여자 최윤숙

광주학생사건의 뒤를 이어 작년 1월 14일인가 경성의 남학생들보다 하루 앞서서 전 경성의 여학생 데모를 일으킬 계획을 하여 남자 측 학생단에서 하루만 연기하여 같은 날에 남녀 학생이 동시에 데모를 일으키자고 청하였을 때 가회동 모처에 모였던 여학생단에서는 이를 거절하였다. 남학생 측에서는 이 계획에 놀라 그 밤으로 바삐 계획을 진행시켜 15일 오전 9시를 기하여 전 경성 남녀 등 학생층은 제2차의 학생만세사건을 일으켰다.

이때 시내 여학생 측 데모의 전위분자 중 여섯 명이 3월 초순엔가 경성법원 공판정에 서게 되었다. 공판 전부터 여섯 명의 나이 어린 여학생(나이 든 허정숙 한 명도 있지만)에 대한 이야기가 높았다. 누구는 용모가 어떻고 누구는 운동선수고, 누구는 말 잘하고 등등, 그때에 여학생사건을 맡아 취조한 S서의 A형사는 이런 이야기를 하였다.

"누구라 누구라 하지만 물론 인물도 얌전한 색시가 있다. 그러나 그중에도 무서운 여자가 한 명 있다. 그것은 최윤숙이다. 취조하는 때면 사람의 품을 다 알 수 있는데 그중에 묻는 말을 덥썩 덥썩 잘

_1930년 3월 18일 학생만세사건으로 공판 중인 여성들(오른쪽)과 군중으로 가득 찬 방청석(『동아일보』 1930년 3월 19일자).

대답하되 안 해도 좋을 말까지 하는 것은 문제도 안 되지만 전혀 말을 안 하는 것같이 괴로운 것은 없다. 이러이러하지 않느냐고 사건의 전례를 들어 물어야 겨우 응, 이라던가 아니요, 라던가 하는 사람 그 사람에게만은 참 괴롭다. 손을 델 도리가 없다. 그 최만은 참 곤란하였다. 체격도 여무지지 않더냐? 그 모양으로 그 여자에게는 빈틈이 별로 없다. 이후라도 주의할 여자는 그 여자밖에 없다. 반드시한 사람 구실 할 것이다.”

이런 말을 들을 때 그때는 무심히 들었었다.

과연 이 말을 다시 생각할 때가 왔다. 바로 지난달 8월 말 어떤일로 그때의 그 형사가 일하는 S서 고등계에 갔다. 문득 형사실 문을 열었더니 빈 방 한 모퉁이에 젊은 여자 한 명이 헝클어진 머리에손을 대고 창밖을 내다보고 있었다. 무엇인가 생각하고 있는 듯하던 그는 한번 흘끔 돌려다 보고는 천연스러이 또 창밖을 내다보고 있었다. 언젠가 본 듯한 그 여자 그는 며칠 전에 공산당 재건사건의 레포*로 함경남북도 등지로 다녔다는 최윤숙에 틀림없었다.

작년 3월 초순의 여학생사건 공판에 맨 첫번 심문에 나섰던 김 모는 전후 사건의 경과를 잘 알아듣게 이야기하였다. 또 이 모는 '붉은 깃발은 빛깔이 고와서 만들었지요. 다시는 안 그러겠습니다' 또 송 모는 천연한 태도로 말하다가 끝으로 어떤 감정이 솟았던지 눈물을 억지로 막는 듯 보였다. 허 모는 사회운동에도 많이 단련되었을 만큼 역시 탈선이 없었다.

그중에도 최윤숙은 과연 그 형사의 말대로 말이 없었다. 네, 아니오 두 말뿐, 자기가 가진 뜻을 말하지 않았다. 그때의 무언의 침착한 태도는 확실히 무게를 보였다. 무언의 최의 인상은 최근 있던 그의 사건을 생각할 때 다시금 머리에 떠올라 온다.

『동광』 제26호, 1931년 10월 4일, 「법정에서 본 그들, 무언의 최윤숙」, 홍종인

\* \* \*

1920년대 말부터 1930년대 전반까지는 사회주의운동의 전성기라 할 만했습니다. 해마다 3,000~4,000명에 이르는 사상범이 체포되어 감옥살이를 했고 매년 조선공산당 관련 사건들이 터져 신문 지면을 장식했습니다.

이토록 많은 사회주의자들이 있었으나 그중 상당수는 소련을 중심으로

---

\* 연락원.

일본, 유럽 등지에서 사회주의가 번성하는 분위기를 타고 가담한 이들이었습니다. 이 때문에 체포되고 고문을 당하면 쉽게 무너져 정보를 누설하거나 반성문이나 전향서를 쓰기 마련이었습니다. 하지만 역시 많은 운동가들은 일제 경찰의 어떤 구타와 고문에도 굴복하지 않고 몇 차례씩 끔찍한 옥살이를 하면서도 지조를 지킵니다.

최윤숙이라는 인물에 대한 특별한 기록은 남아 있지 않으나 이 기사로 보아 1928년 광주학생운동에 호응해 서울에서 일으킨 경성여학생 만세시위의 주동자이자 훗날 조선공산당 재건사건에 연루된 열정적인 운동가로 보입니다. 일제 형사로부터 '무서운 여자'라는 말을 들을 정도로 의지를 꺾지 않았던 그녀에게 경의를 보냅니다.

# 만주를 떠나며

1932년 6월 3일 아침.

씻은 듯이 맑게 개인 하늘가에는 비행기 한 대가 프로펠러의 폭음을 발사하면서 배회할 제 용정촌을 등지고 떠나는 천도 열차는 외마디의 이별 인사를 길게 던졌다. 나는* 수많은 승객 틈을 뚫고 자리를 잡자마자, 차창을 의지하야 돌아보니 얼씬얼씬 멀어가는 용정촌.

그때에 내 머리에 얼핏 떠오르는 것은 내가 처음으로 발을 들여놓던 작년 이때다. 그때 용정 시가는 신록이 무르익은 가로수 좌우 옆으로 청천백일기**가 멋있게 나부끼었고 붉고도 흰 벽돌집 사이로 흘러나오는 깡깡이의 단조로운 멜로디는 보랏빛 봄 하늘 아래 고이고이 흩어지고 있었다.

그러나 가로에서 헤매이는 걸인들의 이 모양 저 모양. 그들에게 있어서는 봄날도, 깡깡이 소리도 들리지 않는 듯 역두에서 흩어지는

---

* 일제강점기의 대표적인 여성 작가 강경애.
** 중화민국(대만)의 국기.

낯선 사람의 뒤를 따르면서 그 손!을 버릴 뿐 그 험상진 손!

나는 이러한 옛날을 그리며 아까 역두에서 안타깝게 내 뒤를 따르든 어린 거지가 내 앞에 보이는 듯하야 다시금 눈을 크게 떴을 때 차츰 멀어 가는 용정 시가지 위에 높이 뜬 비행기 그러고 늦은 봄바람에 휘날리는 청홍흑백황의 오색기가 백양나무 숲속으로 번듯거렸다.

차창으로 나타나는 논과 밭, 그러고 아직도 잿빛 안개 속에 잠든 듯한 멀리 보이는 푸른 산은 마치 꿈꾸는 듯, 한 폭의 명화를 대하는 듯, 그러고 아직도 산뜻한 아침 공기 속에 짙은 풀 냄새와 함께 향긋한 꽃 냄새가 코밑이 훈훈하도록 스친다.

밭둑 풀숲에 좁쌀꽃은 발갛게 노랗게 피었으며 그 옆으로 열을 지어 돋아나는 조싹은 잎새를 두 갈래로 벌리고 붉게 타오르는 동켠 하늘을 향하야 햇빛을 받는다. 마치 어린애가 어머니 젖가슴을 헤치듯이 그렇게 천진스럽게, 귀엽게! 어디선가 산새 울음소리가 찍찍하고 들려온다. 쿵쿵대는 차바퀴에 품겨 들리는 듯, 마는 듯.

"어디 가셔요?"

하는 소리에 나는 놀라 돌아보니 어떤 트레머리 여학생이었다. 한참이나 나는 그를 바라보다가

"서울까지 갑니다. 어디 가시나요?"

혹시 경성까지 동행하게 되지나 않을까 하는 생각으로 이렇게 반문하였다.

"네, 저는 회령까지 갑니다."

생긋 웃어 보이는 입술 속으로 하얀 이가 내밀었다.

"그러셔요? 그럼 우리 동행합시다."

마침 나와 맞은편에 앉은 어린 학생이 졸다가 옆에 앉은 일본인에게로 쓰러졌다.

"아라!"

내 옆에 앉았던 여학생은 날래게 일어나 어린 학생을 붙들어 앉히며 유창한 일어로 지껄인다. 일인은 어린 학생을 피하야 앉다가 이켠 여학생에 끌려 어린 학생을 어루만지며 서로 말을 건네었다.

나는 그들의 말을 귓결에 들으며 다시금 창밖을 내다보았다. 금방 내 앞으로 다가오는 밭에는 어쩐지 조싹을 발견할 수가 없어 나는 자세히 둘러보았을 때 '지금 촌에서는 밭갈이를 못해서 묵이는 밭이 많다지. 올해는 굶어 죽을 수 났다' 하던 말이 내 머리를 찡하니 울려주었다. 나는 뒤로 사라지려는 그 밭을 안타깝게 바라보았다. 거기에는 온갖 잡풀이 얽혀 있을 뿐이다. 그때에 내 가슴은 마치 돌을 삼킨 것처럼 멍청함을 느꼈다. 따라서 농부들이 저 밭을 대하게 되면 어떨까, 얼마나 아까울까, 얼마나 애수할까, 흙의 맛을 알고 그 흙에서 매일 달라가는 조싹의 자라나는 그 재미, 그야말로 농부 자신이 아니고서는 알지 못할 것이 아니냐. 그러면 저들이 저 밭을 대할 때 나로서는 감히 상상도 못할 그 무엇이 들어 있겠구나. 이렇게 생각하며 얼핏 이러한 노래가 떠올랐다.

지금은 봄이라 해도
만물이 소생하는 봄이라 해도
이 땅에는 봄인 줄 모르네 모르네

안개비 오네
앞산 밑에 풀이 파랗소
이 비에 조싹이 한 치 자라고
논뚝까지 빗물이 가득하련만

아아 밭갈이 못했소
논갈이 못했소
흙 한 줌 내 손에 못 쥐어봤소


형사는 차례로 짐 뒤짐을 하며 우리 앉은 앞으로 오더니 역시 내 짐이며 몸을 뒤져보고 몇 마디 말을 물어본 후 간호부에게로 간다. 그는 언제나 삽삽한 태도와 유창한 일어로 대하여 준다.

차는 도문강을 바른편에 끼고 빙빙 돌았다. 실실이 늘어진 버들가지 사이로 넘쳐흐르는 도문 강물, 네 가슴 위에 뜻 있는 사람들의 상기된 얼굴이 몇몇이 비쳤으며 의분의 떨리는 그들의 몸을 그 몇 번이나 안아 건넜더냐.

숲속으로 힐끔힐끔 보이는 가난한 사람들의 움막은 작년보다도 그 수가 훨씬 늘어 보였다. 그 속에서도 어린애들이 소꿉놀이를 하며 천진스럽게 노는 꼴이 보인다.


이켠으로 머리를 돌리니 길회선 철도공사 인부들이 까맣게 쳐다보이는 석벽 위에 귀신같이 발을 붙이고 돌을 쪼아내린다. 바라보기에도 어지러워서 한참이나 눈을 감았다. 다시 보면 볼수록 아찔아찔

하였다. 아래 있는 인부들은 굴러 내리는 돌을 지게 위에 싣고 한참이나 이켠으로 돌아와서 내려놓으면 거기에 있는 인부들은 그 돌을 이를 맞혀 차례차례로 쌓아 올라가고 있다.

나는 차 안을 새삼스럽게 둘러보았다. 그러나 누구 한 사람 그곳을 주시하는 사람조차 없는 듯하다. 모두가 양복쟁이였으며 학생이었으며 숙녀였다. 우선 나조차도 저 돌 한 개를 만져보지 못한 사람이 아니었드냐.

학생들은 무엇을 배우나, 소위 인텔리층 신사 나리들은 어떻게 살아가나. 누구보다도 나는 이때까지 무엇을 배웠으며 무엇으로 입고 무엇으로 먹고 이렇게 살아왔나? 저들의 피와 땀을 사정없이 긁어모아 먹고 입고 살아온 내가 아니냐! 우리들이 배운다는 것은, 아니 배웠다는 것은 저들의 노동력을 좀더 착취하기 위한 수단이 아니었느냐!

돌 한 개 만져 보지 못한 나, 흙 한줌 쥐어 보지 못한 나는 돌의 굳음을 모르고 흙의 보드라움을 모르는 나는 아니 이 차 안에 있는 우리들은 이렇게, 평안히 이렇게 호사스럽게 차 안에 앉아 모든 자연의 아름다움을 맛볼 수가 있지 않은가?

차라리 이 붓대를 꺾어버리자. 내가 쓴다는 것은 무엇이었느냐. 나는 이때껏 배운 것이 그런 것이었기 때문에 내 붓 끝에 쓰여지는 것이 모두가 이런 종류에서 좁쌀 한 알만큼, 아니 실오라기만큼 그만큼도 벗어나지 못하였다. 그저 한 판에 박은 듯하였다.

학생들이여, 그대들의 연한 손길 그 보드라운 흰 살결에 태양의 뜨거움과 돌의 굳음을 맛보지 않겠는가? 우리는 먼저 이것을 배워야 하지 않겠느냐. 그리하야 튼튼한 일꾼, 건전한 투사가 되지 않으려는가?

돌에 치여 가로세로 줄진 그 손이 그립다. 그 밭이 그립다. 햇볕에 시커멓다 못해 강철과 같이 굳어진 그 뺨이 그립다! 얼마나 믿음성스러운.

이런 생각에 잠긴 새 기차는 어느덧 회령에 도착하였다. 동행하든 여성을 따라 역에 내리니 역두에는 출영인으로 혼잡했다. 웬일인가 하여 휘휘 돌아보니 맨 앞에 달린 화물차 속에서는 군인들이 꾸역꾸역 몰려나온다. 나중에 알고 보니 훈춘지방에 출정하였던 군대라고 한다. 그러자 이켠 뒷 객차에서는 수백 명의 중국인들이 남부여대하여 밀려나온다. 이들은 조선을 거처 중국 본토로 가는 간도의 피난민이다. 나는 한참이나 멍하니 그들의 이 모양 저 모양을 바라볼 때 무어라고 말로 옮길 수 없이 가슴이 답답함을 느꼈다.

나는 얼결에 구외로 밀려나왔다. 군대는 행렬을 정돈하여 나팔소리에 맞춰 보무당당히 군중 앞으로 걸어간다. 우렁차게 일어나는 만세소리! 그중에도 천진한 어린 학생들의 그 고사리 같은 손에 잡혀 흔들이는 일장기! 그 까만 눈동자!

햇빛 나는 총검에서는 피비린 냄새가 나는 듯 동시에 XX당의 혐의로 무참히도 원혼이 된 백면장정의 환영이 수없이 그 위를 달음질 치고 있었다. 나는 발길을 더 옮길 용기가 나지 않았다. 동행 여성은 내 손을 쥐고 작별인사를 하였다.

"안녕히 가세요."

겨우 입속으로 이렇게 중얼거린 나는 그의 사라지는 뒷꼴을 바라보며 아차 이름이나 서로 알았으면 하는 후회를 하였다.

수없는 피난민들은 군대의 행보하는 것을 얼빠지게 슬금슬금 바라보며 보기만이라도 무섭다는 듯이 그들의 몸을 쪼그린다. 정든 고향을 등지고

_강경애.

생명의 보장이나마 얻어볼까 하여 누더기 보따리를 짊어지고 방향도 정치 못하고 밀려나오는 그들 아니 그들 중에는 백의동포도 얼마든지 섞여 있다.

오후 6시에 기차는 회령역을 출발하였다. 마음이 푹 놓여 차창을 의지하야 밖을 내어다 보았다. 마침 형사들이 와서 지분거리기에 그만 눈을 꾹 감고 자는 체하든 것이 정말 잠이 들고 말았다. 이따금 잠결에 눈을 들어보면 높고 낮은 산봉우리 위에 저녁 노을빛이 붉으레하니 얽혀 있었다.

이튿날 아침 아직도 이른 새벽.

검푸른 안개 속으로 어렴풋이 나타나 보이는 솔포기며 그 밑으로 흰 거품을 토하며 솩 내밀치는 동해 바닷물, 그리고 하늘에 닿은 듯한 수평선 저쪽으로, 꿈인 듯이 흘러내리는 한두 개의 별, 살았다 꺼진다.

벌써 농부들은 괭이를 둘러메고 논둑과 밭머리에 높이 서 있었다.

금방 이앙한 볏모는 시선이 닿는 데까지 푸르러 있었다. 이따금씩 숲 사이로 보이는 초라한 초가집이며 울타리 끝에 넌 흰 빨래며 한가롭게 풀 뜯는 강변에 누운 소의 모양이 얼핏얼핏 지나친다.

잠시나마 붉은 구릉으로 된 단조롭고 무미한 간도에 살던 나로서는 이 모든 경치에 취하야 완연히 선경으로 들어가는 듯한 느낌이 있었다. 그러나 이곳저곳에 흩어져 있는 큰 공장에서 시커먼 연기를 토하고 있는 것은 장차 무엇을 말함일까.

대자본가의 잠식이 그만큼 맹렬히 감행되고 있는 것이 파노라마 모양으로 역력히 보여진다. 기차는 이 모든 것을 보여주면서 산굽이를 돌고 터널을 지나 숨차게 경성을 향하여 달음질친다. 그러나 나의 마음만은 반대 방향으로 간도를 향하여 뒷걸음친다.

아, 나의 삶이여. 전란의 화중에서 갈 바를 잃고 방황하는 가난한 무리들! 그나마 장정은 죽었는지 살았는지 다 어디로 가버리고 오직 노인과 어린아이, 부녀자들만이 그래도 살아보겠다고 도시를 향하여 피난해 오는 광경이 다시금 내 머리에 떠오른다.

부모형제를 눈뜨고 잃고도 어디 가서 하소 한 마디 할 곳이 없으며 그만큼 악착한 현실에 신경이 마비되어버린 그들! 눈물조차 그들에게서 멀리 달아나버리고 말았다. 오직 그들 앞에는 죽음과 기아만이 가로놓여 있을 뿐이었다.

그러나 간도여! 힘 있게 살아다오! 굳세게 싸워다오! 그리고 이같이 나오는 나를 향하여 끝없이 비웃어다오!

기차는 원산을 지나 삼방의 험산을 바라보며 여전히 달린다.

「동광」 제36~37호, 1932년 8~9월호, 「간도를 등지면서」, 강경애

***

일제시대 저명한 여류소설가의 한 명이던 강경애가 만주를 다녀오며 쓴 글입니다. 작가다운 감수성은 풍부하지만 문장의 앞뒤가 맞지 않는 비문들이 많아 다소 손을 보았습니다.

강경애는 여성작가로는 드물게 하층민의 이야기를 주로 쓴 작가로, 사회주의적인 시각으로 민족과 여성해방을 추구했습니다. 1906년 황해도 출신으로 4살 때 아버지를 잃고, 재혼한 어머니를 따라 외롭게 자라났지만 오늘의 초등학교인 보통학교를 거쳐 평양의 숭의여학교에 다니며 서양문학을 공부합니다.

숭의여학교 3학년 때 동맹휴학을 주동해 퇴학당한 후에는 고향으로 돌아가 흥풍야학교를 세워 계몽운동을 하다가, 고향 선배인 양주동과 함께 서울로 올라와 금성사에서 일하면서 동덕여고 3학년에 편입합니다. 동덕여고는 박진홍, 이순금, 이경선 등 당대 여성사회주의자의 산실이라 불릴 정도로 많은 여성운동가를 배출한 곳입니다.

동덕여고에서 1년 정도 수학한 후 고향에 돌아가 결혼한 강경애는 남편과 함께 만주로 건너갔다가 생활이 어려워져 1년 만인 1932년에 귀국하는데 이 글은 이때 쓴 것으로 보입니다. 이듬해 다시 만주 용정으로 건너간 그녀는 소설 창작에 전념해 문학동인회인 '북향'에 참여하기도 하고 조선일보 간도지국장을 맡기도 합니다. 이후 건강이 악화되어 귀국한 후 1943년 서른일곱의 젊은 나이로 사망합니다.

일제시대에 몇몇 여류소설가가 있기는 했으나 하층 서민, 노동자들의 이야기를 주로 쓴 강경애의 존재는 소중합니다. 강경애의 문학적 가치는 뒤늦게 빛을 보아 근래에 강경애 전집이 출판되기도 했습니다.

# 최영숙 여사에 대한 소문의 진상

## 최 여학사의 죽음과 억측의 가지가지

기자가 고 최영숙 여사를 처음 만난 것은 그가 멀리 스웨덴 스톡홀름 대학에서 경제학을 마치고 금의환향한 지 얼마 안 된 어떤 환영회 석상이었다. 여사는 키가 중키이고 건장하고 재능인이라고 하기보다는 덕이 있는 인물이라 할 만치 침착하고 무게가 있어 보였다.

과연 세상은 그를 재덕을 겸비한 무게 있는 신여성이라고 촉망하는 바 많더니 덧없는 것이 인생일까, 10여 년 전 해외에서 고생을 하다가 돌아온 지 불과 반년, 뜻을 이루지 못하고 세상을 떠나게 되니 그의 최근 정경을 돌연히 아는 자 누구나 뜨거운 눈물을 금할 수 없다.

그러나 세상은 그를 알지 못하므로 말미암아 도리어 '경제여학사 최영숙 씨와 인도 청년과의 연애' 운운에 호기심을 집중한 나머지 있지도 않은 풍설까지 자아내니 죽은 사람에 대한 예가 아니다. 세상의 의문을 일소하기 위해 그와 인도 청년과의 연애관계의 진상을 공개하고 이 세상을 떠나기 직전까지의 최근 정황을 기록하고저 하니 이것은 다만 그의 떠도는 영을 애도하기 위함이다.

## 백일축수를 올리고 스톡홀름 대학을 마치기까지

최영숙 여사는 과연 인도 청년과 사이에 연애관계가 있었는가? 어린애를 뱄다가 세상을 떠났다 하니 결혼문제는 어떻게 되었는가? 그는 아심 청년하고 언제부터 이러한 의문이 그의 죽음을 싸고돌고 있다.

그는 과연 조선 사람을 아버지로 하는 인도 청년 노 씨Mr. Row와 연애결혼을 하야 노 씨의 부인이 되었다. 이것은 그의 늙은 부모도 알고 그의 친구들도 이미 그가 귀국한 당시부터 안 사실이다.

최영숙 여사는 귀국하자 자기의 친한 동무더러 자기가 이미 여사임을 말하고 노 씨의 사진을 내보였던 까닭이다. 그러나 그 동무가 말하기를 물론 노 씨의 부인임을 감출 필요는 없으나 또한 공개할 필요도 없다 하여 지금까지 세상에 알리지 않고 있던 것이 도리어 세상의 의문을 자아내게 하였다.

그는 어떻게 노 씨하고 결혼하게 되었는가. 이것을 잘 알려고 하면 먼저 그의 약력과 그의 성격을 알 필요가 있다.

최영숙 여사는 경기도 여주 사람이다. 일찍 여주보통학교에 입학하야 열한 살 때에 보통학교를 마치고 열네 살 때에 서울로 올라와 열여덟 살 되는 해 이화여고를 우수한 성적으로 마치었다. 그가 처음에 보통학교를 졸업하였을 때에 그의 나이는 어리고 또한 그때의

_최영숙의 죽음을 전한
1932년 4월 25일자 『조선일보』.

보통 생각으로 여자가 보통학교나 졸
업했으면 그만이지 하는 생각으로 그
의 부모는 그를 상급학교에 보내기를
꺼려하였다. 그때의 소녀 영숙은 그의
가장 친한 동무 두 사람과 같이 소녀
3인의 백일축수를 시작하였다 한다.
이 효과 있었던지 마침내 그는 상경하
여 이화를 마치게 된 것이다.

이러한 굳은 결심을 가진 그때의
최영숙 양이 중등학교에 만족할 리는
만무하다. 그는 열여덟 살 소녀의 몸
임에도 불구하고 단연히 중국 유학을
결심하여 1923년 9월 그가 이화를 졸업하던 열여덟 살 되는 해에 남
경 명덕여학교에 학생이 되었다. 거기서 중국어를 공부한 지 1년 후
이듬해 9월에 다시 회문여학교에 입학하여 2년 동안 학업에 정진하
고 1926년 3월에 두 번째의 중등학교를 졸업하였다.

당시에 같이 유학하고 최근 그가 세상을 떠날 때까지 절친하게 지
내던 현 경성여자상업학교 선생으로 계신 임효정 씨의 말을 들으면
그가 중국 유학 당시 안창호의 교화를 입음이 막대하다고 한다. 본
래 그의 집안에 지사 기운이 있는 최영숙 씨는 그때의 모든 신여성
과 같이 큰 뜻을 품고 안창호를 사모하고 그를 극진히 섬기었다 한
다. 그는 회문여학교를 마친 후 아직 조선 청년도 뜻하지 못한 스웨
덴 유학을 결심하고 단신 여자의 몸으로 멀리 스웨덴을 향하게 되었

으니 이것이 1926년의 일이다.

## 엘렌 케이를 사모하야 스웨덴 스톡홀름 대학에

최영숙 씨가 스웨덴으로 유학하기를 결심한 한 가지 큰 이유는 엘렌 케이 여사*를 만나보자는 것이다. 그러나 1926년 9월 그가 스웨덴에 도착하였을 때에 엘렌 케이 여사는 이미 이 세상을 떠난 지 3개월이 지났다. 그는 낙망함을 금치 못했으나 무엇보다도 우선 스웨덴어를 배워야 하겠다 하야 3개월 동안 낮에는 수공을 하고 밤에는 스웨덴 말을 공부하였다.

이때의 기록된 그의 일기를 '낮에는 노동을 하고 밤에는 어학을 공부하였다' 하는 어구를 도처에 볼 수 있으니 여기에 노동이란 것은 자수를 의미하는 것이다. 중국 유학시대는 학비를 본댁에서 타서 썼으나 이때부터는 고학을 시작한 것이다.

고학은 비교적 용이하였다. 베개 한 개의 수를 놓으면 5, 6원의 수입이 있었고 이로 하여 저금을 하고 여유까지 생겼다. 뿐만 아니라 그가 스웨덴의 서울 스톡홀름에서 얼마 멀지 않은 '씩럼나 학교(남녀공학)'를 마치고 스톡홀름 대학에 경제를 연구하던 대학시대에는 스웨덴 황태자 도서실에서 황태자의 연구를 돕는 일을 보고 있었다.

독자 중에는 스웨덴 황태자가 조선에 오셨을 때에 역사 고전에 관한 많은 도서를 가져가셨다는 신문지상의 보도를 기억할 줄 안다.

* 스웨덴의 유명한 여성 교육학자.

_최영숙이 스웨덴 유학 당시 찍은 사진. 앞줄 오른쪽 세번째 옷에 'x'자로 표시된 인물이 최영숙이다.

최영숙 씨는 그 도서의 목록 작성과 내용의 대강을 번역하는 직무를 맡아보았던 것이다.

세상에는 여러 가지 풍설이 있지마는 그의 스웨덴 대학시대의 동양인 동무라고는 중국대사와 그의 부인이 있었을 따름이다. 필리핀 사람도 없었고 중국 학생도 없었고 인도 청년도 물론 없었다.

1930년 6월 그는 형설의 공이 있어 만리타향에 여자의 젊은 몸이 경제학사의 학위를 얻어가지고 주야로 그리워 잊지 못하던 고국산천으로 돌아오게 되었다. 그의 가슴은 희망에 뛰고 이상에 불붙었다. 동년 9월 그는 행장을 수습하여 금의환향의 길을 떠났던 것이다.

그가 스웨덴에 있을 때에 친부모보다도 못하지 않게 그를 애호하던 수양아버지 ○○는(사진은 있으나 필자 불행히 스웨덴어를 모르는 까닭에 그 이름을 알 수 없다) 작별을 아끼며 "돈이 떨어지면 언제든지 곧 전보를 쳐라" 하고 도중을 염려하여주었다.

"괜찮아요. 제가 저금한 돈이 한 육백 원 있으니까요."

영숙 씨는 그 친절을 사절하였다. 그리고 옛 문화 찬란한 이집트를 방문하고 인도에 들러 간디를 만나보고 나이두 여사와 하룻밤 이야기를 한 후 조선으로 돌아올 여행 코스를 작정하였던 것이다.

## 카이로에 나타난 청년, 봄베이에서 결혼식

최 양은 이집트 카이로에서 트렁크를 내렸다. 회회교*의 장로는 그를 극진히 환대하였다. 그의 인격과 그가 가지고 있던 스웨덴 유지의 소개장은 가는 곳마다 그에게 편의를 준비하고 있었다.

그러나 비록 양은 스웨덴에서 공부할 때 스톡홀름 부근 백 리에 불과한 곳에는 자전거 여행을 가보지 않은 곳이 없으리만치 여행의 단련을 쌓고 그 위에 건강한 신체를 가졌지만 열대지방에는 어떻게 할 수가 없었다. 건강은 쇠약해지고 몸은 피로를 느끼게 되었다. 주머니 속에 여비는 인도까지 갈 것밖에 남지 않았다.

그런 까닭에 그는 속히 이집트를 떠나려고 했으나 불행히 배를 놓치고 3, 4일을 더 지체하는 수밖에 없었다. 그러는 사이에 인도까지 갈 삼등 배삯까지 떨어지고 말았다. 그러나 그는 수양아버지한테 돈 보내라는 전보는 하지 않았다. '다른 사람에게 구구하게 그러지를 않는다' 이것은 그의 성격이 되어 있었다.

'인도만 가면 조선이 가까우니 거기서 집에 전보를 치리라' 이렇게 결심한 그는 단연 쿨리**들이 타는 배 짐짝 싣는 선창에 몸을 신

* 이슬람교.
** 중국인 노동자.

기로 결심하였다. 이국 사람들은 최 양이 일등실 옆에서 이등실 근방으로 갈 때 주시하였다. 다시 이등실을 지나 삼등실 근방으로 갈 때 의아해했다. 그러다가 최 양이 선창으로 갈 때에는 놀라서 동요하기 시작했다.

"저 계집애가 일본인인가?"

"아니다. 중국 계집애다."

"참 아깝다. 옷차림은 괜찮구만."

"무얼 어디서 그렇게 주워 먹는 계집애인지 가보자."

이렇게 쿨리들이 중얼중얼하고 이상하게 생긴 사람들이 뚫어지게 보면서 모욕을 가할 때 몸은 쇠약하고 여비는 떨어지고 고향은 멀고 단신 여자의 마음은 외로웠다. 최 양은 의자 하나를 사가지고 갑판 위에 먼 바다를 바라보면서 앉아 있었다고 한다. 그가 갑판 위 의자에 앉아서 뚫어진 양말을 꿰매고 있을 때에 열대의 태양빛은 사정없이 쪼이기 시작하였다.

먼 데서 이 정경을 보고 있던 한 청년이 있었으니 키가 크고 눈이 쑥 들어가고 의분과 침착이 한 발 두 발 옮기는 걸음에 나타나 보였다. 이 이가 문제의 인도 청년 노 씨, 그의 아버지는 조선 사람이고 어머니는 인도 여자인 혼혈아이다. 얼굴빛은 보통 조선 사람의 검은 사람보다 도리어 희어 보였다. 이 청년은 '이상하다 저 여자는 천한 여자가 아닌데' 무엇이 그의 혈관에 깊이 숨어 있는 피를 끓었다. 그는 한 걸음 두 걸음 최 양에게 가까이 와서

"실례입니다마는 당신은 영어를 하실 줄 아십니까?"

"네. 알지요."

"왜 당신은 이런 데 타고 계십니까?"

이것이 그들의 첫 대면이다. 최 양은 그 이유를 말하고 청년은 그 사정을 동정하였다.

"아니요. 나는 여기가 좋아요."

최 양은 청년이 일등실로 가자는 것을 거절하였다.

"그러나 이렇게 볕은 뜨거워오고 몸은 쇠약하신데 무리를 하실 필요는 없지요."

청년은 자기의 내력—조선 사람의 아들이라는 것, 어머니는 일찍 죽고 계모가 있다는 것, 그 후에 아버지까지 죽고 계모와 계모의 어머니가 있다는 것, 자기는 영국 어떤 대학을 졸업하고 지금은 파리와 영국 등에 무역상을 하고 있다는 것, 그리고 그들은 간디를 말하고 나이두 여사를 이야기하기 시작하였다. 노 씨도 인도 봄베이로 가는 길이었다.

남자는 고결하고 총명하고 이야기하는 데 일가견의 정치적 견해를 가지고 있었다.

"그럴 것이 아니라 저기 일등실로 갑시다. 몸에 해로울 테니."

그는 청년이 사심이 없는 것을 안 이상 그의 친절을 거절할 처지가 아니었다. 몸은 차차 더 괴롭고 돈은 한 푼 없고 인도에 내린대야 아는 사람 없는 이국! 최 양은 집에서 돈이 오면 그의 신세를 갚기로 하고 그와 동행하여 인도 봄베이에 내리고 그의 주선으로 여자청년 회관에 기숙하게 되었다. 즉시로 그는 집에 전보를 쳤다.

그러나 그의 본댁에서는 소식이 없고 최 양은 그만 견디다 못해 열기와 객고에 못 이겨 마침내 병석의 외로운 몸이 되었다. 주머니에는 한 푼의 돈이 없고 아는 사람은 없고―요행 노 청년이 병원비 1개월분을 치러주고 여관까지 주선해 주었다. 그러나 여관에서는 돈을 내지 않는다고 밤이 늦어서 짐짝을 들어 던지고 최 양을 거리로 내어 쫓았다. 그 후에는 어떻게 할까.

경성 홍파동 최 양의 본댁에서는 집을 잡혀서라도 여비를 보내려고 하였으나 마음대로 되지 않았다. 60이 넘은 부모는 '우리 영숙이가 오면' 하는 희망과 '어떻게나 되었을까?' 하는 부모의 애타는 마음으로 가까스로 주선하여 300원 배표를 사 보냈다. 돈보다 배표가 속히 간다고 하여서.

여기서 잠깐 그의 본댁 사정을 소개할 것 같으면 이러하다. 그의 부친은 여주에서 포목상을 하면서 유족히 지나다가 서울로 오고 재작년 명태 무역에 실패한 후로 생활에 대단한 곤란을 받기 시작하게 되었던 것이다.

인도의 최 양은 배표는 고향에서 보내준 까닭에 배는 탈 수 있다 하여도 도중 음식을 사 먹을 돈이 없어서 도저히 올 수 없었다. 최 양은 거리에 방황하고 있다가 노 청년의 친절로 그의 집으로 인도받아 이틀을 거기서 지내고 사흘째부터는 여관을 옮기고 자기의 손으로 자활하여 다시 돈을 모아가지고 조선으로 돌아오기를 결심하였다. 그리하여 현지 유지의 주선으로 어떤 외국어학교에 일어 교수를 하야 매일 5, 6원 이상의 수입으로 자기의 채무를 갚기까지 하였다 한다.

그러는 사이에 청년과 여자는 서로의 인격을 존경하고 학식을 숭배하고 젊은 남녀의 마음에는 사랑의 꽃이 피기 시작하였다. 그들은 성대한 결혼식을 거행하고 등기소에 결혼증서를 등기하였다.

## 고국*을 위하는 그들의 이별은!

결혼을 한 지 석 달이 못 된 어떤 날,

"그러면 가시오. 당신이 왜 당신의 부모가 공부를 시켰나 하는 당신의 사명을 잊지 않고 조선을 위해서 일하겠다고 고국으로 돌아가는 것을 낸들 어찌 말리겠소. 그러면 가시오."

노 씨는 엄숙히 생이별을 아끼었다. 그것이 어찌 영영 이별이 될 줄을 알았으랴.

"꼭 1년에 한 번씩은 오세요. 어린애는 고이 가꾸어 큰 일군을 만들 작정이니."

"그것이 내 진심으로의 부탁입니다. 가고 말고. 나는 우리 조국**을 위하야 힘쓰겠습니다."

그리하여 그들은 사랑의 애달픈 정을 보다 위대한 열정에 희생하고 작별을 아끼었다. 그리하여 여사는 그리운 고향으로 돌아오게 되었으니 그것이 우리의 기억에 아직 새로운 작년 11월이다.

최 여사는 그의 친한 동무에게 말하였다.

"이 애는 그 사람에게 받은 선물이다. 이 애는 위대한 인물이 되고야 만다."

노 청년은 비범한 인물인 까닭이다.

최 여사에게는 금년 65세의 부친과 57세의 모친이 있고 정신 잃

---

* 원문에는 '고○'으로만 표기되어 있음. 일제 검열관이 조선을 국가로 보지 않기 때문이다.
** 역시 원문은 '○○'으로만 표기되어 있음.

은 남동생과 영선, 복정의 두 여동생이 있다. 한 동생은 여자상업학교를 마치고 출가하고 또 한 동생은 이화를 마치고 모 여학교의 선생으로 있다. 그러나 그의 부모가 가장 사랑한 것은 최영숙 여사였고 여사가 귀국만 하면 즉시로 생활이 바로잡힐 줄 알고 고대 고대하고 있던 것이 그의 부모였다.

다년간 타국에서 최고의 학부를 졸업하고 많은 희망을 가지고 그리던 고향이라고 사랑하는 사람을 이별하고까지 돌아왔으나 조선은 그에게 일을 주려고 하지 않았다. 모 신문사에서는 그를 청하려고 하였으나 그의 생활을 보장할 여유가 없어서 그만 단념하고 말았다고 한다.

일을 못 얻은 그의 생활은 날로 곤란하여지고 마침내는 사랑의 선물인 결혼 금반지까지 가지고 금은방을 찾아다니게 되었다. 어떤 때에는 온 집안의 고무신을 모조리 모아다가 잡혀서 그날의 끼니를 이은 때도 있었다 한다.

그러나 그는 결코 이것을 입 밖에 내지 않았다. 절친한 친구가 이 속사정을 알지 못하였으나 여하간 그 생활이 곤란할 줄 짐작하고 때때로 2, 3원씩의 용돈을 주려고 하면 그는 굳이 거절하고 받지 않았다 한다. '자기 일에 남의 신세를 지지 않겠다'는 그의 성격의 한 표현이라 할 수 있다.

최 여사는 그가 애독하던 섹스피어나 데니슨보다도 노동계급 빈한한 사람을 말하고 그 방면에 일층의 관심을 가지고 있었다. 낙원동 '여자소비조합'이 유지의 곤란함을 알고는 분명히 손해될 줄을 알면서도 그 일을 위하여 가까스로 변통하여 이것을 맡고, 김활란 씨의 공민학교 계획을 듣자 그의 부탁으로 공민독본을 편찬하기를 시작하였다.

굶주림에 졸리면서 어떤 때에는 아침밥도 못 먹고 공민독본을 만들기 위하여 도서관에 다녔다. 어린애를 가진 몸에 영양부족, 소화불량, 그는 각기병까지 걸려서 두 다리는 차차 부어올라오기 시작하였다.

"얘, 어린애를 배면 다리가 좀 붓기는 하지마는 너무 과로하면 안된다. 게다가 잘 먹지도 못하니. 조금도 염려 말고 우리 집에 와 있어라."

임효정 여사는 이렇게 권하였다. 그러나 그는

"아니다, 우리 집 식구들도 잘 못 먹는데 나 혼자 어떻게!"

최 여사는 자신의 늙으신 부모가 예나 이제나 변치 않고 자기를 사랑하면 할수록 그의 마음은 괴로웠다. '우리 영숙이가 돌아오면' 하고 밤낮으로 자기를 기다리던 60 양친은 끼니를 굶는다. 그의 정신상 고통, 신체의 무리―그는 마침내 풍이 일고 열이 돋았다.

입원 후 11일에 동대문 부인병원에서 모체가 위험하다는 의사의 진단으로 산아를 집어내고 세브란스 병원으로 옮겼다가 4월 23일 오전 11시 반, 그만 한 많은 세상을 떠나게 된 것이다. 25일 홍제원 화장장에서 그의 뼈까지 잿가루로 변했으니 이것이 경제여학사 최영숙 여사의 가련한 일생이다.

최영숙 여사의 열정과 용단과 자립성은 한 가지 큰 뜻을 위하야 통일 조화되어 있다. 재주는 일어, 중국어, 영어, 프랑스어, 스웨덴어에 능통하고 연구는 경제학에 깊다. 이 모든 것보다도 그들 여자로서 여자답게 하고 세상으로 하여금 장래의 촉망을 갖게 하던 것은 실로 그의 무게 있는 인격이다.

그를 아는 사람은 그가 이미 세상 떠난 후에 비로소 그가 돈이 없어서 이 세상을 떠난 것을 아까워 마지않는다. '돈! 돈! 나는 돈의 철학을 알았소이다.' 이것이 노 씨에게 한 최후의 편지의 한 구절이다. 그러나 그는 이 편지를 부치지는 않았다 한다. 마음껏 사랑하는 사람에게라도 구구한 사정을 말하고 싶지 않았던 까닭이다. 이 세상을 떠난 후 영숙 여사에게는 노 씨한테서 여비를 보내니 인도로 오라고 편지가 왔다고 한다.

『동광』 제34호, 1932년 6월 2일, 「경제학사 최영숙 여사와 인도 청년과의 연애관계의 진상」

* * *

식민지 조국의 딸로 태어나 학문으로서 조국을 살려보고자 혼신을 다했던 한 여성의 이야기가 눈물겹습니다. 참으로 마음 아픈 이야기라서 긴 글임에도 생략 없이 인용하였습니다.

핍박받는 조선의 노동자와 여성을 위해 일하겠다는 일념으로 몇 권의 사회주의 서적만을 들고 혈혈단신 머나먼 스웨덴으로 유학을 갔던 최영숙은 그러나 조선사회에서 받아들여지지 못합니다. 유학을 떠나기 전 1926년에도 다량의 사회주의 서적을 소지하고 있다가 경찰에 체포되기도 했던 그녀는 공식적으로 공산당에 가입한 흔적은 보이지 않으나 초창기 여성사회주의자의 한 사람이었던 것으로 보입니다.

처음에는 외국어 교수로 취직하려 했으나 어떤 곳에서도 받아주지 않습니다. 서울 어느 학교에 교사로 취직하려 했으나 총독부 문부성에서 교원 면허를 내주지 않아 실패하기도 했고 신문사의 여기자로 입사하려고 했으나 역시 실패합니다.

마지막으로 낙원동에 있는 여자소비조합을 인계한 그녀는 사람의 왕래가 많은 서대문 밖 교남동 큰 거리에 자그마한 점포를 빌려서 작은 구멍가게를 엽니다. 배추, 감자, 마른 미역줄기, 미나리, 콩나물을 만지는 것이 당대 최고의 여류지식인인 그녀의 일이 된 것입니다. 더구나 장사는 거의 되지 않았고 경제적 궁핍은 극심하게 그녀를 괴롭히고 몸을 병들게 합니다.

결국 그녀는 귀국 5개월 만에 영양실조로 쓰러집니다. 입원한 그녀의 뱃속에는 인도인 남편과의 아이가 있었으나 병원에서는 긴급히 태아를 낙태시키고도 끝내 그녀를 살려내지 못합니다. 겨우 27살의 젊은 나이였습니다. 그녀의 집에서는 병원비는 물론 장례비조차 없어서 친구인 임효정이 냈다고 합니다.

최영숙뿐 아니었습니다. 여류화가 나혜석, 여류소설가 김명순 등 여러 신여성들이 일자리를 찾지 못한 채, 그러나 비굴하게 살기를 택하지 않고 자존심을 지키다가 영양실조로 사실상 객사를 하던 시절이었습니다.

마음 아픈 이야기지만 다른 한편으로는 이토록 당차고 강인하고 독립성 강한 여성이 있었다는 사실에 놀랍고 존경스럽습니다. 여성의 권리가 크게 신장하고 사회적 활동이 보장된 오늘날에는 이 최영숙 같은 여성이 무수히 많아진 것도 다행스럽습니다.

# 동지 생각

황신덕이여, 허정숙이여, 우봉운이여, 조원숙이여, 심은숙이여, 강아그니아여 하고 나는 목이 쉬도록 불러봐도 옛날의 내 동무는 어데가 숨었는지 대답조차 없구나. 분명히 장안 네거리 속에 살면서 아침이면 동대문으로 떠오르는 햇빛을 맞고 저녁이면 필운대에서 사라지는 새벽별을 나와 같이 보내고 있으련만, 아, 하, 어느 동 어느 번지로 가서 찾으면 그립던 내 동무들이 다시 옛날과 같이 아이구 언니여, 동무여 하고 뛰어나와 손을 마주 잡아줄는고?

정종명이여, 주세죽이여, 이현경이여, 현규옥이여 하고 다시 불러봐도 혹은 멀리 블라디보스톡에 있다는 소문뿐으로 혹은 서역 외몽고에서 지낸단 풍문을 바람결에 들을 뿐으로 혹은 지척이 천 리인 곳에 가 있다는 말뿐으로 그 역시 아무리 소리를 짜서 불러보아도 응기라고 없구나. 살아 있는 동무가 이럴 적에는 이미 수천 리의 저 공동묘지에 살을 구데기에 뜯기고 있을 박원희 동무인들 아무리 부른들, 그네의 입김이나 바람결에 들려지랴.

이리하야 한 가지에 앉은 수십 마리 참새들 모양으로 아침나절같이 지저귀던 동무들은 다 떠나가고 가을밤 새추밭에서 외로이 울며 나는 추야장장 저 외기러기같이 나만 고달프게 서서 있구나. 있어서 혼자 벗들의 이름을 부르고 있을 뿐이구나.

세월이 이렇게 변할 수 어데 있으랴. 이렇게 동무들이 다 떠날 수 있으랴. 나는 오늘도 종로 뒷거리 공평동의 옛 근우회 터전을 바라보고 전차 속에서 혼자 울었노라. 한참 번영하든 그 시절에는 종로 네거리를 좁다고 네 활개치고 다니든 우리가 아니었던가? 어느 동리, 어느 모퉁이를 지나봐도 유쾌하게 기운 있게 씩씩하게 지나다니던 우리 동무들이 있지 않던가?

그렇건만 아아, 모든 것은 가고 지금은 한갓 애상의 추억만이 남았구나. 괴로운 적막한 이 옛 생각만이 보신각 위를 떠도는 유유한 한 편의 흰 구름같이 가슴을 괴롭게 굴 뿐이구나.

운동이 있고 회관이 있다. 사람이 있고 운동이 있다. 지금은 모든 사람들이 다 갔다. 남아 있는 것은 몇 동무가 못 된다. 한참 당시, 근우회의 집행위원들의 멤버는 쟁쟁하였다. 그러나 지금은 집행위원은 고사하고 회원조차 남아 있는 이 없다.

황신덕 동무는 가정에 들어가 서울 동대문 밖 전원에서 벌써 두 아이인가 세 아이의 어머니 노릇하기에 밤낮없이 바쁘고 허정숙 동무는 옥에서 나온 뒤 광화문 근방에다가 태양요양원을 내고 서투른 솜씨에 억지 의사 노릇을 하고 있는데 그 역시 가정의 주부가 되어 지금은 세 아이를 거느리고 살림살이에 아들 교육에 분주하며 조원숙 동무는 부군 양명을 상해에서 이별하고 사랑하는 아이를 안고 한동안 경상도의 시가에 가 있다더니 그 역시 수년째 편지 한 장 없다.

우봉운 동무는 그 역시 격이 맞지 않게 신문판매원이 되어 서울 모 신문사 문을 아침나절 출입하며, 심은숙 동무는 그 역시 가정의 주부가 되어 지금은 삼남매인가의 어머니로 아이들 뒤치닥거리 하기에 해를 보내는 모양이다. 강아그니아 동무는 부군보다 먼저 옥에서 나와 한동안 서울서 대기 중이더니 얼마 전에 부군 하필원 씨와 같이 고향인 삼남 전원에 가버렸다. 이 밖에 박호진, 김정애는 다 어디 갔는가? 박 동무는 서울에 있다는 말이 들릴 뿐, 김 동무는 동경인가 유학 갔다가 다시 돌아왔다는 말이 들리더니 그 진위는 까마득할 뿐이다.

또 정종명 동무의 형기는 아직도 12년이 남아 있는 듯, 주세죽 동무는 떠돌아다니는 말에 블라디보스톡에 얼마 전에 있다가 지금은 어디 가 있는지 아무도 아는 이가 없다. 상해에서 부군 박헌영과 갈라진 후 지금은 어느 하늘에 떠도는가? 비록 몸은 해외로 뜬 구름같이 동서로 흘러다닐 터이나 생각만은 근우회관이 있고 부군이 복역하는 서울 산천을 떠나는 날 없으리라.

이현경 동무는 북경에 가 있다가 그 뒤는 어찌된 줄 모르겠고, 현규옥 동무는 그 역시 상해로 모스크바로 돌아다니다가 남편 현정건을 사별한 후 최근은 허리 굽은 외로운 몸을 이끌고 외몽고에 있다는 말을 풍문에 들었다.

이러하여 지킨 것은 나밖에 없다. 이렇게 사방을 둘러보아도 동지 하나 없는 변이 어디 있으랴? 신간회도 가고 근우회도 갔다. 이 사람도 가고 저 사람도 갔다. 혹은 저세상에 간 이조차 있다.

그래서 날마다 만나는 친형제 같은 그 동무들을 혹은 2년째 못 만난 이도 있고 혹은 4, 5년째 못 만난 이조차 있다. 아마 이런 허망한 일을 가리켜 옛날의 시인들은 세상사의 무상을 가는 구름, 흐르는 물에 비기고 한나절의 꿈이라 한 듯하다.

그러나 비록 시대의 흐르는 힘에 모든 것이 갔다 하자. 모든 동무가 병아리떼같이 이리저리 흩어졌다 하자. 그리고 우리도 20세 남짓하든 처녀시대, 소녀시대를 지나 이미 30~40 고개를 바라고 장년기에 들었다 하자. 그래서 이 땅 위로 소리 없이 흐르는 역사에 싸여 우리의 시대도 획획 지나가 버리는 것이라고 하자.

아무튼 이제 옛 동무들 일을 생각하매 한밤의 적막한 눈물이 옷깃을 적신다. 그러나 우리 피차 멀리 떠나 있다 한들 마음이야 변하랴, 정이야 변하랴. 피차에 모두 낙심치 말고, 용기를 내어 시대 형편을 살피고, 그동안 고투에 지쳤던 몸을 충실케 하자. 아무리 활동객이라도 밤낮 뛰어다니랴 휴양기가 필요하다. 휴양기여, 어서 빨리 지나갈지어다. 그러면 그리운 동무들아, 잘 있거라.

아, 나의 벗이여, 동무여, 어디에 가서 지금은 무슨 꿈들을 꾸고 있는고?

『삼천리』 제7권 제3호, 1935년 3월 1일, 「동지생각」, 정칠성

\* \* \*

1930년대 중반을 넘어서면서 조선은 또다시 암흑의 시간으로 접어듭니다.

탄압이야 예전에도 마찬가지였지만 전쟁 분위기가 고양되면서 한때나마 융성하던 사회주의운동도 급속히 세가 꺾이고 수많은 사람들이 감옥에 가거나 아니면 해외로 망명해 서울의 운동은 고사되기 시작합니다.

드물게 서울에 남아 여성운동을 계속하던 정칠성의 안타까운 호소는 제2차 세계대전을 앞둔 이 시기의 분위기를 잘 보여줍니다. 황신덕, 허정숙 등은 운동을 그만두고 편안한 살림살이로 들어가고, 정종명 같은 이는 기나긴 감옥생활에서 나올 줄을 모릅니다. 주세죽 같은 이는 머나먼 러시아에 가 있습니다.

이때 주세죽은 스탈린의 대숙청에 희생되어 러시아의 먼 변방으로 유배되어 있었으나 국내에서는 아무도 그 사실을 모르는 채 그녀의 행방을 궁금히 여기고 있습니다. 때문에 해방 직후 주세죽이 서울에 나타났다는 오보가 보도되기도 합니다만, 주세죽은 끝내 유형지를 벗어나지 못한 채 1950년대에 폐병으로 사망합니다.

『개벽』은 3·1운동 이후 천도교에서 만든 혁신적 논조의 잡지로, 1920년에 창간되어 1926년 강제 폐간된다. 필자는 주로 계급적인 입장을 가진 당대의 진보인사들이었으며 이기영, 조명희, 이상화, 현진건, 염상섭 등이 이 잡지를 통해 작품을 발표했다.

『개벽』은 창간 당시부터 일관되게 항일적이고 진보적인 색채를 유지했고, 그러한 투쟁을 효과적으로 하기 위해 평등주의에 입각한 사회개조와 민족문화의 창달을 표방하였다. 이 때문에 일제는 창간호를 압수하는 것으로부터 시작해 34번이나 『개벽』의 발매를 금지하는 등 탄압을 가한다. 『개벽』은 강제 폐간된 지 8년 후인 1934년에 속간되어 4회를 냈으나 다시 폐간당하고 해방 후인 1946년에야 복간된다. 그 뒤 한국전쟁이 터지기 전까지 9회를 발간하고 완전히 폐간된다.

『동광』은 1926년에 창간된 잡지로 안창호를 중심으로 한 흥사단 계열에서 만들었다. 1933년 1월 통권 40호를 끝으로 폐간되기까지 이광수, 김억, 주요섭, 김동환, 김동인, 양주동 등이 주요 필자로 참여했다. 사회, 문화 등 각 분야에 걸친 논설과 문학작품을 다양하게 실었는데 편집 방침은 건전한 흥미기사, 과학의 대중화, 풍부한 삽화, 국문용법의 통일 등이었다.

『동광』은 1927년에 휴간했다가 이광수가 중심이 되어 1931년에 속간하는데 이후로는 이광수의 지론에 따라 민족개량주의적인 입장이 강해졌다. 1933년 『동광총서』로 이어졌으며, 해방 후인 1954년 9월 『새벽』으로 바뀌었다.

『개벽』

『동광』

『삼천리』

『삼천리』는 1929년 시인 김동환이 창간하여 1941년 폐간될 때까지 150호를 발간했던 일제 시대 대표적인 잡지 중 하나이다. 취미, 시사, 교양 등의 여러 분야를 다루는 대중용 잡지로서 당시 천도교에서 발행하던 『별건곤』과 쌍벽을 이루었다. 김동리, 한용운, 김동인, 이효석 등 이 주요 필자로 활약했다.

『삼천리』는 초기에는 항일적이고 계급적인 내용을 많이 담아 일제의 가혹한 검열에 의해 원 고가 압수·삭제되는 곤욕을 겪는데 중일전쟁이 일어나는 1937년 이후로는 점차 친일적인 논 조로 바뀌었다. 폐간 이듬해인 1942년 『대동아』라는 제목으로 재발간된 이후에는 노골적으 로 친일사상을 내세우는 글들을 실었다.

『비판』은 1931년 사회주의 계열 지식인들이 만든 잡지로, 사회과학과 인문과학에 대한 글을 주로 실었다. 편집인 겸 발행인은 송봉우로, 창간사에서 "이론을 심화하며 그 모순을 제거하 며 운동의 귀추를 확립하며 당면한 혼란을 숙청하는 것은 오직 자기 자신의 과거·현재·장래 에 대한 통렬한 가차 없는 비판만이 능히 할 수 있는 것"이라고 『비판』의 창간 정신을 밝혔다. 『비판』은 변증법적 유물론, 레닌주의의 기초, 자본론 해설 등 사회주의 이론을 연재로 소개하 고, 경제·사회 문제와 국내외 정세를 깊이 있게 분석하고 있다. 최린, 김성수, 김활란 등 친일 인사들에 대한 비판은 물론 『조선일보』와 『동아일보』 등 신문들에 대해서도 강하게 비판한 다. 1940년 1월 통권 114호로 폐간되었다.

『신인간』은 1926년에 창간된 천도교 계열의 잡지로 초대 발행인은 이돈화였다. 천도교는 일 제 초기 항일운동에서 중요한 역할을 하지만 3·1운동 이후 지도부가 친일화되면서 신파와 구파로 분열되었다. 『신인간』은 신파로 불리던 천도교 청년당이 중심이 되어 만들었는데 이 후 신구파가 이합집산을 거듭하면서도 1945년 1월까지 계속 발간하다가 강제 폐간당했다.

『비판』

『신인간』

『별건곤』

사회개혁과 인간개조를 기본 편집방침으로 삼았고, 내세적인 신앙관에서 벗어나 현세지향적인 신인간을 통한 새사회의 건설을 내세웠다. 국한문혼용체를 원칙으로 했으나 국문의 비중이 높았고, 가능한 한 쉬운 문장을 사용했다.

『별건곤』은 1926년 11월 1일 개벽사에서 『개벽』 대신 간행하였다. 창간호는 국판 150쪽으로 이상화의 시, 이기영·박영희의 소설, 그리고 김기진·최승일의 수필 등이 실려 있다. 취미 위주로 야사, 시정 스케치 등을 주로 실었으며, 당대의 진보적인 작가들이 집필에 많이 참여했다. 1934년 3월 1일 통권 101호까지 발행했다.

『신흥』은 수준 높은 사회과학 이론 전문지로, 1929년에 창간해 1937년 통권 9호를 끝으로 폐간되었다. 발행인은 유진오, 이강국 등 경성제국대학 법문학부 출신들이었다. 주로 조선에 관한 여러 가지 문제들을 다룬 논문을 실었다. 『진단학보』와 함께 당대 손꼽히는 학술잡지였다.

『신천지』는 1946년 1월에 창간되어 1954년 10월에 통권 69호를 끝으로 폐간된 잡지로 서울신문사에서 발행했다. 하경덕, 박종화 등이 편집을 맡았는데 해방·한국전쟁 시기에 나온 잡지 중 가장 비중 있는 것으로 평가된다.
사회주의자나 혁명에 대한 기사가 많아서 박헌영, 여운형, 안재홍, 모택동 등의 인물기를 싣기도 하고 러시아혁명, 프랑스 노동운동 등에 대한 기사도 있었다. 문학적으로는 김동리의 순수문학론을 반대하는 김병규의 논문을 싣는 등 진보적 시각을 견지했다.

『독립신보』는 1946년 5월 1일에 창간된 좌파계열 신문으로 저명한 사회주의자 고경흠이 주필을 맡았다. 조선공산당의 기관지가 아니면서도 신탁통치안을 적극 지지하는 등 좌익계열의

『신흥』

『신천지』

『독립신보』

대변지 역할을 하여 사회주의에 우호적이던 당시 지식인들이 많이 읽었다.

1948년 2월 23일 국제연합에서 결의된 남한만의 단독선거안에 강력히 반대하는 글을 싣자, 미군정은 질서를 파괴하고 공산당의 앞잡이 노릇을 한다는 이유로 고경흠을 구속시켰다. 이후 단독선거를 거부하며 자진 휴간했다가 반년 만에 속간했으나 얼마 못 가 폐간되었다.

『현대일보』는 해방 이듬해인 1946년 3월 25일에 창간된 일간신문이다. 당대 저명한 공산주의 이론가인 박치우를 발행인 겸 편집인으로, 소설가 이태준을 주필로, 시인 이육사의 동생인 이원조를 편집국장으로 하는 등 쟁쟁한 인물들로 구성되었다. 시인 김기림을 편집고문으로 초빙하기도 했다.

『현대일보』는 미군정의 좌익척결 정책에 맞서 정판사 위조지폐 사건을 파헤치고 신탁통치안을 찬성하는 등 반미활동을 벌이다가 1946년 9월 강제 폐간되었다. 이후 미군정은 이 신문의 발행권을 우익인사인 대한독립청년단의 서상천에게 넘겨 재발행하게 했다.

『해방일보』는 조선공산당의 기관지로 1945년 9월 19일부터 발행되었다. 사장 겸 주간은 권오직, 편집장은 조일명이었다.

1925년 결성했다가 일제의 집요한 탄압과 국제공산당 코민테른의 명령으로 해산되었던 조선공산당은 해방 직후에 재건되는데 『해방일보』는 그 기관지로서 조선공산당의 공식적인 성명서와 공산주의 이론, 국제적인 공산주의운동에 대한 기사들을 실었다.

그러나 이듬해인 1946년 5월 초, 미군정은 조선공산당이 위조지폐를 찍었다고 발표하면서 『해방일보』에 대해서도 발행정지처분을 내렸다.

조선공산당은 이에 맞서 수개월간 지하에서 신문을 발행하는데 같은 해 연말 남조선노동당으로 당명이 바뀌면서 『노력인민』이라는 새 기관지로 전환했다.

『현대일보』

『해방일보』

『**만선일보**』는 일제강점기 만주에서 발간된 친일적인 한글판 일간신문으로 조선인의 일본 황민화를 촉진한다는 목표로 만들어졌다. 일본 정부의 막대한 보조금으로 만들어진 이 신문에는 염상섭, 박팔양, 최남선, 김경재 등 친일화된 민족주의자들이 참여했다. 1937년에 창간되어 1945년 해방될 때까지 발행되었다.

『**조선인민보**』는 1945년 9월에 김정도와 고재두에 의해 창간되었다. 좌익을 대표하는 가장 극좌적인 신문의 하나로 이해 연말부터 시작된 신탁통치 문제에서 신탁통치안을 지지해 반탁 지지자들로부터 5번이나 습격을 받았다.

1946년 9월 발간정지 처분을 받았다가 6·25전쟁이 발발해 인민군이 서울을 점령하자 시내의 신문사 시설을 이용하여 다시 속간되어 조선노동당 선전지로 이용되었다. 종전과 함께 폐간되었다.

『만선일보』

『조선인민보』